紫金人类学书系

范 可 / 主编

华中药市的崛起
——一个发展人类学的个案研究

The Rise of a Chinese Medicine Distribution Market in Central China

A Case Study from the Perspective of Development Anthropology

傅 琦／著

图书在版编目（CIP）数据

华中药市的崛起：一个发展人类学的个案研究／傅琦著.
—北京：知识产权出版社，2017.6
（紫金人类学书系／范可主编）
ISBN 978-7-5130-4928-3

Ⅰ.①华… Ⅱ.①傅… Ⅲ.①药品—商人—人物研究—中国—现代 Ⅳ.①K825.38

中国版本图书馆 CIP 数据核字（2017）第 120527 号

责任编辑：李学军　　　　　　　责任出版：刘译文
封面设计：STSJ

华中药市的崛起——一个发展人类学的个案研究
傅　琦　著

出版发行：知识产权出版社有限责任公司	网　　址：http://www.ipph.cn
社　　址：北京市海淀区气象路 50 号院	邮　　编：100081
责编电话：010-82000860 转 8559	责编邮箱：752606025@qq.com
发行电话：010-82000860 转 8101/8102	发行传真：010-82000893
印　　刷：北京嘉恒彩色印刷有限责任公司	经　　销：各大网上书店、新华书店及相关专业书店
开　　本：787mm×1092mm　1/16	印　　张：18.5
版　　次：2017 年 6 月第 1 版	印　　次：2017 年 6 月第 1 次印刷
字　　数：231 千字	定　　价：86.00 元

ISBN 978-7-5130-4928-3

出版权专有　侵权必究
如有印装质量问题，本社负责调换。

郝瑞序

"紫金人类学书系"的创建代表中国改革开放后的人类学进一步成熟。这一经过艰难曲折的学科，正在实现它几十年的承诺，发挥它应有的贡献，展望着它的未来。

现代中国人类学的传承是多样性的，三条支流汇入一条新的主流。第一支流是新中国成立前接纳欧美的两个比较新的学科，改变它们而适用于中国的具体情况。在人类学、社会学两个旗帜下，学者们在汉人农业社区和各少数民族群体进行实地调查。成果不少，包括中外文著作、文章，也有一些很嫩的新理论的萌芽。这条支流在新中国成立初期被堵塞，但没有完全断流。当代学者在如吴文藻、费孝通、芮逸夫、凌纯声、林惠祥、林耀华、梁钊韬等先锋长辈所打下的基础上进行详细的民族志工作而创建部分本土化的理论。这个支流的特点是强调研究现实社会和理论方法的灵活性和适应性运用，社会服务精神很浓。

第二支流是新中国所带来的苏式民族学，从 20 世纪 50 年代直到 90 年代初占据了学科霸权的地位。它为服务党和政府建立统一多民族国家的需要，扩大了对象范围，推进学科的系统化，在之前比较薄弱的知识基础上添加了丰富宝贵的资料与知识。但是，这条支流的发展，却导致了两种不利于学科发展的现象：首先是对象范围又回到最边缘的小社群，把研究对象限制到少数民族群体，把汉人社区推到社会学的地盘。继而又视社会学为"资产阶级"学科而把它取消，从而实际上阻碍了人类学对汉人社会的进一步深入了解。这个支流的特点是强调历史演变，理论方法比较生硬，但社会服务

华中药市的崛起 ——一个发展人类学的个案研究

精神也很浓。

第三支流是世界人类学在20世纪80年代的巨变,对象从"原始"社区扩大到全球化的世界里的固定或流动的社群,理论从文化单位相对论和结构主义转到文化互相交流、重构、融和论和后结构主义。这条支流进入中国人类学主流的过程比较长,因为老一辈的学者大多习惯了苏式民族学的思考方式。但是,因中外人类学者在八九十年代加速交流,如范可博士和他同辈学者们不少人都在欧美国家训练,接受了新的人类学理论和方法。新世纪一开始,这个支流的影响在中国加速。它的特点是注意世界各种人口、思想和资本的流动性,以及理论方法的多样性,社会服务精神有浓有淡。

范可教授在我执教的华盛顿大学获得博士学位,回国后被聘为南京大学社会学院人类学研究所所长和博士生导师,在中国人类学发展、帮助中国人类学三个支流汇集的过程当中扮演了重要角色。他不但因为20世纪80年代在厦门大学读书和教学而对中国人类学传统宝库有深入的了解,知道有哪些地方尚待改进,又在跟我攻读博士学位的过程中了解了世界人类学的发展趋向。他把自己的两个支流都注入南京大学新建的人类学科研和教育的大茶壶里,和他的同事一起,建立了一个既传承中国社会科学的传统,又加入世界人类学共同体的教研机构。

我2012年访问南京大学并进行演讲期间,范可博士给我安排机会与人类学研究所的博士生和硕士生交流,了解他们的训练和研究,给我留下了极其深刻的印象。他们以自己在社会上的经验和他们所关心的社会问题为出发点,选了既对社会问题,又对人类学理论与方法有价值,而且有可能作出贡献的对象与主题。因此,当我接到范可教授的来信,告知将要推出"紫金人类学书系"时非常高兴,但并不吃惊。建所10周年是应该有成果的时候,只需要有个场合将它们发表、呈现给国内外人类学界。为此我们也应该感谢李学军先生,他及他的出版社给中国人类学界提供了一个发表的平台。

郝瑞序

　　我最近几年遇到愿意在中国国内读人类学研究生的中国学生，总是推荐南京大学人类学研究所和范可教授。本书系的创立，更加强我这个趋向。不仅中国人类学界而且世界人类学界、中外社会科学界，以及所有关心中国社会问题的同仁们，都应该重视范教授和他的学生的贡献。我祝贺书系的创立，希望本书系和它所代表的人类学发展过程将来能进一步发展，扩大它对我们了解中国社会的贡献。

郝瑞（Stevan Harrell）
2015年4月11日于西雅图

周晓虹序

时间过得真快，人类学研究所成立已经10年了。记得2001年5月我担任南京大学社会学系主任后，时任校长蒋树声教授与我例行谈话，主要议题即是社会学系的学科建设问题。那时的社会学系教师总计不过20人，教师中包括日本归来的贺晓星博士在内，有博士学位的也不过4人，其中我和张鸿雁教授获得的还是历史学博士学位。当时系里的大多数教师除了上一些社会学的课程外，还必须教授1—2门保险学的课程，尽管没有一位教师受过保险学的专业训练，但此前系里将此视为推动经济社会学建设的有效路径。我还清楚地记得那些对保险学一窍不通的社会学专业的老师们疲于应对的窘迫，记得我自己是通过开设广告学和公共关系学来消弭这一窘迫的——好在保险专业的训练十分看重"展业"能力，而这些课程对于保险人才的展业能力，一句话，"推销"保险都是必不可少的。❶ 在我担任社会学系主任之职，尤其在将保险学专业交还给商学院后，除了进一步推进社会学的研究和教学外，再开辟哪些新的领域或专业，成了我上任后的当务之急，也是与蒋树声校长谈话的主题议题。

在当时的社会学一级学科设置中，只有4个二级学科：社会学（这即许多教授所诟病的老子、儿子同名——一级学科和二级学科都

---

❶ 说句实话，尽管由我这样一位社会学背景出身的教师教授广告学和公共关系学似有不妥，但我个人的经历和此时的兴趣使得这样的"充数"倒不至于误人子弟。自1992年为仪征化纤公司设计和策划整体企业形象（CIS）并写出"与世界共经纬"这句流行一时的广告语后，我对广告和公共关系的兴趣空前高涨，还在1995—1999年四年间开设了一个名为"九歌广告公司"的机构，一度做得风生水起，直到1999年去美国哈佛大学费正清中心访问才收手作罢。

华中药市的崛起 ——一个发展人类学的个案研究 ▷

叫社会学)、人口学、人类学和民俗学。在我们的20位教师中,除了社会学(当然还兼及保险学)18人外,另有1位教师教授人口学、1位教师分别教授人类学和民俗学。社会学自不必言,在整个社会学一级学科中它的从业人员最多,学理根基、社会影响和实用价值也相对最大,如果要在中国社会学界"安身立命"舍此难觅其他。所以这15年来我们一直积极地"组建"最好的社会学研究团队,除了提升原有教师的水准外,从最初引进风笑天教授到后来引进彭华民、刘林平和吴愈晓教授,团队建设从来没有停滞,包括陈云松、郑震、郑广怀、梁莹等一些年轻学者陆续加盟,我们的社会学学科建设确实称得上风生水起。

  不过,尽管作为二级学科的社会学在社会学一级学科中地位显著,但单单一个社会学是难以支撑起整个学科的大厦的。人口学地位独特,在中国最初的社会学学科建设中,因为中国的人口众多,加之联合国教科文组织的积极支持,中国的人口学建设曾经一枝独秀,包括南京大学在内的许多综合性大学不仅都设有人口学研究机构,而且这些机构在联合国人口基金(UNFPA)的支持下最初都经费充足——我记得在20世纪80—90年代,在中国每万人仅有5辆汽车的时代,许多大学的人口学研究所甚至拥有自己的小轿车,那让人羡慕的感觉就像现在的"土豪"拥有自己的直升飞机一样。但是,南京大学的人口学却命运多舛,在早期的一度繁荣之后,随着几位老教师的退休和年轻教师的出国,剩下不多几位人口学教师却连同机构——人口学研究所——留在了商学院。这些年来商学院因开办各类MBA尤其是EMBA在经济收入上的"一枝独秀",使得人口学教师大多不愿意离开商学院,更不愿意到与草根社会打交道的社会学系——尽管这是教育部划定的人口学的学科归属。这样一种奇怪的学科建制,自然妨碍了人口学学科的发展:商学院虽然不能将早先的几位教师"赶走",但对发展人口学显然也没有任何兴趣;新进的人口学教师在社会学系及后来的社会学院也一直没有自己的学术机构(学校明确规定,在同一个学科方向上不能同时建两个同

周晓虹序

名学术机构），这使他们难以形成自己鲜明的学科认同。我认为，南京大学的人口学之所以会由盛及衰，一方面与国家的整体人口大势的改变有关，另一方面则与上述独特的学科建制有关。这也是为何这些年来我们在人口学学科上只引进了毕业于德国马尔堡大学的陈友华教授等不多几位人口学教师的缘故之一。

这样一来，学科发展除了社会学以外，当时只有人类学和民俗学两条道路可走。考虑到人类学在英美国家一直是文理学院常规的学科建制，它与经济学、社会学、政治学、心理学并称社会科学的五大学科；而民俗学在多数国家只是人类学下的文化人类学的一部分，其关注的民俗现象确实不过是特定民族的文化表征之一，中国的民俗学者又主要是民间文学的研究者，因此在这两者之间基本只有一种选择：推进人类学学科的发展。记得要选定这样的学科发展目标，对当时只有半个人类学教师的南京大学社会学系来说，并不是一件太容易的事。记得在与蒋树声校长的谈话中，我对校长说，人类学家关注异文化，尤其是不发达的国家与社会，所以在世界近代化过程中先后崛起的英国和美国也先后成为全世界人类学的大本营；我也对校长说，随着中国在全球化过程中的崛起，我们也一定会发展出对世界各国、各民族的研究兴趣，从人类学研究的客体转身为人类学研究的主体。值得庆贺的是，作为物理学家的蒋树声校长一听就懂，他不仅同意了我的学科发展设想，而且在此后的一段时间内一直积极给予了坚定的支持。

既然确定了发展人类学，首先要做的就是找到能够作为学科带头人的优秀学者。恰逢此时，2002年秋，我应美国华人人文社会科学教授协会（ACPSS）邀请，前往地处硅谷的圣何塞大学（San Jose State University）参加 ACPSS 的学术年会。会议结束后，我前往紧邻加州北部的西雅图，拜访我的朋友、华盛顿大学人类学系的 Ann Anagnost 教授，希望在人类学学科建设方面能够获得她的帮助。记得我的想法一表达，Ann 就推荐了前一年刚刚获得华盛顿大学人类学博士学位的范可，并且立即驱车带我去范可家拜访。范可博士在

VII

华中药市的崛起 ——一个发展人类学的个案研究

赴美攻读博士学位前曾先后毕业于中山大学和厦门大学，并担任厦门大学人类学系的教师，不仅受过人类学学科的严格训练，而且在中美人类学界都有着广泛的人脉，是理想的学科带头人人选。尽管谈话只有一晚，但我们却一拍即合：2004年5月，范可博士由西雅图赶赴南京，受聘南京大学教授，并正式出任新建的南京大学人类学研究所所长。

有了开端，一切似乎都水到渠成。接下来，毕业于英国伦敦政治经济学院人类学系的杨德睿博士来了，毕业于美国芝加哥大学人类学系的邵京博士来了，两位更为年轻的人类学博士褚建芳和杨渝东也从北京大学来了，短短几年间我们的人类学研究所一下子有了6位正式的教师，就其规模而言在综合性大学的社会学院系中大概仅次于中山大学、厦门大学和北京大学的人类学系所，我们所期望的人类学研究队伍一时间初具规模。

在最近10年的时间里，人类学研究团队招收了博士和硕士研究生、开设了10多门各类课程、召集了一系列颇有影响的人类学会议，还邀请了诸多海内外人类学家来南京大学交流讲演、举办了题名"谋思谈"的系列 seminar，在这一系列活动中范可教授都起到了核心和枢纽作用，他对人类学知识在南京大学乃至整个中国东部地区的传播起到了不可替代的作用。

"紫金人类学书系"是范可教授及其指导的博士研究生近年来的研究贡献，它一方面代表了南京大学人类学研究的最新成果，另一方面使得我们在1949年前就开始的人类学传统得以延续。可以确信，这些研究著述的出版将会进一步推动南京大学乃至整个中国的人类学研究之进步，而这些进步将会一点点积累起来成为我们这个大变迁时代的精神成就。

是为序。

周晓虹
2015年5月20日撰于南京大学113周年校庆

总序

本书系缘起于出版人李学军先生与我的一次邮件联系。李先生在邮件中表达，他所供职的知识产权出版社非常期待多出版人类学方面的著述。他的盛情相邀使我考虑：何不借此机会出版学生们的研究成果呢？于是，就有了"紫金人类学书系"的构想。之所以用名"紫金"有两个意思。其一，我所供职的南京大学坐落于紫金山麓，紫金于是经常成为学校的象征。其二，我在国外的母校华盛顿大学（University of Washington），以紫金为主色调。紫金是学校运动队战袍的颜色。所以，前者表明了这套书系的作者们与南京大学的关系——供职、同事、师生、校友；后者表明了师承上的关系。目前为止，南京大学人类学研究所唯有我一人为博士生导师，所以在第二位博导所带学生的成果出现之前，我会乐于强调这样的师承。同时，我还必须说明，一所大学所培养的博士成色如何，在很大程度上并非取决于教授们的言传身教或者耳提面命，而是取决于所处的氛围。一所好的大学一定有着良好的交流与讨论的传统。与国内其他大学相比，南京大学相对说来更为自由的学风和教师们的敬业精神，对于我们的同学们有很大的影响。这样的氛围熏陶了我们的学生。

南京大学人类学研究所成立于 2005 年 2 月，今年恰逢 10 周年。但是，南京大学的前身——原中央大学和金陵大学，一直有着人类学研究。原中央大学的凌纯声先生是位著名人类学家，曾对黑龙江流域的赫哲族进行过开拓性研究，对湘西苗族等也出版有细致的田野调查报告。金陵大学农村经济学者卜凯（John Buck）和他的同事们也对中国农村有过十分深入的社会学与人类学实地调研，研究成

华中药市的崛起 ——一个发展人类学的个案研究 ▷

果在海外学界被广为援引，并曾引起 20 世纪 30 年代国内学界有关中国农村土地与社会性质的大论战。而柯象峰等学者则在当年有着一定人类学色彩的"边政研究"上有自己独特的视角与贡献。他们，是当今活跃在学界的南京大学人类学群体的学术前辈。今天，我们传承的是他们的薪火。按照中国的传统，一个机构成立 10 周年总该有些表示。这套书系的推出可视为我们自己对 10 年来走过的路子的一个回顾。它仅仅是这一过程的一个片段，因为它只涉及在南京大学获得人类学博士学位的同学们的阶段性成果，展现他们所经过的人类学"成年礼"。所以，列在这套书系里的第一批成果仅仅展现了我们这个研究所成立 10 年来所做的部分工作。

任何一个研究与教学机构没有出版必难以立足。自洪堡 (Wilhelm von Humboldt) 以来，现代大学除了承担教书育人的工作之外，知识的生产已经是工作的重心。人类社会如果没有大学承担的研究工作与知识贡献简直无法想象。知识的生产除了开发未知的领域之外，还包括对周围自然与人类自身的了解与理解。社会人文学科的工作者以他们的视角与方式，探求人们的心灵世界与行动的意义，并力求理解这些意义。100 多年来的学科历史表明这么一种过程：从对世界和人类自身本体意义追寻到认识论意义上的讨论，并进而再回到本体论意义上的解答。这样的过程背后，反映的是时代的变迁对人类学知识发展的需求。今天，我们的世界已然全球化。不管你喜欢或者不喜欢，这都是一个无法否认的事实，而且这一潮流已经不可逆转，没有一个国家、一个社会可以置之度外。那么，全球化给我们带来什么样的影响？那就是除了那些凭直观就可以体察到的现象与事实之外，还有如费孝通先生早在世纪初年便已指出的"问题的全球化"。我们的社会所面临的问题不仅是我们才有的，而且是世界性的，只不过因为它们都在各自的社会文化语境里才有了具体的意义。从这个意义上来讲，全球化的世界实质上是一个网络化的世界，它对今天的人类

总　序

学研究或者人类学知识的生产，提出了不同的要求。

全球化的时代是一个带来希望的时代，也是一个产生问题的时代。人类学研究在这个时代里，有了许多新的刺激和议题。正因为这个时代是一个比以往任何时代都更具流动性的时代，人类学的议题和关注也就必然不再以那种预设为停滞不变的社区或者文化为对象，因为在事实上那样的社区已经不复存在。即便我们到一个偏远的地方从事实地研究，我们关心的依然是它的变动与流动。民族志研究上体现出来的对人类社会与文化的流动与静止的预设，固然可以反映人类学学者的局限与认识的发展，但在当今这样的时代，你要不感受到"流动"还真不行。因此，今天的人类学也就对我们有了一些新的要求：我们都应当直面当下。在一个问题全球化的时代从事人类学研究，就应该有所担当（engaged）。我们除了深化学理性的认识之外，还应当对"现状"提出自己的质疑与挑战。令人兴奋的是，南京大学人类学研究所的博士研究生们都在研究中寻找真问题，并对这些问题提出了自己的理解与回答。

这一书系里的民族志作品，从选题到田野地点的选择都是同学们自己进行的。作为指导教授，我只能就他们的研究打打边鼓，或者与他们聊聊天谈谈研究方面的问题以为"启发"。整体研究工作都是同学们自己完成的。在他们成长的过程中，社会学院和研究所的其他老师们也都起了重要的作用。他们传道授业的教泽令同学们受益匪浅。我的母校华盛顿大学的郝瑞（Stevan Harrell）教授和安德训（Ann Anagnost）教授，以及波士顿大学的魏乐博（Robert Weller）教授、伦敦政治经济学院的石瑞（Charles Stafford）教授、哈佛大学的赫兹菲尔德（Michael Herzfeld）、布朗大学的顾德民（Matthew Gutmann）教授等国际知名学者，在他们或长或短的访学期间，也都从不同的方面对同学们进行了指导或者与同学们进行交流。尤其是我的业师郝瑞教授，他在紧张的行程中，还不辞辛劳地专门召集正在进行田野研究的博士研究生们，询问他们所进行的研究并具体进行指点。魏乐博教授作为

华中药市的崛起 ——一个发展人类学的个案研究

福布赖特学者在南京大学人类学研究所访学一年（2013—2014）。在此期间，他参与所里的各种活动，经常与同学们切磋讨论答疑解惑。在此，我代表我们的同学们向他们表示衷心的感谢！

由于国内学制的限制，我们很难要求同学们也像国外人类学研究生那样，进行至少长达一年的田野研究。其实，一旦我们的田野工作以"问题"为基础，那么，是否一定得进行一年以上也就成了问题。尽管我没有对同学们的田野工作有任何硬性要求，但同学们也都尽量克服困难，尽可能地在田野里待更长的时间。有的同学在写作期间还反复回到实地，进一步充实资料以求印证写作过程中浮现出来的一些思考，或哪怕是求得一丁点儿的证据。毋庸讳言，从对学术的严格要求来看，这些同学的民族志著作不可能没有瑕疵，它们可能看上去还稚嫩，有些地方可能还有待商榷。但从选题到研究的视角，它们都生机勃勃，饱含了强烈的学术使命感；它们都关注我们的国家与社会所存在的问题，体现了一代学子的担当意识和对未来的期许与关怀。他们的成长令人欣慰。本书系中的民族志著作都燃烧着作者的学术激情，中国人类学的发展与未来应该属于这些有着强烈使命感与问题意识的青年学子。

范可
2015年2月9日

范可序

"发展"是启蒙运动以来,理性张扬而滥觞的概念。科学、理性必然带来进步,进步必然推动进一步的发展,这是启蒙带给人们的逻辑。这些启蒙运动以降所出现的理念,极大地推动了资本主义的发展。无庸讳言,也给人类生活的各个方面带来了进步。在理性与科学这套话语背后,是一种线性史观。到了19世纪,这套话语成为一种具命定性的进化主义表述——人类社会必须不断进化,不断进步,从简单到复杂,从野蛮到文明。进化论的诞生无疑是对启蒙的某种继承。如果追得更远,则与古代基督教世界的"存在大链"(the great chain of being) 有关。这是一种带有等级自上而下的结构,最顶上自然是神,其下依次为天使、月亮、星星、国王、君主、贵族、平民、野生动物、驯化动物、植物,等等。再往前追,这种链条式的分类结构则可以在柏拉图、亚里士多德等古希腊哲人的学说中窥及。这一具有高低级次的链条,后来催生了进化论(evolutionism)——尽管世界上大部分地方的人们更多地从各种有关达尔文的故事和书籍中知道这一概念。但也正是这一所谓的"大链"的观念性存在,成为了生产诸如"进化"、"进步"、"发展"等观念的内生性资源。到了19和20世纪,"进步"和"发展"已然成为强权抢夺世界市场的钥匙和利器。影响所及,这些观念又与现代主义理念搅和在一起,在"现代性"无孔不入的时代里,逐渐地占据了其他急于"现代化"的国家的思想地盘。

进入20世纪之后,随着大英帝国从世界霸主地位淡出,许多原殖民地国家纷纷独立。这些国家独立之后所要做的第一件就是在国

华中药市的崛起 ——一个发展人类学的个案研究

家建设上追求现代化。人类学家格尔兹就指出，急于现代化自然是为了屹立于世界之林，因此，民族主义在这个时代具有其存在和上升的空间。杜赞奇说过类似的话：社会达尔文主义是帝国主义逻辑也是民族主义运动的逻辑。总之，殖民地国家在独立之后，经常是追随西方大国的足迹来发展自己。这种欲望是如此强烈，以至于有学者用心理学术语"发展综合症"（developing syndrome），来比喻"二战"后独立的前殖民地新兴国家追求现代化过程中所出现的一些问题。

以上是"发展"成为潮流的历史背景及其部分思想根源和内在动力。如果聚焦到具体的国家，乃至于地方，毫无疑问，发展的目的是为了改善民生，这是任何一个现代国家所责无旁贷的，所有的政府也都作如此想。但是，正如"发展综合症"所暗指的那样，发展本身可能带来许多问题，成为乱象丛生的渊薮，尤其是那种在办公室里规划出来的"发展"。这种发展其实是"有计划的社会变迁"。在我们国家，由于公权力十分强势，如何发展可以任由官员定夺。此外，我们也应该看到，有些地方政府的乱作为实在是迫于无奈的结果。这里的原因或许和"分税制"的改革有关。总之，我们可以把这些现象看作是某些不足或者失误所导致的，因为长期以来，我们的政府一直声称"摸着石头过河"。但是，尽管乱象丛生，也不能排除存在着乱中取胜的机会。事实证明，地方政府在解决自身财政问题上启动的土地财政虽然带来了一系列的后续问题并几乎绑架了中国经济，但它也在较短的时间内扩大了经济规模，使不少中国人在短时间内致富。当然，它所带来的问题也十分明显，凡是明眼人都能看到这一点。

今天，"发展"已然成为各级政府的魔咒，它是政绩的衡量指标，由此，其本身也成为发展的动力，此即所谓"为了发展而发展"。这种情况甚至引起了是否有"不发展的自由"这样的话题。这一话题的出现表明，发展在许多情况下是关乎政府绩效的事，它

范可序 ▷

可以同老百姓的生活没有关系。且不谈论发展所带来的如环境污染、资源枯竭、乡村凋敝等负面后果，仅就地方政府的为了发展所做的策划，以及因此而导致的乱象来看，违背市场规律的事情总是难以成功——尽管在喧嚣当中，挥舞着这个"第一"，那个"第一"的彩旗在那里自得其乐、自我宣泄、自我促销。傅琦博士所写的这部著作便是这么一本书，它展示了地方政府发展经济的雄心和策略、计划经济的余绪，以及看似经过策划其实杂乱无章的发展规划。它更多地展示了被地方政府囊括到药市里的无可奈何的药商和药贩，为了生存，他们所采取的策略，他们之间——以及他们与地方政府之间——的博弈。

作者选取这个题目作为博士论文研究计划经历了一番波折，对此，读者可以从本书"后记"中看到。傅琦当年是调剂到我名下攻读博士学位的，此前没有任何人类学方面的训练，缺乏人类学研究生所应有的最基本的知识。初次见面时，她留给我很好的印象，我对她能否完成博士论文没有任何怀疑。她的质朴和东北人所特有的幽默与豪爽使她很快地融入我们这个不太大的人类学"团伙"。她非常用功，因为她知道她正在"半路出家"。在学习期间，她就十分喜欢从事田野调查。后来，因为某种机缘，她选择去华中一个药市进行与博士论文主题相关的田野工作。在长达一年的田野期间，她真正做到了参与观察——"同吃、同住、同劳动"，并与报告人结下了深厚的友谊。从田野回来之后，她对我说了不少田野发生的事，越发让我觉得这是个不简单的女子。当地人好酒，在那里从事田野工作自然得与人打交道，与人打交道离不开酒。虽说人们未必会强求女性喝酒，但要是能跟着喝些酒那当然对田野工作的开展有利。傅琦可谓豁出去了。所幸是酒可难不倒她，我也得以因此知道她的酒量。

田野归来不久，傅琦就开始了写作。第一次从事民族志写作，想写好它的欲望必定十分强烈，傅琦也不例外。但这时，她却遭遇

XV

华中药市的崛起 | ——一个发展人类学的个案研究 ▷

到了瓶颈。可能由于她喜欢哲学,有着把文字写得抽象和思辨的欲望。我却对此不以为然,对她交上来的一些章节的稿子十分不满,而且背地里还大发脾气。我想要的是简洁明快又娓娓道来的文字——如同层层剥笋那样,让读者随着作者的思路起伏。我要她在写作中永远考虑到读者,设想如何让没有这方面知识背景,甚至完全外行的人,也能阅读,也读得懂。这是一个过程,是一个每一位博士研究生都得经历的过程。唯有经过这样的历练,一个人的写作才能反映出她或他所接受的训练。毕竟,社会人文学科的写作并不是以让人读不懂来体现其高深的。傅琦十分聪明,很快地扭转过过来,不仅行文简练,而且还文采斐然。

傅琦的这部著作是对华中某市药材集散市场的规划发展(planned development)进行反思的人类学研究。正如已经提到的那样,"二战"后,"发展"常被用来指涉一种非西方国家实现现代化的运动过程。但由国家、地方政府启动的发展计划并不总是像其宣称的那样有效,常会带来一些始料未及的社会后果。作者在田野调查中发现,药市虽然在地方政府主导下得到了发展,因此自诩为"天下第一药市",但是,这一规划的药市却杂而无序、一片乱象:原先的中药材集散产业传统特色面目全非,合法与非法交易行为并存,到处都是灰色地带。不仅药商们慨叹生意难做,就连市场监管也屡遭尴尬。对此,傅琦将药市的发展过程置于改革开放以来的整体发展脉络里审视,力图展现以上勾勒的众生相,并以萨丹(Olivier de Sardan)的"交织的社会逻辑方法"(the entangled social logic approach)为视角,反思该药市的繁荣与乱象是如何产生的。

在这一视角下,傅琦在田野工作中发现:J市药市繁荣的生成,离不开国家、地方政府、个体药商以及大型外来资本四类行动者的参与与交织互动,它们扮演的角色与发挥的作用各不相同;而药市的发展乱象,则是当发展囿于所谓的"现代化模式"而无法善待自己的传统文化资源时,以上四类行动者在互动中所形成的博弈格局。

例如：当J市"国家引导的发展"领衔时，国家一枝独秀，地方政府、大型外来资本和药商们的能动性均受到了压抑。不仅J市药市有史以来的自发形成的样态遭到了破坏，而且私营药市也随之衰落。实行所谓"市场导向的发展"模式后，主导权从国家下放，整个经济体和社会发展的动力机制得以重构。这使地方政府、药商、大型外来资本都能以不同角色参与到"发展"中来。药市就在国家的分权让利、地方政府的规划扶持、药商们的积极参与，以及大型外来资本大兴土木的条件下，逐渐繁荣起来。

然而，正如书中指出的那样，由于市场对于经济资源的配置和调节始终要以政府放权为前提条件，大型外来资本便需要妥善处理其与地方政府的关系，故而始寻求与政府共谋为导向。国家则以掌控地方官员的任命权方式来保证在高度分权的同时做到高度集权，又以经济指标，尤其是地方GDP增长的绩效作为地方官员的擢拔标准，加之分税制改革给地方政府造成了巨大的财政压力，导致地方政府大举招商引资借以经营城市，同时扶持大量无法达到GMP认证的小型饮片厂，借以将原本在它控制之外的资源转变为能为它所支配。在此过程中，地方政府的作为是既当国家的代理人，又当国家的"敌人"；既唱红脸又唱白脸。而在具体过程中，国家的介入消解了传统药材集散中"个体"和"家里经营"的正当性，药商的既有的经验被非法化。而以空间扩张为特征的地方政府主导下的市场，不啻于成就了一场药商们眼中的公开"掠夺"。然而，出于对家庭"安全"的考虑，药商们大多主动放弃对自己权益的维护，选择了与资本和权力的挤压暗中"配合"的策略，药市就此乱象丛生。

傅琦博士很好地从理论上做了上述归纳。J市药市的发展虽然有着国家发展话语转变和国内养生流行的双重背景，但它充其量不过是国家和地方政府谋求发展的经济基地，似乎与以人为本的发展观毫无关系。这似乎是个吊诡：发展本为人们的福祉，结果却不仅与一般人的利益没有太大关系，而且民众不仅要认同国家关于经济发

XVII

华中药市的崛起 ——一个发展人类学的个案研究

展必要性的说辞，还必须分担由此而来的责任。关于发展，民众的需求何在？如何才能使老百姓更多地分享发展的成果？如何能使发展真正地遵循市场的规律运作，以及如何才能使与民争利者从市场中更多地收手？这大概是我们读了这本书后会得到启发的一些问题。

作为对发展的反思与研究，这本书的与众不同之处在于，它是一本不同一般的民族志，它也不是那种依靠数据来做分析和解释的研究，而是把发展当作一种语境或者因果脉络的活化文本。读者看到了在这一脉络中人们的爱恨交织、贪婪与悲悯；看到了干净的灵魂和不择手段的官商勾结。它是关乎发展的故事，人是这个故事的主体，数字基本没有位置，至多只起着烘托这些故事的作用。正如作者在"自序"中所说的那样"作为一种探索，本书期望能借此个案研究启发人们关注发展。在规划发展对于一个国家来说，已经成为某种政治凭证的今天，思考何以能使广大民众更有建设性地参与其中恐怕具有更为重要的意义"。诚哉斯言！

是为序。

范 可
2017年11月28日完稿于澳门科技大学G座225

自序

本书是一项对华中 J 市药材集散市场的规划发展（planned development）进行反思的人类学研究。二战后，"发展"常被用来指涉一种非西方国家实现现代化的运动过程。学者 Sachs 称，"发展"就像一座面向海岸的高耸的灯塔，为新兴国家的前进指引着方向。

新中国一个世纪有余的发展进程也离不开欧美式的现代性想象。然而，这种后革命时代的通常由国家、地方政府启动的发展计划并不总是像其宣称的那样有效，常会带来一些始料未及的社会后果。作者在田野调查中发现，华中 J 市的药市虽然借由地方政府主导的规划的发展在改革开放后崛起为"天下第一药市"，但是，被规划发展后的药市却同时深陷加工、集散等重重困境。药商们慨叹生意难做，市场监管也屡屡遭遇尴尬。本书力图展现 J 市药市的这幅众生相，并以 Olivier de Sardan 的"交织的社会逻辑方法"（the entangled social logic approach）为视角，反思 J 市药市繁荣与困境的生成。

本书认为，交织的社会逻辑视角下的发展可以总结为具有四个相互关联的特点。第一，发展被视为是行动者之间的互动，这绝不是一个发展者主动干预，被发展者被动接受的单向度过程。第二，尽管行动者们的反应是碎片化的个体行为，但是它们具有组合效应，从而能够成为各行动者群体的行为模式，这即是 Sardan 所谓的逻辑。第三，因为行动者群体有自己的逻辑，发展结果必定是一种逻辑交织下的产物，是行动者群体之间达致的一种博弈格局。它并不意味着某一方的绝对主导，是一种动态的平衡。第四，这种博弈格局嵌入在共时与历时交织的社会变迁过程中，需要透过社会变迁过程对

华中药市的崛起 | ——一个发展人类学的个案研究 ▷

其进行理解。以此为视角,经过对J市药市发展模式的变迁进行梳理可以发现:J市药市繁荣的生成,与中药材集散产业的标准化密切相关。在此过程中,国家、地方政府、个体药商以及大型外来资本四类行动者都参与其中并交织互动,它们扮演的角色与发挥的作用各不相同;而药市的发展困境,则是当发展是囿于欧美范式且无法善待自己的传统文化资源时,上述四个行动者群体在互动中所形成的博弈格局。

具体来说,当J市药市实行"国家引导的发展"模式时,国家一枝独秀,地方政府、大型外来资本和药商们的能动性均受到了压制。我们看到的,不仅是J市药市历史以来的自发聚集样态遭到了破坏,还有私营药市的衰落。实行"市场导向的发展"模式后,借由主导权的下放,国家重构了中国经济、社会发展的动力机制,使J市地方政府、药商和大型外来资本得以以不同角色参与到有利可图的"发展"中来,J市药市便凭借着其的饮片优势——这一药材集散产业标准化的关键要素,在国家的分权让利、地方政府的规划扶持、药商们的积极参与,以及大型外来资本的大兴土木下逐渐繁荣起来,享有了国内最大的药市空间以及最大的饮片❶产业集群。

然而,由于中国市场经济的发展始终是政府放权的结果,市场对于经济资源的配置和调节始终要以政府放权为前提条件,大型外来资本便需要妥善处理其与地方政府的关系,始终以谋求共谋为导向。而因为国家以掌控地方官员的任命权方式来保证在高度分权的同时做到高度集权,又以经济指标,尤其是地方GDP增长的绩效作为地方官员的主要擢拔标准,加之分税制改革给地方政府造成了巨大的财政压力,J市地方政府便开始大举招商引资借以经营城市,同

---

❶ 中药根据需要,会将中药材加工成薄片、厚片、斜片、丝状、段状、块状等一定规格的形状,便于药物有效成分的溶出以及进行其他炮制及储藏和调剂等。这种加工后的中药材即被称为"饮片"。现代化的饮片生产主体被称为饮片厂,主要以统一炮制规范、统一质量标准、现代化制药技术设备与规范化生产(GMP)为生产特色。详情请参见百度百科的"饮片"词条,http://baike.baidu.com。

时扶持出大量一时还难以达到 GMP 认证的小型饮片厂，借以将原本在它控制之外的资源转变为能为它支配的财政能力。在此过程中，它既监管、庇护药商，又和大型外来资本一起联袂挤压药商；它既是国家的代理者，又充当着国家的"敌人"。在微观层面，国家的介入消解了"家里"和个体身份在传统药材集散中的正当性，药商们历史以来的实践经验开始遭遇非法化；而由于地方政府经营城市，以空间扩张为特征的市场发展演变成了一场药商们眼中的公开"掠夺"。然而尽管置身于上述困境，出于对整个家庭的"安全"考虑，药商们选择主动放弃对自己权益的维护，暗中配合了资本和权力的挤压。

可以说，在国家经济发展话语的转变和传统中医药养生文化流行的双重背景下崛起的 J 市药市，只是国家和地方政府为谋求发展而建立起来的经济基地，而不是为了迎合普通社会大众所期待的以人为本的发展。一如 Robertson（2007）所说，虽然"发展"涉及我们共同的进步和福利，但是并非我们每个人都能参与到对发展的规划中去。为此，普通百姓不仅要认同国家对经济增长的必要性的看法，还必须分担因此而产生的所有收益与代价。尤其当国家发展计划单一地仅以欧美为参照时，J 市药市的崛起便只能演变成一种发展的悖论。一面是药市的蓬勃发展，一面是中药材集散深深的困境。或许，我们直至今日仍缺乏足够的现实主义态度承认，在传统与现代之间，在东方与西方之间，我们还尚未厘清自己的位置。而唯有使人们拥有"享受人们有理由珍视的那种生活的可行能力"的发展，才可能是民众真正的需求。

作为一种探索，本书期望能借此个案研究启发人们关注发展。在规划发展对于一个国家来说，已经成为某种政治凭证的今天，思考何以能使广大民众更有建设性地参与其中恐怕具有更为重要的意义。

CONTENTS 目录

郝瑞序   I

周晓虹序   V

总序   IX

范可序   XIII

自序   XIX

第一章　导论　　　　　　　　　　　　　1
    第一节　研究缘起　　　　　　　　　　2
    第二节　"发展"回顾　　　　　　　　　10
    第三节　田野经历　　　　　　　　　　28
    第四节　章节概要　　　　　　　　　　38

第二章　古今药市　　　　　　　　　　　41
    第一节　地理空间　　　　　　　　　　42
    第二节　繁荣的街市　　　　　　　　　50
    第三节　市场的衰落　　　　　　　　　56
    第四节　声名鹊起　　　　　　　　　　62

第三章　药市与经营者　　　　　　　　　67
    第一节　"一个人的经济"　　　　　　68

第二节 "搁伙计" 78
　　第三节 "上行"去 88
　　第四节 自己家的"店铺" 96

第四章　空间的逼仄 **109**
　　第一节 强强联合 110
　　第二节 来势汹汹 116
　　第三节 "一封信"事件 128
　　第四节 坎坷的"撵行" 135

第五章　药材里的世界 **147**
　　第一节 切片子 148
　　第二节 "非典"的故事 157
　　第三节 浴火重生 163

第六章　"养生"中的药市 **181**
　　第一节 作为文化体系的养生 182
　　第二节 "中华药都·养生J市" 187
　　第三节 药商们的"治未病" 194

第七章　结论 **215**

参考文献 **237**
索引 **254**
图表索引 **261**
后记 **262**

华中药市的崛起
——一个发展人类学的个案研究

第一章 导论

华中药市的崛起 ——一个发展人类学的个案研究

第一节 研究缘起

"国家干预国民经济的历史很久，但是国家发展计划无疑是20世纪的发明。"到华中J市进行田野工作，以药材集散市场为对象开展对发展计划的人类学研究并非我一直以来就有的规划。对我来说，这一切都纯属机缘巧合，充满戏剧性。

博士一年级时，我和考古系的一个同学打算一起申报学校设立的一个跨学科合作项目。因为同学的导师希望她能借此机会，参与到他三峡后续规划的项目中去，我们就以手头掌握的巫溪资料为基础，进行了名为《城市生态文明建设中的空间、权力与文化——重庆市巫溪县个案研究》的项目申报，并获批准立项。于是，2011年8月6日那天，我们会聚汉口，搭乘开往宜昌的火车，出发前往巫溪。在火车、飞船、客船一番折腾之后，我们终于在8月8日中午，抵达了目的地。

巫溪地处渝东边陲，大巴山东段南麓的渝、陕、鄂三省市接合部，是巫巴文化故乡、巫文化的发祥地。人类正是于"巫"起，一步步创造了今天的文明，创造了灿烂的中华文化。昔日巫溪借大宁河之利、宝源山盐泉之资，造就了一方"不耕而食、不织而衣"的乐土，缔造了"一泉流白玉、万里走黄金"的辉煌。然而如今，这一切都成了一个遥远的记忆。巫溪可谓因盐而兴、也因盐而衰，它早已一改古时"万灶炊烟"的盛景，沦落为一个当下山沟里的国家级贫困县。巫溪的县情曾被概括为六个字："山区、偏远、贫困。"[1]

然而，当这艘最终只载有船老大和一个船员，以及我们三人（还有同学的弟弟）的破旧的小客船抵达巫溪码头时，巫溪呈现给我们的，既不是一副预期中，贫困县特有的破败、潦倒长相；也不是

---

[1] "昔日贫困县民生突围、巫溪建设宜居新城"，载大渝网，http://cq.qq.com/a/20101123/000226.htm。

第一章 导 论

想象中，封闭传统的大山深处，原野牧歌般的田园图景。除了山区狭长起伏不平的道路，首先映入眼帘的，就是大宁河两岸正大张旗鼓、热热闹闹地进行的统一颜色、统一样式的旧城改造工程（参见图1-1）。复古的"骨架"、金黄的"皮肤"、镂空的装饰，巫溪县正以火热的激情为旧城"穿衣戴帽"，实施着"打造秦楚之门""构建乐和家园"的地方营造战略。我被这意料之外的、如火如荼的旧城改造吸引了，开始关切如何从此点入手切入地方再造问题。并希冀能借此项目之机遇，将巫溪作为我的田野点，着手博士论文的写作。

图1-1 巫溪旧城改造工程

返校后，我就此次踩点情况在田野工作方法课上进行了汇报。在不经意谈到我们感觉当地药店颇多，且曾听一个药店老板讲，在大宁古城这个巴掌大的老城区里，竟然有200多家药店时（当时尚未来得及查证），这个现象引起了老师的注意。联系到巫溪桃源子曾经一度是川、陕、鄂边区最大的中药材集散市场的这段历史，及其国家级贫困县、外出打工者甚众的现状，以及我在汇报中提到的一家当地人都颇感奇怪的常年关门，不知作何种经营的药厂等情况，老师觉得"药"这个话题在巫溪颇堪品味，并建议我可以从药材入

华中药市的崛起 ——一个发展人类学的个案研究

手,窥其地方再造问题。鉴于我和同学是打着"三建委"的旗号高调进入巫溪的,巫溪有关部门的热情配合使我的汇报中的所见所闻无不呈现出一种被官方影响后的状态,老师颇为细心地建议了我的此番出场形象——一个东北来的药商,力图使我能以此身份顺藤摸瓜,自下而上再入巫溪。这是个很有趣也很有挑战性的角度,我不禁为能有此"探险"经历而欣喜若狂。为了能让我做足相关的准备工作,老师再次伸出援手,介绍了一个正跟进J市回族研究的学者,请他做我的介绍人,带我进入J市。就这样,2011年11月,我来到了J市。

火车抵达J市时,已是临近午夜时分。站台上残留的灯光没让我对J市形成什么特别的第一印象,但是甫一下车,我就闻到空气中有股浓郁的药味。J市是药都,这我是知道的,但我从未想过它会如此"张扬"自己的个性,我开始情不自禁地去想象J市药市的长相,想象这个城市里得存放多少药材才能积聚起这么大的味道。

次日早上六点不到,我兴冲冲地跟上介绍人,前往公园接头,他要介绍J市的朋友给我认识。在一群舞刀弄枪的晨练者里,随着介绍人的招呼,一个身体强壮、身高在一米八左右,手提红缨枪的四十几岁男人笑呵呵地站在了我们面前。这个被我称为詹哥的男人,还有他的父母、老表苏老三等家人,都是我后期田野里最主要的报告人。眼花缭乱地看詹哥等人晨练有一个小时之后,我们三人一起去吃早餐。饭罢,詹哥便用三轮车载上我俩,去他认为我应该去看看的地方——大行。

"大行"是J市民间对中药材交易大厅的俗称,是药商们每天都去"上行"(去交易大厅里卖货的意思)的地方。大行分为上下两层,面积有3.2万平方米,周围环绕着一千多家中药材经营铺面房。整个交易中心的布局,像是一个以大行为中心的同心圆(参见图1-2)。我们到交易中心时,大行已经上行多时,詹哥便直接把我们带进了他家摊位所在的样品行,里面真是琳琅满目、人声鼎沸。

图 1-2 J 市大行(中药材交易大厅)卫星视图
圆圈标注处即为大行(图片来源于谷歌地图中截取的卫星图片)

由于我出发前,"目标明确"地将学习某种药材知识作为伪装药商战略的第一步,所以从进入样品行的那一刻起,我就不错眼珠地低头盯着那些千奇百怪的药材看,边看边窃喜,看来这次能不虚此行。然而没过多久,我就被迫把目光转移到了人身上,原因很简单,因为我时常需要抬头看我前面的人为什么不走了,以至于他连我的路都给堵住了。直到这时,我才注意到样品行的火爆:不仅摆放药材的每排摊位后面,人挨人地挤坐着一排卖家,摊位的对面还肩并肩地站着一排卖家,他们和摊位之间的通道狭小得只能允许一人侧身通过,前面人的停顿就等于断了我的去路。也是直到这个时候,我才意识到自己太过关切"物"了,以至于我竟对那些活生生的人视而不见。于是,在随着人流向前蠕动时,我开始好奇地盯着这些人看,我想知道他们在干什么、他们是怎么干的。然而,还没等我看出个子丑寅卯,人群竟开始骚动起来。我正在疑惑这是不是我的一种错觉,一直跟在我身后的介绍人拍了我一下:"走了,回去找詹

华中药市的崛起 ——一个发展人类学的个案研究

哥,下行了。"

"下行"相当于下班回家,可这明明还不到九点,难道这就是他们一天的生意?下行后人们会去哪里,又去做什么呢?稀里糊涂地跟着下行后,我们同去詹哥家,一路走来我才发现,原来"热火朝天"并不只是大行里特有的场景,大行外也十分活跃。去往詹哥家的路两旁,肩并肩地都是药材铺,药材被用褐色的麻袋或白色、黄色的编织袋装着,一袋袋地一直从屋里排列到门口;门外的空地上,有人正在用机器切片子(加工饮片的意思),有人正在用竹耙把堆在地上的切好的饮片耙开准备晾晒,有人正系着围裙、俩人一伙地筛药,有人正在指挥装车,拉脚们往肩上搭块布,进店里把几十公斤重的袋子扛上肩,再用力将其"扔"到小货车上;一辆辆满载着药材的小货车不停地从我身边擦过,它们或是刚从某条巷子里开出来,或是正钻进某条巷子里;空气中飘浮着药味儿,地上满是尘土;人们出出进进,看货的、过秤的、讨价还价的,马路上,仿佛就我们三个人在游手好闲。

就这样,J市药市、大行内外,给我的一个强烈印象就是俩字:兴隆。我想起我在网络上看过,J市药市的中药材日上市量高达6000吨、上市品种2600余种、日客流量约5万-6万人;J市市政府还曾用"三个一百"来形容其围绕中药材集散而形成的这个庞大的市场群落,即一百万从业人员(包括种植、加工、销售、服务)、一百万亩种植基地、一百亿元的年销售收入,看来名不虚传。J市药市的这份活跃劲儿激起了我的兴趣,我开始有意查找药材市场方面的相关资料,詹哥还专门介绍了几位专为中药行业服务的J市信息界的名人给我认识。不久,一个极其自然的问题便萌生出来:如此兴隆的J市药市,究竟是怎么发展起来的呢?

我首先想到的就是《大宅门》。在我的印象里,《大宅门》中,白景琦安国办药那场戏真是十分精彩,大管事走出殿门高喊:"京城百草厅白家老号东家已到,安国药市开市大吉,各东家伙计务必严

第一章 导　论

守市规，开市"的场景更是让我印象深刻。这出戏是有史可考的。历史上，因为同仁堂总是从安国药市上选购药材，且选的药材都是最好的、出的价钱最高、药量最大（同仁堂最多时的细料选购量能占整个市场 90%以上），安国与同仁堂之间便形成了"同仁堂不到不开市"的默契，同仁堂和安国之间也保持了 200 余年的血脉联系。❶由于同仁堂自 1723 年起，"包揽清廷宫内用药"，其原料药材又主要来自安国，于是，不但祁州（今天的安国）药身价十倍，有"药不经祁州就没有药味"的说法（陈新谦，1987），安国还发展成为明清时期最大的中药材集散地，素有"天下第一药市"之称。如此一来，"同仁堂不到不开市"的惯例也就从原本只是安国和同仁堂之间的一种默契，逐渐演变成了整个中药材集散行业里的一种文化传统：同仁堂每年都要在领衔药市——安国举行开市仪式，只是自 20 世纪初起，因中国内忧外患种种原因而有所中断。

如今，同仁堂到则药市开市的规矩依旧保持着，但是开市的地点却不是安国而是换成了 J 市。2003 年，北京同仁堂集团决定恢复在领衔药市举办开市仪式的传统，在对中国数家药都进行反复遴选后，最终确定 J 市为仪式举办地。❷ 自此，每年正月，北京同仁堂集团都与 J 市市政府联手举办药市开市活动，中断近百年的"同仁堂不到不开市"的传统也由此得到了延续和传承。然而，J 市固然按其当地历史叙事所称，有着悠久的药材集散传统，但这并非是其能领衔众药都的"最优"条件，我们很难说 J 市在药材资源、历史传统、地理交通等方面具有某种崛起的绝对优势。那么，J 市药市究竟有了一个怎样的发展态势，以至于它吸引来了同仁堂呢？

其次，1994 年，国务院发出《关于进一步加强药品管理工作的

---

❶ "同仁堂与安国二百年血脉相连"，载搜狐新闻，http://news.sohu.com/20060526/n243416328.shtml。

❷ "百年同仁堂与药都共同发展"，载北京同仁堂，http://www.tongrentang.com/news/view_news.php?id=114&tagid=3。

华中药市的崛起 ——一个发展人类学的个案研究

紧急通知》（国发〔1994〕53号），开始对全国范围内的中药材市场进行整顿，并在1996年，将当时全国137家中药材专业市场缩减为17个。❶ 可是16年后的今天，昔日的十七大药市中，很多都已名存实亡。据我访谈的那几位J市信息界的人士总结，目前，不算一些产地市场，"人气"较旺的药材集散市场仅有J市、安国、玉林、荷花池和清平五家。如果确如其中的一位人士所说，清平主要走贵细药材、保健品路线，常用中药材的交易量较小，荷花池在药材原料方面少有大宗交易，玉林以进口品种、香料和周边的特产为支撑，安国经营模式守旧，市场规模这几年在急剧萎缩，那么，2011年我初入J市时，J市药市不但号称"买不到的药材到J市管买到、卖不掉的药材到J市管卖掉"，而且还在斥资15亿元，积极打造一个占地总面积约为106.6万平方米，规模是当下这个交易中心三倍大，号称"世界最大的一站式中药材集散总部"的"Z城"项目。那么，J市药市保持其蓬勃发展态势的动力又是什么呢？

然而，随着田野的不断深入，我发现兴隆的市场背后却是困境重重。例如，几乎每个在大行里"蹲摊"（租赁摊位卖药的意思）的药商都在一脚门里、一脚门外地游走于法律的缝隙。以詹家为例，詹哥在行里赁有摊位、是合法的药商，但他是在家里——这个非法的经营空间里进行药材的大宗交易。样品行之所以每天不到九点就下行了，是因为詹哥需要赶回家去进行交易。因为证照皆无，詹哥边做生意、边留心着街上的动静，随时做好关门歇业的准备。我为此还曾因为一次本能地出手相助一位药商朋友，意外地被其几个邻居认同为"自己人"。但是，被药商们警惕、躲避的监管者们又常和药商们"串通一气"，总有市场将于某日进行大型整顿，需要即刻将

---

❶ 十七大药市分别是：安徽亳州市场、广东清平市场、广西玉林市场、河北安国市场、江西樟树市场、河南禹州市场、四川荷花池市场、陕西万寿路市场、湖南廉桥市场、广东普宁市场、重庆解放路市场、云南菊花园市场、甘肃黄河市场、山东舜王城市场、湖北蕲州市场、湖南花板桥市场、黑龙江三棵树市场。

第一章 导　论

某些药材下架的消息以短信的方式"走漏"出来；当2012年，J市遭遇数家饮片厂因涉嫌染色、增重而被曝光这样的紧急情况时，J市某部门还专门召集药商们开会，不但告知了央视记者下来暗访的具体时间，还提醒药商们把该收起来的药材都收了，遇到可疑的陌生人少说话。因此，每逢药市整顿时，不仅药商们家家关门闭户，就连街上等活的拉脚们也都跑得无影无踪。

不止这些，在J市待了一段时间、和一些朋友混熟之后，我发现只要谈论起当下的生意，药商们就会晃着脑袋，发出"生意难干"的感慨；而只要我把话题转移到了正在大兴土木的"Z城"项目上，我就在不经意间将自己变身成了一个供药商们宣泄负面情绪的"接纳器"，不管是开小行的还是在大行里蹲摊的药商，不管是J市本地的还是外地来的药商，人们不是在向我抱怨着当下大行的所有者——广东M药业的不是，认为M药业正在"掠夺"他们，甚至有人问我能否帮他们在网上发表点什么；再就是兴致勃勃地给我讲那些他们也是从别人那里听来的有关M药业的负面流言，甚至一位J市信息界某公司的老总都惊讶我竟然听来了那么多的小道消息，戏称我成了小道消息的集散地。那么，面对J市药材集散市场由交易中心升级为Z城，药商们为什么会如此牢骚满腹、怨声载道呢？难道J市当下的蓬勃发展确实有不妥之处？究竟谁在J市药市的发展中获益更多呢？我为此开始关切"发展"，我在田野里形成的研究问题也日渐明确：J市药市发展中的繁荣与困境究竟是如何生成的？我力图用民族志的方法，对地方政府的规划发展所引发的种种社会现实进行探究。

因为这个问题在一定程度上需要"向后看"，这便是一个用我几乎所有访谈对象的话说，他们从来没想过的问题。虽然他们经历过、眼下也正经历着，但生存的压力迫使他们在一直不停地"向前看"，思考过去远不如思考当下和未来有意义。然而可以说，J市自古以来的药材集散模式，早已因中国于改革开放后开展的一场旨在谋求现代化的发展实践而发生了重大变化。药商们经历过的、正在经受的，以及他们即将面对的人生境遇，都是遭遇这场发展实践的结果。这场发展实践对于中国等不发达国家来说是如此重要，以至于国家会要求普通百姓等很多弱势者，在"国家利益""国家的进步""现代化国家"等宏大叙事面前，放弃他们"微不足道"的个人利益，视之为发展的必要代价。人类学正是出于对此的关切，才对发展进行了大量研究，这也是本书的终极关怀所在，本研究就这样与人类学语境中的"发展"联系了起来。接下来，我将围绕发展，对人类学的相关研究成果以及本书的写作思路，进行一个简要的回顾。

第二节 "发展"回顾

提起"发展"（development），我们耳熟能详。它是二战以来国际上的流行话语，是新中国成立后，主导中国社会的关键词。无论是"大跃进""发展才是硬道理"，还是"科学发展观"，我们一直在谋求发展的道路上狂奔。时至今日，依然如此。一如阿图罗·埃斯科瓦尔（Escobar，1995［2011］：中译者序 5）所说，我们可以批评某个既有的发展模式，对它做出修正或完善，但发展本身以及人们对发展的需要，从未被质疑过。然而，尽管包括新中国在内的战后大量出现的"新兴国家"（Geertz，［1973］2008）——即前殖民地国家，确实经由发展分享了现代文明的成果，但试图加速发展国家经济的努力也连带地引起了各种其他反应，有些甚至导致了不良后果。为此，人类学家于 20 世纪 60 年代起开始关切发展，并在 70 年代中期以后，以挑战与颠覆发展的话语，影响了有些社会的发展实践。本章将对此进行简要回顾，并以此为基础，对本书的写作思路进行阐述。

第一章 导　论

一、何谓发展

人们虽然对发展一词并不陌生，但真要说清楚什么是发展并不是一件容易的事。个中缘由正如埃斯特瓦（Esteva）所说，发展并不是一个内涵稳定的术语（Marc Edelman and Angelique Haugerud, 2005：1）。在发展的古典起源中，发展被作为一个再生、扩展、萎缩、分解几个阶段相继发生，不断循环往复的自然过程来理解（Cowen and Shenton, 1996：viii）。人类在很长的时期内尚未发现自己具有抵抗甚至制服自然的能力，对社会变化的认识因而总是来自并隶属于自然变化的观念，常以循环为视角来看待世界的变迁（朱玉茹，2006），直至启蒙运动，这种局面才发生改变。

历史上，没有哪个运动能像启蒙运动那样深切地改变人的思想和行为，启蒙运动的力量来源在于理性。卡西勒（[1955] 1988：3-4）指出："当18世纪想用一个词来表述其力量的特征时，就称之为'理性'。它表达了该世纪所追求并为之奋斗的一切，表达了该世纪所取得的一切成就。"启蒙理性不但将人从中世纪神学的统治下解放出来，还被通过和自然科学相结合，扩展到了整个自然界。于是，"整个18世纪都充满了这样的信念，即人类历史发展到今天，我们终于能够揭示自然所精心守护的秘密，使它不再隐没在黑暗中，把它视为无法理解的奇迹而对之惊讶不已，而应当用理性的明灯来照亮它，分析它的全部基本力量"（卡西勒，[1955] 1988：45）。启蒙思想家们相信，理性之光可以照亮所有被中世纪宗教神学遮蔽的黑暗。

这种乐观的理性主义，加上工业革命带来的资本主义繁荣，促成了很多新思想、新观念的诞生，"进步"（progress）即是其中的一个。据汪堂家（2010）考证，在启蒙运动之前相当长的历史中，进步只是被用来描述个人能力的长进，几乎没被用在对社会和文明的描述中，是启蒙运动对其进行了重构，视其为一种独立于个体意志

华中药市的崛起 ——一个发展人类学的个案研究

的客观趋势，而且，以理性能力的运用为基础的进步会成为人的普遍需要和必然要求。❶ 拉里安（Larrain，1989）也表示，尽管经济与社会变迁贯穿人类历史，但是"进步"意识以及应该推动社会进步的信念，却只能在"自由竞争的资本主义"（1700—1860）这个特定历史条件下才在北欧产生（Katy Gardner and David Lewis，[1996] 2008：4）。就19世纪大部分时间来说，进步与工业主义可说是同义语（罗荣渠，2006：29）。

尽管如此，很多有识之士已经对启蒙以降的思想氛围有所质疑。马尔萨斯和康德等人都意识到了进步并非会那么容易地或很廉价地就能得到实现。有学者（Cowen and Shenton，1996：5）指出，进步在创造了大量奇迹的同时也制造了大量的失序，在18世纪末到19世纪的欧洲，发展即被孔德（August Comte）寄希望于改善进步引发的负面后果，在这个意义上，现代的发展概念本身就是个欧洲的概念（Cowen and Shenton，1996：4）。不过，无论如何理解，发展这一观念此时都源于对人的理性的坚信。

尽管有许多思想家在关注发展、思考发展，❷ 他们视野里的发展与当下所谓的"发展"在内涵上却有所不同，后者是在20世纪50年代出现的。发展概念之所以会出现这种转变有其独特的历史背景。

众所周知，二战后，受成功的马歇尔计划的启发，帮助亚非拉国家摆脱战后出现的困难阶段被美国视为是防止他们共产主义化的绝佳手段。于是，1949年，杜鲁门（Harry S. Truman）在就职演说中提出了"第四点计划"❸，宣布要用美国先进的科技知识去刺激拉美这些"欠发展（undeveloped）地区"的经济增长，提高他们的生

---

❶ 对于进步概念在启蒙时代的法国、德国和英国的演变，可以参见Robert Nisbet 的 *History of the Idea of Progress*（1994年版）的第二章"Progress and the European Enlightenment"。

❷ 这些思想家虽然没有提出一个明确的有关发展自身的理论，但是在他们的一般性社会理论中，都含有一个发展的思想，例如涂尔干的从有机团结到机械团结等。

❸ 即对落后国家提供经济援助的计划。

活水平；世界银行也将工作重心从重建转向了发展，开始通过向生产性项目提供贷款和对改革计划提供指导，帮助不发达成员国实现经济发展。然而，在埃斯科瓦尔（Escobar，[1995] 2011：34）看来，当西方的专家和政客们将亚非拉地区按照西方的概念和标准表征为"第三世界"和不发达时，一个新的思维和行动的领域——发展——就此诞生了。到 20 世纪后期时，发展已经具有一套明确的含义：即为亚非拉地区铺设道路，使得它们能复制工业化、城市化等世界经济发达国家的典型环境（Escobar，1998）。加布雷斯（Gabraith）也宣称，"发展"乃是对已发展的史实进行模仿（罗荣渠，2006：30）。此时，发展不仅意指进步，而且指涉的是那些贫穷的、不发达的"第三世界"国家的进步，本书即在此意义上讨论发展。

至此，我们可以总结出三个相互关联的问题：第一，发展是个流动的概念，经历过多次的建构。从不带有任何价值判断地意指一种自然过程，到表示理性的进步，再到内涵上的进一步狭义化，指涉不发达国家的进步，套用阿恩特（Arndt，1978，1981）的话说，发展经历了一个由含有"发育、生长、逐步显现"含义的不及物动词，到一个含有"使某物进步"含义的及物动词的转变过程（Escobar，[1995] 2011：83）。人们不再相信发展是"自我调节的经济增长或社会变迁过程"的结果，而是认为发展是由富裕的和贫穷的国家与新的国际援助机构和金融机构合作的一致行动（Cooper and Packard，1997：1）。在此转变过程中，理性主义起了至关重要的作用，正是它使发展由与理性无关的自发过程，逐渐走向了信仰并依赖理性的自觉过程。20 世纪 50 年代以后的发展更是催生了一种思维方式，即将社会生活看作一个技术问题，是一个可以被托付给发展专家们来进行理性决策和管理的问题（Escobar，[1995] 2011：58）。

第二，如此一来，20 世纪 50 年代以后的发展可以被视为一种话语。这是因为此时的发展成了一种意识形态，它把信仰、价值和范畴或看待世界的特定方式强加给话语的参与者，而不是给他们留有其他选择（赵一凡，2006）。在一定意义上，发展取代了资本主义、殖民主义以及现代化，成为一种不大容易让人产生疑虑的新的改变社会形态的主流话语（赵旭东，2008）。此时，发声者，是那些西方发达国家，发展是它们将自己的经验、将现代性的规划引入那些经济上"欠发展"的国家；而这些亚非拉"欠发展"的国家们不过是一种被对象化了的存在，它们根本不具有定义何谓发展的资格。Hart 曾对发展话语的建构进行了一语中的地概况："冷战的主角们指定其余的穷人是'第三世界'，并为他们的经济困境赐名'发展'。"可见，这种发展并非是必然的，不可避免的，但它却以一种自然的、不可避免的逻辑形式植入了不发达国家的思维中。亚非拉的很多国家，包括中国，就这样走上了自己的"进步"之路，这是本书个案展开的大背景。

第三，显然，这样的发展话语是理性主义的产物，甚至一度迷信于理性具有的力量。如今，不管是发展，还是进步，它们都失去了往日的自明性，成了有些学者质疑和反思的对象。但是，尽管有"可持续发展""以自由看待发展""科学发展观"等旨在修正理性主义发展观的理念的提出，不可否认的是，传统的理性主义发展观还是在某些地方留有余迹。在我的田野中，J 市现状就显示出我们仍是一种经济增长导向下的发展观，仍在以经济增长为目标、以大举进行城市化和工业化为途径、以英美等发达国家的生存境遇为理想，总之，我们仍将这种理性主义发展观奉为圭臬。范可（2011）指出，人类学对"发展"的挑战，绝不是对前现代的怀旧，而是反对奉西方曾有过的而如今早已放弃的发展模式为圭臬的刻板的发展理念。以下，笔者将就人类学对发展的挑战进行简要的回顾。

二、发展的人类学研究

按照马奎特（Maquet. J. J. 1964）的说法，人类学对"发展"

（development）的关注是相当晚近的。总的来看，这种关注大体上可以划分为三个阶段。第一个阶段是自20世纪60年代起至70年代中期。受现代化理论的影响，人类学此时的发展研究主要以关切外源性因素，如资本与技术给"传统"社区造成的影响为主。

受"冷战"时期特殊语境关系的影响，在经济学和政治学领域内，现代化理论一度占据了主导地位（罗荣渠，2006；潘天舒，2009）。从本质上来说，现代化是一种进化论思想（Katy Gardner and David Lewis，1996［2008］：12），其逻辑和思路与19世纪的古典进化论如出一辙，如把人类社会看成一个从低级到高级的整齐划一的发展过程，把所有国家的演进都纳入一个统一的发展轨迹中，认为它们都沿着一条直线运动，最终都将成为西方那样的工业社会。罗斯托（W. W. Rostow，［1960］2001）的"经济增长阶段论"就是这种单线进化论的代表，这是一种摩尔根（Luis Henry Morgan）式的思维逻辑。

不过，除了古典进化论这一思想渊源以外，现代化理论还深受结构功能主义的影响，是古典进化论和结构功能主义相结合的产物。这使得现代化理论又与古典进化论相区别，它格外强调科学革命、技术进步在现代社会变革中的作用。由此，经典的现代化理论认为只要给不发达国家实施投资的"大推动（Big Push）"❶，调动农村剩余劳动力，不发达国家只要依赖大量包括外国援助在内的外来资本和先进技术，进行利润最高的工业化建设，就能"起飞"并达到发达国家现有的发展水平。经典现代化理论给了新兴国家们极大的信心，他们前仆后继地踏上了现代化之路，开始了雄心勃勃的五年计划：印度在1951年、中国在1953年、尼泊尔在1955年、坦桑尼亚在1964年……在此期间，世界银行也不遗余力地将超过60%的钱投在这些国家兴建现代化理论认可的基础建设，如通信、能源、运

---

❶ 指在发展中国家或地区对国民经济的各个部门同时进行大规模投资，以促进这些部门的平均增长，从而推动整个国民经济的高速增长和全面发展。

华中药市的崛起 ——一个发展人类学的个案研究

输上。然而不幸的是,不但到20世纪60年代后期时,发展中国家的经济增长速度仍是令人失望的(Katy Gardner and David Lewis,[1996]2008:13),这种发展模式在实践当中还引发了一系列复杂的社会经济问题。

例如,早在20世纪30年代末40年代初,就有学者对大量外资进入后的劳动力需求所引发的农村人口迁移现象给予了关注。英国人类学家戈弗雷·威尔逊(G. Wilson)在对布罗肯山(Broken Hill,在今赞比亚)的研究中,揭示了迁移导致去矿区打工的黑人们既无法居住于城市,又脱离了与村庄的联系,无法再回到农村,只能长期居留在矿区的事实(Katy Gardner and David Lewis,[1996]2008:49;Audrey Richards,1939);奥黛丽·理查斯(Audrey Richards,1939)发现工业化使赞比亚的奔巴(Bemba)部落的男性劳力流失,部落的农业生产能力下降,对金钱和欧洲食品的需要又破坏了部落古老的食物生产动机。由此,奔巴部落居民的饮食情况因为白人文明的到来出现了恶化而不是改善。后期,瑟皮拉(Schapera,1947)发现移民引发了"去部落化"(detriba-lization)的现象,即劳工迁移不仅给部落经济带来了很大困难:放牧牛群变得不易、农业也变得既不完整也不充分,传统的部落制度还因欧洲传教士和商人的活动而受到冲击;迁移还使有些个体彻底失去了和部落之间的联系,或使有些人从矿区返回部落后,会对部落的权威或纪律有所抱怨。格拉克曼(Max Gluckman)领导下的曼彻斯特学派对此也有同感,他们提出了"部落组织解体"的问题(Katy Gardner and David Lewis,[1996]2008:50)。霍顿(Houghton,1960)更是认为,流动劳工既是今天非洲的经济、社会和政治问题的后果,也是它们的原因。在这些学者们看来,这种迁移简直就是一种社会罪恶(social evil)(Miracle and Berry,1970:86-108)。

不仅如此,古迪(Goody,1971)、霍普金斯(Hopkins,1973)、爱泼斯坦(S. Epstein,1973)、奥兹(Ortz,1973)等人类学家还发

现，现代化理论对贫穷国家的资本短缺假设本身也是有问题的，非西方经济中普遍存在的情况并不是现代化理论家们宣称的资本短缺，而是劳动力短缺（Schneider，1975）。奥兹（Ortiz，1973）、弗思（Firth，1969）、格尔兹（Geertz，1963）、希尔·皮特（Hill Pitt，1970）等人还对发展经济学家将罗斯托模型运用于所有文化情境中的做法进行了批判，他们认为每种文化情境都应该具体问题具体分析。

所以，外来资本的大量进入一定会带来发展吗？伦纳德（Leonard，1958）表示，当投资政策的执行快于储蓄积累的速度时，就会引发通货膨胀，所以发展政策自身也是造成拉美国家一直存在通货膨胀的原因之一。有学者（Griffin and Enos，1970）在分析联合国1962—1964年的数据时发现，不仅接受的援助数量和国民生产总值（GNP）的增长率之间没有显著的相关关系，援助还可能因为导致较低的储蓄，或通过改变受援国的投资构成而阻碍长期的经济增长。并且，随着外债偿还数额的不断增加，这些受援国还会逐渐变成债务国。在拉美，平均来看，1955年，出口创税总额的6%用于偿还外债。而到1964年时，这个比例上升到了15%，智利甚至把出口创汇的一半都用来还债。Katy Gardner and David Lewis（［1996］2008：13）更在研究中表示，坦桑尼亚南部的落花生计划是资本投入下最声名狼藉的例子。1946—1952年，该地区共获得了2000万英镑的资助，但是其产出的结果，却是惊人的一无所成。

除了号召资本"大推动"，现代化理论家们还很推崇技术转移的作用，他们相信技术会以更低的成本带来进步。于是，从20世纪50年代起，美国的对外援助一直在以输出西方市场经济知识和经验以及技术转移为重点，如针对不发达国家普遍以农业为主的实际情况，普及新型农业、灌溉技术、市场意识等。然而，爱泼斯坦（Epstein，1973）和格尔兹（Geertz，1963）等人发现，新技术、商品作物的引入导致了乡村社会的瓦解，继而加剧了农村的两极分化（Katy

华中药市的崛起 ——一个发展人类学的个案研究

Gardner and David Lewis，[1996] 2008：51-52）。贝利（F. G. Bailey, 1958）发现印度农村传统的农业经济正为一种新的、农业和商业相联合的经济所取代。因此，在过去，村庄的经济或多或少都还是独立的，但是现在却被逐渐卷入一个更大的经济系统中，失去了独立性。许多学者发现，"绿色革命"[1]固然增加了农业产量，但是它不但没有解决饥饿问题，还拉大了贫富差距（Hazell and Ramasamy, 1991；Conway and Barbier, 1988；Griffin, 1974）。有的学者还发现"绿色革命"使农业生产因为进行单一作物的密集种植，存在极易受到环境的压力和打击的问题（Conway and Barbier, 1988）。苏珊·乔治（Susan George, 1986）在《更多粮食，更多饥饿》中指出，二战结束时，一些尚能在粮食方面自给自足的国家在发展的时代却成了粮食净进口国，他们接受西方的低价粮食，顺从被跨国粮商统治的农业市场法则，自己的粮食生产能力萎缩，因而饥饿更趋严重（Escobar,［1995］2011：121）。席瓦（Shiva, 1991）更是声称"绿色革命"是一个失败，因为它的受益者主要是农药行业、大的石化公司、农业机械制造商，以及大地主。

除了这些引人注目的农业机械化技术，有些学者还关注到摩托雪橇技术的引入给萨米人造成的影响不仅是始料未及的，而且还是灾难性的（潘天舒，2009：141-142）。摩托雪橇颠覆了萨米人传统的生活方式，不仅使驯鹿数量发生了巨变，还引发了萨米人对外部经济的依赖，老人的地位也遭到了弱化。此外，从国家的层面来看，水利电力系统的建设往往被视为发展的象征。有证据表明，到1970年时，发展中国家已修建了260个大型水库。然而这种国家发展规划中最昂贵的项目不但破坏了河流系统的生态，给水源、土壤、植物等造成了深远的影响；规划机构也没能以足够的兴趣去关注那些因水库修建而被迫迁移的人——在搬迁后他们的情况如何（Thayer

---

[1] 20世纪60年代起，为了减少饥饿人口，提高粮食产量，国际社会开始向第三世界推广高产水稻种植技术，也就是"绿色革命"，是一项被广泛推广的最著名的农业技术。

Scudder, 1973)？

人类学者霍本（Hoben, 1982）表示，从当时雇用人类学家的国际合作社联盟（ICA）的角度看，人类学家们只要能促进这些旨在发展的现代技术的传播就可以了。可是显然，他们"没能"完成任务。他们不仅揭示出外资及技术引进后会引发很多问题，科克伦（Cochrane, 1970）、摩尔曼（Moerman, 1968）、Salisbury（1970, 1971）、皮特（Pitt, 1970）等人还在调查研究的基础上，宣称土著们不用依赖欧洲也可以创业，发展不必是欧洲化的。不仅如此，人类学家的研究还揭示出"传统—现代"的对立乃是一种虚假的人为建构，它的目的是要确立起某种或某类因素的主流支配地位，而把其他因素排斥到弱势地位，无条件地接受强势因素的支配（陈庆德，2001: 388）。这样一来，援助机构认为人类学家吹毛求疵，很少提供建设性意见，只对长期研究感兴趣；人类学家则认为他们的角色太受限，没有足够的时间去充分调查，他们的建议也通常不为人所注意，双方之间便存在了严重的分歧、偏见和怀疑，合作难以继续。于是，到20世纪70年代初时，发展机构中的人类学家几乎都走光了，留下的也不是在以人类学家的名义进行工作，直到70年代中期，发展实践因不断遭遇挫折而开始强调文化的作用时，人类学家们这才重新回到发展领域中来（Hoben, 1982）。此时，人类学对发展的研究进入了第二个阶段。

20世纪70年代中期时，穷人们仍旧一如既往地境况不佳，人们开始对经济增长导向下的发展进行反思。人类学对发展资源在低收入群体中进行配置的思想开始产生影响，并引发了强调消除贫困，而不是推动工业化与现代化的"基本需求"运动。发展模式从以经济增长为导向转变为以"基本需求"、资源分配、人文发展为导向。埃斯科瓦尔（Escobar, 1998）表示："人们看到自上而下的技术和资本密集方法收效不佳，于是才转而对社会文化因素敏感起来。" Katy Gardner and David Lewis（[1996] 2008: 104）指出，切纳里

华中药市的崛起 ——一个发展人类学的个案研究

（Chenery，1974）等人的《增长中的重新分配》和勃兰特（Brandt，1980）等人的《南半球与北半球：生存计划》都是对现代化政策进行重估的关键性作品。

为了回应这个变化，美国国际开发署（USAID）要求对所有项目都进行"社会稳定性分析"，这使得机构要和专业的社会科学家，绝大多数是和它过去敌对的人类学家们进行合作。这不仅创造了对人类学家和其他社会科学家的需求，还合法化了他们在机构中的存在（Hoben，1982）。随着保守主义在20世纪80年代上台后，对高等教育经费与研究基金的大幅缩减，大量人类学家开始在学术圈外寻找工作机会，人类学家便以前所未有的多种角色身份重新进入了发展领域。为AID工作的专职人类学家的数量从1974年的1人增加到1977年中期的22人；到了1980年7月时，则至少有50人。尽管没有准确的数据，为AID短期工作的人类学家数量保守地说，也有100人以上，人类学家对发展的参与开始以指数方式增长（Hoben，1982）。

不仅人数上发生了剧变，人类学家们对发展的研究角度也发生了变化。如果说，20世纪70年代中期以前，人类学在反思发展时，更多的是如上所述，侧重于从外源性因素给"传统"社区带来哪些转变的角度分析发展，那么，20世纪70年代中期以后，人类学家不仅不再将视野只是局限于小范围的村庄、部落层面，而是拓展到了国际，还开始关注处于"边缘"的社会被长期整合到资本主义世界的方式（Katy Gardner and David Lewis，［1996］2008：52-53）。人类学能有这样的变化要归功于沃勒斯坦（Immanuel Wallerstein，1974）"世界体系理论"的问世。尽管世界体系论也遭到了来自社会学和人类学的不少批评，但它对在较长的历史时期和较大的空间范围下进行经济分析的强调，还是为人类学家对发展与不发达问题的审视，提供了一个非常有意义的全球性的框架。

在西方人类学的研究谱系中，这方面最为经典的作品莫过于沃尔夫（E. Wolf，[1982] 2006）的《欧洲与没有历史的人民》和西敏司（S. Mintz，[1985] 2010）的《甜与权力》了。沃尔夫力图在研究中呈现的，是资本主义的生长如何使边陲地区的那些"没有历史"的"原始人"与"有历史"的"西方"发生了联系。尽管沃尔夫可能确如萨林斯（Marshall Sahlins）批判的那样，并没有写出这些"没有历史"的人民的真正历史，但是沃尔夫的研究至少可以提醒我们，近代任何社会或文化都不可能是独自发展的，我们也不应对其进行孤岛式的研究。正如弗格森（Ferguson，1990：162-163）指出的："历史、政治经济学以及殖民主义开始作为真实的人类学主题获得新的合法性，这对学科理论很重要。在那种意义上，'发展'——或者更多的是不发达——已经变成这门学科主流中的一个热门话题。现在，发展概念自身已经因其假定与道德和经济进步之间存在等同关系而遭到批判，世界也不再是由一组独立发展的个体社会所构成。"（Marc Edelman and Angelique Haugerud，2005：14）西敏司的著作特点则是以国际大背景来观照物的流动。通过分析蔗糖在西方社会和文化生活中的功能和意义的变迁，突出了糖的商品化与殖民主义和垄断资本主义的发展扩张之间的关系。本书认为西敏司的绝妙之处在于其透视问题的视角，恰如阿帕杜莱（Arjun Appadurai，1986）在《物的社会生命》一书中力图表达的，物也有社会生命，而其生命轨迹变动的背后，彰显的正是人类社会，乃至国际社会的变迁。

世界体系论不仅在研究方法和视角上对人类学有所启发，还使人们认识到那些不发达国家本来是具有多种多样的经济形式的，是殖民主义改变了这些经济模式，使之成为满足欧洲市场需求，生产单一产品的基地，发展与滞后是一体两面（潘天舒，2009：192-193）。这促使人类学家开始对发展自身进行反思，并转向对发展进行话语分析的解构性研究。于是，20世纪80年代末90年代初时，人类学对发展的研究进入第三个阶段。

华中药市的崛起 ——一个发展人类学的个案研究

受福柯（Michel Foucault）在20世纪60年代后期提出的话语分析方法的影响，人类学在80年代末90年代初时，开始对发展进行后结构主义批判（Escobar, 1984）。Crush（1995）透过对发展历史的考察解构了发展，指出发展并不是出自经济逻辑的结论，发展的历史揭示出它留有权力的遗迹。Sachs（1992）则对一些关键的发展概念进行了谱系式的解构，他追溯了如市场、规划、人口、环境、生产、平等、参与、需求、贫困等词汇在欧洲文明中的起源，并分别分析了从20世纪50年代以来，这些概念在发展话语中的运用和变化，揭示出这些概念在文化和历史上的独断性，以及在第三世界的背景下运用这些概念所表现出来的危险性（Escobar,［1995］2011: 13）。

如果说，前两个阶段里的发展理念更多的是被称为"发展主义"（developmentalism），一种认为经济增长是社会进步的先决条件的信念，那么，第三个阶段的发展观常被称为"新发展主义"，它是对发展主义的全面清算，鼓励与西方现代性不同的"另类"的发展模式。周穗明（2003）指出，新发展主义作为一种理论体系的产生，可追溯到佩鲁（［1983］1987）的"新发展观"。90年代以来，学界公认的新发展主义的领军人物当属埃斯科瓦尔（Escobar）和弗格森（James Ferguson）。在《遭遇发展》中，埃斯科瓦尔（Escobar,［1995］2011: 6）侧重透过发展是如何将农民、妇女、营养不良和饥饿，以及环境等对象问题化，将之纳入发展的视野的分析来进行批判，揭示出发展不但是被发明出来的话语，它还通过学科实践实现了普世化。与埃斯科瓦尔论证"发展无效"的路径不同，弗格森探讨的是发展机器（development machine）为什么能够在不断失败的同时，还能获得不断的延续（杨小柳，2007）。在《反政治机器》一书中，弗格森（Ferguson, 1990）通过对世界银行关于莱索托的报告进行解构，指出发展项目虽然可能是失败的，但是它却通过将各种问题去政治化，实现了国家权力的进一步巩固，这即是它可以不断地得到延续的原因。

如果说，在前两个阶段里，人类学家尽管通过研究证明了发展并不像它宣称的那样么有效，但他们还是支持发展的，他们关注发展计划本身，关注如何运用自己的知识对发展计划做出修正，以适应发展对象的文化和实际情况（赫茨菲尔德，[2001] 2013：184），那么，80年代末90年代初以来的这些发展的解构者们，则不再只是尝试在发展内部起作用，换句话说，他们想的，不是如何能让发展变得更完善，而是怎样才能彻底颠覆它；他们解构了发展、参与、家庭等我们习以为常的概念，目的在于揭示发展背后的权力关系，说明发展是如何打着为民服务的旗号实现着对民众的统治。在他们看来，传统意义上的发展研究及其文本表述与19世纪的殖民话语没有多少差别，发展对象群体的特征仍旧是懒散、低效、贪污腐败，因而需要有人教会他们如何实现自给自足（赫茨菲尔德，[2001] 2013：184）。发展的后结构主义批判对主流的发展实践构成了很大的冲击，它使"发展"不再显得比其他任何认识与改造世界的方式更"正确"，只不过是比其他方式显得更为强有力而已（Katy Gardner and David Lewis，[1996] 2008：70）。

在本书看来，不管上述三个阶段中的学者们是认可发展还是否定发展，不管他们是侧重于修正发展还是解构发展，❶他们都在从"过程"的意义上看待发展，即视发展为一种某类主体被问题化，继而被纳入发展的视野、成为发展的对象，最终被逐步改造、实现"进步"的过程，他们的发展研究因而都是在对主体的"发展化"实践过程本身进行反思，只是其中有所差异。例如，发展人类学家

---

❶ 埃斯科瓦尔曾把人类学的发展研究区分为"发展人类学"和"发展的人类学"。本书中，前两个阶段里的研究属于发展人类学，第三个阶段的后结构主义批判则属于发展的人类学。埃斯科瓦尔认为，发展人类学家们认可发展、力图修正发展，因而批判不足，起到了协助发展话语进行再生产的作用。发展的人类学家们则否定发展、力图解构它。不过90年代末时，埃斯科瓦尔又否定了这种划分，认为这是有问题的。详见埃斯科瓦尔："人类学与发展"，载《国际社会科学（中文版）》1998年第4期。

们侧重关注的是外来因素，如资本和技术，对主体的日常生活产生了哪些破坏性影响；而发展的人类学家们，例如埃斯科瓦尔，关注主体的日常生活如何被一步步地问题化、发展化，将发展作为一种表征体制进行讨论。因此，当本书从 Olivier de Sardan 的"交织的社会逻辑"视角（the entangled social logic approach）出发进行讨论时，便会与上述研究在侧重点上有几点不同。Olivier de Sardan 表示，交织的社会逻辑视角就是要重新建立人类学方法和发展过程之间的关系，推动人类学去承认对现代发展进行研究应该是它的一个基本关注点。

三、交织的社会逻辑视角

Olivier de Sardan（2005：8）指出，目前，发展人类学的研究方法可以划分为三种：话语法（discursive approaches）、民粹主义法（populist approaches）和交织的社会逻辑法。话语法注重从话语分析角度研究发展，民粹主义法注重基层民众的知识和技术在发展中的地位和作用。在本书看来，交织的社会逻辑法的特点则在于它从方法论的意义上定义发展，认为发展事实会生发出行动者群体之间的互动，而因为行动者群体均有自己的行为模式（Olivier de Sardan 称之为逻辑），发展的结果便可被视为是在逻辑交织下，行动者群体之间达致的一种博弈格局。

本书认为，以交织的社会逻辑为视角审视发展，意味着要关切一个发展事实中，哪些拥有不同地位、资源和目标的行动者群体在发生互动。英语界对此较为关切的人类学者以诺曼·朗（Long）为代表，法语界则以 APAD[1] 为代表（Olivier de Sardan，2005：12）。例如，朗（Long，1992）提出了"行动者导向"法，其关键概念就是能动性和社会行动者。不过，Olivier de Sardan（2005：13）也表

---

[1] APAD 是欧非社会变迁与发展人类学协会（the Euro-African Association for the Anthropology of Social Change and Development）的缩写。

第一章 导 论

示，这套由朗在 20 世纪 80 年代中期建立起来的方法这些年来一直被引用却未做过任何修改，这种抽象的解释系统已经演变成一个密闭环。它指导下的实证研究像被定做的一般，以阐明或证实这些概念而不是产生创新的解释或者打开新的视角，这不能促进知识的更新。

相比之下，APAD 的工作就好一些，他们既对一个单一的村庄、地区和市镇层面上的本地行动者进行研究，也关切来自外面的行动者对本地进行的干预；他们没有假设一种单一的或闭合的理论系统，反对发展的话语研究和民粹主义方法，他们共同的目标就是用所有值得注意的复杂性去理解发展事实。以此实证追求为特点，他们在农会（农会内部的分裂、管理者的策略以及发展机构的讨价还价等）、公共健康（现代健康结构的系统功能紊乱等）、地方权力和发展之间的关系（包括现代国家的干预和非集权化等）、土地问题（动员的赌注和战略数量的增加等）和地方发展经纪人（开发金的再分配为形式等）等很多问题上都做了卓有功绩的研究（Olivier de Sardan，2005：14）。

其次，以交织的社会逻辑视角审视发展，还要关切这些参与发展的各行动者群体的逻辑，这意味着要把他们的行为模式放置于社会变迁中进行理解，因为行动者群体的行为模式既具有共时性特征，也具有历时性特征。这也是 Olivier de Sardan 提倡社会嵌入逻辑（entangled social logic）进路的原因所在。例如，APAD 的研究者们就在对上述那些研究问题进行具体研究时，分析了各种行动者群体的逻辑的嵌入，揭示出在非洲的发展领域里，政治和发展的操纵已经跨越了政治的、经济的和地方治理实践。因此，交织的社会逻辑法不会像发展人类学中的民粹主义方法那样，只聚焦于大众的知识；或像解构方法那样，只是谴责发展主义和它的话语，它关切发展的构造形态如何形塑了各种发展行动者的权力关系以及它们之间的互动。

最后，以交织的社会逻辑视角审视发展的着眼点，即是关注行动者群体的日常生活。吴宁（2007：157）曾经在《日常生活批判》

华中药市的崛起 ——一个发展人类学的个案研究

中写道:"日常生活往往给人一种恒常的、凝固的印象,生生不息而又循环往复、世代绵延的日常生活似乎亘古不变……人依偎日常生活却又往往瞧不起日常生活。"然而,列斐伏尔(Lefebvre)、赫勒(Heller)等人的研究表明,日常生活恰恰不是卑微的,只是它隐藏着的不平凡只有通过挖掘才能得以显现。不过,研究发展的人类学家们对日常生活的挖掘有所差异。其中,发展人类学家们侧重关注的是外来因素对日常生活的影响,而不是本然的日常生活是如何被一步步问题化、继而又如何被发展化的;发展的人类学家们固然关注了日常生活被问题化、发展化的过程,但他们的视角却是自上而下的,他们关注的是如何能用话语分析和文献评论的方法,发现发展者、规划者们建构发展话语的过程,以及发展话语是如何发挥作用的。就像弗里德曼(John T. Friedman,2006:204)所说的那样,他们不关心那些被发展者的经历与体验,在后结构主义者对发展的讨论中,那些原本是人类学最为传统的研究对象的观点和体验都被遮蔽掉了。交织的社会逻辑视角在某种程度上,则可以尽量避免上述两者存在的问题。它以人类学传统的参与观察为主要方法,考察人们的日常生活,关切人们的切身体验,是一种方法论意义上的民粹主义(methodological populism)。

由此,以交织的社会逻辑法为视角,以上述三个关切点来审视 J 市药市的规划发展,就成为本书的写作思路。本书力图以此尝试,为中国当下有关专业市场的发展研究提供一个小的注脚。

四、中国专业市场[1]的发展研究

可以说,中国改革开放以来创造的发展成就是历史上前所未有

---

[1] 专业市场的"专业"性是相对于集贸市场而言的。与集贸市场相比,专业市场的"专业"性主要表现在:首先是市场商品的专门性,其次是市场交易以批发为主,最后是交易双方的开放性。将这些特点综合起来,简而言之,专业市场的内涵就是"专门性商品批发市场"。详情请参见百度百科的"专业市场"词条,http://baike.baidu.com/

第一章 导 论

的，这引起了众多学者的关注。有学者关切地方政府的异化行为与地方经济发展之间的关系，他们从财政关系（周飞舟，2012）、组织激励与晋升博弈（周黎安，2008）等角度进行了探究。有学者在反思地方政府发展经济的手段。例如，王炜、战子玉（2002）指出，当下，很多地方政府都把扶持专业市场作为发展地方经济的手段，但是形成产业集群才是增强它们竞争力的关键要素。还有学者们对以"义乌模式"为代表的专业市场及其产业集群的发展进行了研究，例如，陆立君、俞航东（2009）发现义乌小商品市场对地方产业集群的发展有显著的正向影响关系。不过，本书在整理专业市场的相关研究时发现两个问题：

第一，从专业市场批发的商品来看，学界对服装、纺织品、小商品、钢材、纽扣等专业市场的关注相对较多。例如，冷滨（2008）通过透视运动休闲服装市场，反观了90后的价值观、族群分类与消费行为。陆立军（2004）、白小虎（2004）等对义乌小商品市场的分工协作网络、集群演进等问题进行了分析。白小虎（2012）对桥头纽扣市场的扩张边界进行了研究等。但是学界对食品类商品的市场，如药材集散市场的发展研究关注得还相对较少。

第二，从现有的关于药材市场的研究来看，一些学者侧重于对古代药材集散的运作进行考察。例如，陈镜颖（2007）考察了1891—1949年期间的四川药材贸易，张燕妮（2006）考察了清代中药业的经营与贸易，卢华语（2011）对唐宋时期武陵山区的药材贸易进行了考察，杨二兰（2008）考察了祁州（也就是安国）药市，赵晋（2006）还以药王崇拜为切入点，从宗教社会学角度对安国药都的形成与发展进行了探讨。在这一点上，除了J市自己的地方叙事以外，很少有学者对J市药材集散市场的发展历史进行学理性的系统考察，只有少数学者对J市的药材市场发展历史、贸易现状进行讨论，更少有学者会对J市药市的历时性生成与共时性互动予以关注。

可见，学界目前一是缺乏从社会学、人类学角度对J市药材集散市场的运作进行学理性的系统分析；二是缺乏对研究主题的扩展。例如，我们还很难看到对地方政府在药材集散市场发展中的作用、药商们的主观体验以及国家与社会在药材集散市场界面上的交汇等问题的研究。本书认为，除了上述涉及的文献以外，国内已有的一些关于发展的人类学研究也可以对研究药材集散市场时的主题扩展提供启发。例如，在国家与社会的问题上，赵旭东（2009）指出，国家始终在借由身份界定、分类和立法等书写形式大规模进入乡村，从其自身的视角对乡村文化的核心特质加以改写。在对政府主导的发展项目的讨论中，朱晓阳、谭颖（2010）指出，中国发展干预的研究和实践都采取了一种他者化的思维逻辑。一方面，他者化的逻辑对项目对象的贫困特点、知识以及主体性等方面进行了本质化的论断；另一方面，发展项目的理念和策略同样采取了本质化的脱贫、在地知识和参与主体的想象作为中国扶贫发展的预设。陆德泉、朱健刚（2013：代序，6）、杨小柳（2013：78）则通过对香格里拉良美村蚕桑种养项目的个案研究，发现政府的发展项目逻辑与地方农民的逻辑之间存在矛盾，政府扶贫工作若不掌握农民的生计逻辑，借由产业发展实现脱贫的扶贫计划只能走入僵局。

毫无疑问，上述国内外学者的研究都具有重要的学术价值，是本书的研究基础。以J市中药材集散市场为研究对象，以交织的社会逻辑为视角审视发展则是本书力图达致的学术贡献。在下面的一节里，我将对本书所使用的研究方法作一简介。

第三节 田野经历

我在无意识地从学校图书馆的书架上抽出《天真的人类学家——小泥屋笔记》（巴利，[1983] 2003），一口气读完并为之笑得前仰后合的时候，并没有意识到这是巴利（Nigel Barley）在对田野工作

第一章 导　论

的神话进行解构（拉比诺，[1977] 2008：代译序，14），更没有意识到那也是我将来在通过人类学的"成人礼"时，所要目睹的"田野工作"的真实图景。依循人类学的传统，我也在以民族志的研究方法来检视 J 市药市中，不同行动者的多重意义和实作。直到"我做过田野，我看到了"，我才感受到巴利试图暴露给世人的那种来自田野工作的残酷性，那种对人类学者的肉体和精神的双重折磨。我的田野中同样充斥着排斥、互相利用、错误和风险；我感受最多的同样也是焦虑、沮丧、茫然和孤独等消极情绪，以及需要长期厚着脸皮"赖"在别人家里时而产生的心理压力。不过，在我看来，我的田野经历和巴利的相比，还有点别的不同。这似乎也可以为巴利的解构再做一个小的注脚。

　　我的田野工作虽然也是进行得磕磕绊绊，但造成这个结果的主要原因并不是曾困扰巴利的资金、语言、灾难、生病等方面的问题，而是因为我总是试图"发现"。范可（2011）说，人类学既然以研究"他者"为己任，那么，或是需要去到"他者"的田野中，或是需要将自我"他者化"。我选择的是前者，尽管这个"他者"只是相对于我自己的东北老家而言。有言云"旁观者清"，再加上有大把的人类学研究成果摆在那里做例证，我便一直虔诚地相信我也很快就能遭遇"发现"。然而对于我来说，想在"他者"的田野里有所发现并不是件容易的事。老师一再声明我可以在田野里随时更换研究主题，只要自己接触到有趣的问题，但问题是，我一直没有什么可更换的。我实在是太想发现点什么了，以至于我越想有所发现，就越是没有发现。我的视线所及之处，到处都是普通的、单调的日常生活：晨练、上行、做生意、斗地主、请客、赴宴……我觉得自己一无所获。这乏味的生活中确实"埋藏"了什么吗？我期待的那个有趣的发现是什么呢？"我该怎么田野"，有人只给了我一个字的答案："混。"

　　"混"字或许在表达上直白了些，但这里有最为实用的道理。急

华中药市的崛起 ——一个发展人类学的个案研究 ▷

迫曾使我期盼自己能像贝特森（Gregory Bateson）眼中的米德夫妇那样进行"围猎"❶，然而我不得不接受的事实是，"围猎"对我来说不仅是困难的，而且是没有意义的工作。就像邵京（2011）说过的那样，如果我们一定要短期内就有所收获，那么收获的只能是自己带去的"行李"。"围猎"既然不成，我就只能期冀"混"出些名堂来，这首先需要我做的，就是结束东一下、西一下的四处流窜状态，安定下来。在我的田野点里，这种安定尤为重要，它不仅可以帮助我勾画药商们的生活样貌，更为重要的是，它还可以把我转变为"自己人"。

"自己人"是个非常有趣的概念，我没想到田野中亦是如此。一次，为了能让我了解一个敏感话题的情况，我的一个报告人特意派他的弟弟亲自带我前往某处拜访某人，并嘱咐他弟弟一定交代给对方：这是"自己人"。然而，我并没有因为是"自己人"带来的就立刻由外人转变为"自己人"，也没能即刻享受到"自己人"应有的待遇。朋友弟弟走后，我被晾在一边，最后只能悻悻地离开。人际交往的复杂之处就在于人经常会通过"自己人"这样的符号来识别个体差异，你一旦被它区隔进了"你群"，成了非我族类，那就意味着你在不被人信任的同时，还会被人另眼相待。那么，是不是因为我要了解的那个问题太过敏感呢？不是的。当我被詹哥的老表苏老三带着，第一次去拜望詹哥的父亲——詹老爷子时，我只是当着苏老三的面，和老爷子聊东北、话家常，可他依然警惕地当我是"暗访记者"，直到我们接触了几次后，老爷子才说出"我最初以为你是暗访记者"的话来，才彻底相信了我是个没有恶意的"好孩子"。自那以后，老爷子不但大大方方地同意我录音，还好心地提醒

---

❶ 贝特森在《纳文》中写道，在他田野期间，米德夫妇来访，他们搜集资料的方式让他感到震撼。他们毫不客气地对待访谈对象和翻译，让这些人围绕他们的要求忙得团团转。贝特森醒悟到，他们是按照预计工作，而他是碰见什么就小心地记录什么；他们是围猎，而他是守株待兔。详情参见［英］贝特森：《纳文》，李霞译，商务印书馆2008年版。

第一章 导 论

我在和别人拉呱（聊天的意思）时，千万别亮出这个家伙来，否则没人会理我。所以，我甚至不会因为是家人带来的朋友，就立刻由外人转变为"自己人"。当然，我之所以会特别感触"自己人"这个身份，这个身份在我田野之初之所以会成为一个问题，也和我的田野点情况密切相关。

我的田野点是个药材集散市场。药材是用来治病救人的，但是药材集散市场远没有实现国家认可的规范化运作，因此常是暗访记者们下手的对象。正如戈夫曼（Erving Goffman）分析的那样，尽管这些非规范行为的运作在业内是司空见惯、情有可原的，但也必须尽量以一种隐在后台的方式进行，否则，一旦因暗访记者曝光而转为走上前台，就容易惹祸上身。J 市就吃过暗访的苦头，最严重的一次就是"非典"时的那次曝光。那之后，J 市开展了一次官方语境下"史无前例"的整顿，据说 J 市药市从"开门"那天起，就没"关门"过，然而那次曝光后，大行关闭，所有场外市场也都被勒令关门歇业，这一歇就长达一个月之久。药商停业一天，损失就成千上万，J 市就是要以"先死后生"的诚意，换回人们对 J 市药市的信心。信心是否换回来了这个我不确定，但记者，尤其是那些暗访记者，成了最不受药商们待见的一类人却是可以确定的。陌生人，尤其是那些看上去就不是药商的还东问西问的陌生人，就更是值得警惕的对象。而我，一个既不买药也不卖药，还有着大把闲暇时间在后台问来问去的陌生人，几乎符合了所有可能是暗访记者的特点。因此，想在药市里田野，不具备"自己人"的身份，几乎寸步难行。

当然，造成这种局面的原因也和我进入的身份有关。如果我认识他们时，也骑上一辆三轮，车上再扔上两包草药，一开口就"净货啥价，孬（质量差的意思）的呢"，这种药商形象能使我迅速成为"内群体"，从而容易被人们接纳为"自己人"。而如果我手里再拿上几张 A4 纸，上面列上药材名称和数量，尤其是我手里再拿上一个小便签本、一支笔，只要稍微做出个准备书写的姿态，那我就是

华中药市的崛起 ——一个发展人类学的个案研究

这个市场上所有药商们的大爱，但凡为医院、药厂、药店等单位大宗采购药材的走药人，都是这个形象，谁不搭理我，谁就是在不搭理财神爷。可惜，这是我"混"过市场后才知道的形象，我是以一个学生身份，以想要写篇养生题材的论文为由进入的，而因为药商们接受不了我长期"无所事事"地出门在外却又是在写论文的事实，所以我的学生身份很是令他们狐疑。因此，在未获得"自己人"身份前，我初期的田野里充斥着太多的排斥。当我在一堆拉呱的人中间坐下时，他们会在几秒钟的沉默后尴尬地转移话题，继而不久就纷纷离席而去；或者，即使我再卖力地在别人的视野下帮我的报告人们干活，我身后也常不时地传来"她是干什么的？学生？"这样腔调的质疑。一个可疑的外人——就是我在田野初期遭遇的最大困境。与其说我在观察他们，不如说我在被他们观察；与其说他们在我面前表演，不如说是我在天天登台演出。难道药材集散市场不适合田野，不是我能留下来的地方吗？答案当然是否定的，但是解决的办法只有一个，那就是"混"。

田野初期，我常去"混"的地方就是詹哥家所在的那条巷子，它位于J市的一个场外市场（交易中心以外的市场）中，共有十几家住户。这条巷子里的人们相互之间非常熟稔、知根知底。这里既是人们的居住区、生活区，也是人们的加工区、交易区，同时也是人们的休闲区。然而，这种功能的交错、混合，带来的不是这片区域的混乱，而是秩序，这里俨然已经形成了一个共同体。巷子里的楼房都是二层的复式楼，我曾无意中注意到，一个女邻居午饭后送自己的以及邻居的孩子一起去上学时，她飞车而去的身后，家里一楼的大门照旧大敞四开着，里面却没有人在。这种场景在巷子里非常普遍，这种安全的信念并不完全来源于她在一楼门外安装的摄像头，她家的对面，那几个坐在门口正朝地上吐西瓜子的邻居就是潜在的守卫者。正像雅各布斯（Jacobs, J.,［1961］2006）在《美国大城市的死与生》中所发现的那样，秩序的保持是出于一种多种用

第一章 导　论

途的空间交错下的无意识网络，而非是丁字尺和计算尺所创造的建筑秩序的结果，也并非是由警察等职业人员带来的。正是由这种凑在一起来牌（玩扑克牌的意思）、拉呱、坐在门口吃饭的"漫不经心"所形成的无意识网络，在时刻注视着这条巷子上的动静，任何外人的出现，都能立刻引起他们的注视甚至是警觉，包括我。

"混"入他们中间之初，我能清楚地感受到这种注视的存在。我对某几个人说过我是东北人，但后来我发现，巷子里几乎所有人都知道我来自哈尔滨。一次，我临时有事要离开J市几天，之前只是和詹哥说过这个安排，可是一周后当我返回时，有人和我打招呼："回来啦"，我这时才发现，差不多巷子里所有的住户都知道我离开J市了。原来，连续几日没看到我，他们就会好奇地问詹哥："那个学生哪去了？"田野初期，我也能清楚地感受到这种横亘在我和"他们"之间的距离。我和"他们"中的某个人闲聊时，"他们"会善意地拽他一下衣角、使眼色，如果他真"愚钝透顶"，"他们"就干脆以小声嘀咕我是暗访记者等方式给他暗示，他们在保护"自己人"。

这样被人排斥几次后，我开始由衷地盼望能有什么办法让我快速蜕掉"外人"这层皮。我盼望过政府对大行外，堪称游击一条街上的药商们进行突击"围剿"，好让我能有机会像格尔兹（Clifford Geertz）那样在仓皇逃窜中得到认同❶；我也阴暗地幻想过巷子里谁家也出走个孩子，好让我可以像李亦园那样在帮忙寻找中被人接纳❷，然而他们的经历堪称经典就在于那是可遇不可求的，所以田野

---

❶ 格尔兹夫妇在巴厘岛田野调查之初遭遇了身份困境，未能得到村民们的信任和接纳。一次，当他们正在巴厘岛观看政府禁止的斗鸡时，恰逢警察突袭。格尔茨夫妇没有站在那里准备告诉警察他们是谁，而是像村民们一样狼狈地四面逃窜、躲避追捕。那之后，他们意外地获得了村民们的认同，打破了田野进入的僵局。详情请参见［美］格尔兹：《深层游戏：关于巴厘斗鸡的记述》，载《文化的解释》，译林出版社2008年版。

❷ 李亦园早年在台湾中部的一个农村做调查之初，一直被当地人视为"外省人"，无法得到村民的信任。然而某夜，当他帮房东老太寻找到出走的丫头之后，他被老太视为了自己人，村民也不再避讳他。详情请参见李亦园《田野图像——我的人类学研究生涯》，山东画报出版社1999年版。

华中药市的崛起 | ——一个发展人类学的个案研究 ▷

研究者经常得靠运气行事，既然我一直没有这样的运气，我也没有经济实力投资进来，经由"内群体"成为"自己人"，那我就只能"混"成"自己人"。"混"之所以能成为一剂转变为"自己人"的良药，在于混得久了，他们才可能会从远观你，到近距离接触你，到对你不再顾忌，到最终视你为一个安全的"自己人"，讲一些你想知道的东西。

于是，二入 J 市时，我在巷子里连续泡了几个月，我在别人的视野中帮詹哥晒药、架（抬的意思）药、卖药、扫地；挽起袖子不知疲倦地帮巷子里的邻居们切片子；当着巷子里其他人的面，在詹哥家门口推杯换盏；闲暇时，满足他们对我的好奇，解答他们对我的困惑；给人家抱孩子，看孩子，帮他们书写廉租房等事项的申请材料；或者干脆就坐在他们旁边，一下午、一下午地看他们打麻将、斗地主。一次，一个我从未说过话的女邻居主动递给我一把西瓜子，我本能的反应就是接过来吃，我相信这是她对我表示初步接纳的一种方式，我应该回应这种接纳。果然，那之后，再看到我从她家门口经过时，她不再只是斜眼看我或是扭头进屋去了，而是开始和我打招呼、拉呱，招呼我去她家蹭饭。慢慢地，这个巷子里的很多人都成了我的"哥"或"姐"，他们不但接纳了我的学生身份，还经常比我还急地询问我是否开始写了、写了多少了；他们有时还会在介绍完他们知道的情况后叮嘱我："这个可不管往上写啊"。

所以，在我急躁地东跑西颠地去寻找"发现"时，我不仅失去了获得为他们所接纳的机会，还错过了最能有所发现的"普通"的日常生活。他们在什么背景下才选择了药材生意这个行当？他们当下的生活和过去相比有了什么变化？他们每天都在关注什么信息？他们常和谁玩着什么样的把戏？他们因为什么而高兴，因为什么而烦恼，又因为什么在抱怨？他们如何盘算将来，为什么这么盘算？……看上去，这些似乎都是私事，是发生在他们每个人自己家里的事情，和我关切的 J 市药市的崛起八竿子打不着，但是显然，

第一章 导 论

正是这些私人性的活动,这些平凡得不能再平凡了的日常生活,最终托起了整个市场的繁荣与发展;而那些私事,就像社会学的想象力教导我们要把"环境中的个人困扰"转换成为"社会结构中的公众议题"一样,也都留有着一场比他们自身宏观很多的、他们无法驾驭的发展话语的烙印,他们被"发展化"了的日常生活,不过是这场发展话语中的一个缩影。

在田野初期,"他们"主要是指詹哥家所在这条巷子上的一些住户。除了开小行、打游击以外,他们的经营方式几乎涵盖了 J 市药市上其他几种常见的个体经营类型:拉大货的(批发个子药)、切片子的、走药的(给医院、药店等单位供货)、开饮片厂的、开旅馆的(同时为外地药商提供仓储、过秤、买药等业务),所有的这些个体经营方式,我都有所涉及。参与观察和无结构访谈是我最根本的田野调查方法,我会像刘绍华指出的那样,运用 Geertz(1983)的"经验的亲近性"及"本土观点",来收集和了解药商们借由口语和非口语所传递的讯息(刘绍华,2013:24)。因为药市里的访谈极其需要信任,所以在访谈对象的扩充上,我主要以这些住户们的推荐为主。在他们的推荐中,既有本地人、也有外地药商,既有普通药商、药农、在职或退下来的政府有关部门,如档案局、工商局、药检所的人士,也有大行当下的所有者——M 药业的管理人员;药商们的经营方式则包括开小行的、打游击的、切片子的、拉大货的、走药的、开饮片厂的、开旅馆的。除了日常无数的访谈与聊天外,他们当中,我深入访谈了 34 位,我田野所得的访谈资料,很多都靠这种滚雪球的方式获得。所以田野后期,我常去"混"的地方开始多元化:药商们的家里、小行的店铺里、一些单位的办公室、大行的摊位上,甚至马路边——我时常会跟着我的报告人在白依路上打游击——都是我的调查地点。

当然,信任是有边界的,"自己人"同样存在异质性、存在亲疏远近,毕竟它被创立之初,就是用来表征一种范围的动态的伸缩性

华中药市的崛起 ——一个发展人类学的个案研究 ▷

（张明，2011）。有 J 市人善意地提醒我说："商人是狡猾的，没人能靠得住，他们从不说实话"，我认为这话是有道理的。人人都有自保的意识，我不会被他们完全接纳，除非我真正变身为药商，否则有些商业实践永远都不能为我所见，我不可能知道我想知道的一切。但是，如果他们不会再因你的突然出现而尴尬地停住或转移话题，如果他们不会再在你的身后打听并质疑你的身份，如果他们会极其自然地带着你去见他们的重要客户，当着你的面谈生意，那么我想，这种即使只是个"准自己人"的身份也就足够了。

J 市我前后去了三次，一共进行了 7 个多月的田野调查。2011 年 11—12 月，我一入 J 市。因为对药市发生了兴趣，我不但在那里逗留了一个多月，比计划中停留的时间要久，而且在我给老师的邮件上，雄心勃勃地计划着要去 J 市做的那些事，一样也没做。❶ 我当时的任务就是了解 J 市，和介绍人给我引荐的那些朋友拉关系，为下次的正式进入做铺垫。我二入 J 市的时间断线是 2012 年 3—9 月，期间，因为学校和家里的缘故，我离开过 4 次，每次来去都在一周左右。这次的长时间停留对我来说非常必要，它不仅使我"混"成了"准自己人"，还使我搜集到了可以用来写作的大量素材。因为当时的药商们都在议论大行搬迁，我便也被大行搬迁这件事吸引了，甚至一度只把思考锁定在这个问题上。第三次去 J 市是在 2013 年的 7 月底，9 月中旬时离开。这次田野的主要任务是去补充资料，以明确我在论文写作中出现的那些不清楚或者拿不准的地方。我的民族志虽然只是以一个 J 市药市的发展为例，但是我也期望这个民族志能充满"多重地域的意象"（Marcus，1998），也就是虽然这个民族志是从单一地点展开的，但它可以扩展的范围其实很广（刘绍华，2013：23）。

当然，访谈和观察得来的资料只是一部分，作为一个关于专业

---

❶ 我去 J 市前抱定的想法是为再入巫溪做铺垫。例如，学习巫溪盛产的党参方面的交易经验和术语，打听有无药商和巫溪方面有稳妥的关系等。

市场的民族志，虽然它距马林诺斯基那样经典意义上的民族志要求相去甚远，本书依据的田野资料，还包括一些档案，如《J县人民政府文件》等❶；此外，我也查阅了大量有关药材集散历史、相关市场运作、中医药及其争论、家庭工业与家族企业等方面的文献。实事求是地说，在资料搜集方面，我最大的挑战是在无人引荐和"担保"的情况下，向政府有关部门索取资料或是询问他们对有关问题的看法，很多时候我都是空手而归、一无所获。所以，由于实证案例或数据的阙如，我不可能做出一个纯粹客观的观察，我的研究也不可避免地会存在偏差，我将尽量遵循文化整体论和价值中立的原则进行分析，呈现一个我所知道的"事实"。当然，我很希望这个"事实"的建构不是单声道的，具有一定的张力，符合人类学对"多样性"的追求，虽然它可能最终还是以我自己的声音为主。

因为我的调查涉及一些诸如贩卖国家统管类药材等违法行为，涉及政府与药商之间的利益冲突，为了保护报告人，我将遵循学术研究的惯例，匿名化这些访谈对象的个人信息。文中提及的所有姓氏、名字，全部是以假姓、化名替代的，我对他们主营的药材品种及其产地信息也都做了改动。由于某一产地，或是某种经营圈内的药商们互动非常频繁，相当于是一个容易指认的小群体，为了保护报告人的身份，我甚至对他们的性别、年龄、爱好、家庭情况等也都做了调整。我进行本项研究以及写作本书的目的是希望能引起人们对发展以及发展背景下，如何平衡传统与现代的关系，并在其中厘清我们自己的位置而进行思考。所以我由衷地希望我的研究不会给我的报告人们中的任何一位带来困扰！他们允许我进入他们的圈子，允许我最后得以以一个朋友的身份离开，我对他们心怀感激！

---

❶ 但是本书能查到的公文内容目前还没发现有直接引用的意义，本书因此在必要处引用了一些网上公开的政府领导人的讲话来予以佐证。

第四节 章 节 概 要

　　本章是导论。很多人好奇我为什么会选择研究J市的药材集散市场，为此，我在本章里首先对此问题进行回应，我说明了我的研究缘起，以及我为什么会对规划发展这个问题感兴趣。其次，作为一个"发展"的人类学个案研究，我围绕着"发展"，对人类学已有的研究成果以及国内有关专业市场的发展研究进行了一个简要的回顾，并力图以其为基础对本书的写作思路进行阐述。再次，我对我的田野经历进行一个详细的介绍，说明我的田野点情况，我的研究方法、进入过程、调查困境、研究对象、资料来源，以及调查的具体时间和任务安排。最后则是对本书的写作结构进行概述。

　　第二章是古今药市。尽管田野调查发现，改革开放后，J市药市的崛起并非完全是一种自发形成的结果，而是一种规划发展的产物，政府角色不容低估，但是J市药市自身的资源禀赋及其形成的历史传统等先天条件并不因此意味着可有可无，药市的崛起是此先天条件与地方政府的权力运作共同作用的结果。这一章，我将围绕J市药市的资源与传统进行阐述。我将对J市药市所处的地理空间、明清时期的药市盛景、新中国成立前后药市的衰落，以及当下的崛起现状这一历史变迁过程进行素描，期冀读者能对J市药市的发展变迁，形成一个大致的认知轮廓。

　　第三章是药市与经营者。本章力图从微观处呈现J市药市的发展，透过詹家生意的起步历程，即从詹老爷子"一个人的经济"开始，到老爷子改革开放后和别人一起"搁伙计"、正式做起药材生意，到詹家去政府盖的大行里上行，再到詹家借大行第一次搬迁的机遇，拥有了自己的店铺的描述，呈现J市药市规模的扩张、展示J市私营药市在改革开放后的诸多变化：第一，它从隐性存在转变为了显性存在；第二，它由药商们的自发聚集转变为政府集中管理；

第一章　导　论

第三，原本同质的药市空间被政府以"规范市场"的名义一分为二，只有政府规划设立的空间才是合法的经营空间；第四，招商引资下，为权力认可的经营空间与为大型外来资本掌控的空间逐渐重合。

第四章是空间的逼仄。可以说，本书在第三章中呈现的药市空间规模的扩张不仅是J市药市崛起过程中的一个突出表征，也是J市得以崛起的一个重要原因所在。然而，药市空间的扩张隐含着药商们和地方政府，以及大型外来资本之间的利益冲突。在第四章里，当大行当下的所有者——M药业推出"Z城"项目，筹谋大行的第二次搬迁时，这种冲突开始白热化，药商们去政府门前游行，进行公开抗议。我将在第四章里表明，这种以空间规模的一再扩张为主要表征的药市崛起固然有其积极的一面，但在普通药商们看来，这种扩张更像是在进行一场公开的"掠夺"。

第五章是药材里的世界，我将对西方发展话语压力下，J市中药饮片产业结构在"非典"之后的调整问题进行探讨。继药市被划分出合法与非法两类性质的空间之后，"非典"进一步暴露了个体在自己家里进行饮片加工的"不科学"性，这种发展话语下的自我凝视引发了中药饮片产业的标准化危机。本章将从个体饮片加工这一传统讲起，继而揭示"非典"给J市饮片产业带来的危机，以及J市如何在此危机下，诞生出中国最大的饮片产业集群。

第六章是"养生"中的药市。养生在此处语义双关：一是指养生是中国的传统文化，风行的养生理论会影响到某些药材的价格走向；二是指能动者们在药市空间扩张，饮片产业结构调整的大背景下，能跟随时代和社会的变迁适时而动、"治未病"，这可以看作药市自己的"养生"。我将在本章说明两个问题：第一，J市药市的崛起固然离不开国家经济发展话语的改变，也离不开能动者们对复兴后的养生文化进行的经济化，J市地方政府设计的"中华药都·养生J市"的城市定位就是一个表征。可以说，养生为J市地方政府大举进行的药市建设披上了一件时髦的"外衣"。第二，虽然绝大多数药商仍在随波逐流,但是少数实力雄厚的药商们在因应J市药市在空间、产业结构调整方面的变化而"治未病"、绸缪自己的将来,使之更符合国家、地方政府的规划需要,我关切这种转型中的不易。

第七章是结语。基于交织的社会逻辑视角,本书认为:J市药市繁荣的生成,离不开发展话语及其标准化进程的不断推进。具体来说,与地方政府改革开放后,力图通过发展药市来带动地方经济时,国家、地方政府、药商以及大型外来资本的参与与交织互动有关;J市药市的发展困境,则是当发展囿于欧美范式且无法善待自己的传统文化资源时,上述四个行动者群体在互动中形成的一种博弈格局。由此,J市药市的崛起过程,同时也是其的集散困境逐步加深的过程。

华中药市的崛起
——一个发展人类学的个案研究

第二章 古今药市

华中药市的崛起 ——一个发展人类学的个案研究

200 多年前,哈尔滨的太平地区还是一片沼泽地,在松花江水冲刷出的一个黄沙土岗上,枝繁叶茂地长着三棵粗壮的榆树。清朝中期起,陆续有人在此落脚开荒,人们繁衍开去,逐渐形成了一个小屯落,名字就叫"三棵树"。1996年,作为17大药材集散市场中唯一的一个地处东北的药市,"三棵树"开始扬名国内药界。然而十几年来,"三棵树"始终都是"三棵树",没能超越自己发展成"五棵树"、崛起为"天下第一药市",是因为固然拥有了悠久的历史传统、优越的地理位置、丰富的药材资源、"地产"神医或药王等资质条件未必一定会崛起为国内领衔药市,但是没有这些条件又是万万不行的。和J市药市相比,我家乡的"三棵树"药材集散市场缺乏的资质实在是太多了。本章是对J市药市进行的概况介绍,力图透过对J市药市所处的地理空间、明清时期的街市盛景、新中国成立前后药市的衰落,以及当下的崛起现状这一古今变迁过程的描述,使读者对J市药市的资源禀赋、历史传统,以及发展概况形成一个大体的认识。

第一节 地理空间

黑格尔在《历史哲学》的绪论中指出,"地理的基础是'精神'表演的场地,地方的自然类型和生长在这土地上的人民的类型和性格之间存在着密切的关系"。黑格尔这段话启发了我们对地理空间的重视。

J市位于华中地区的鲁、豫、皖三省接合部。根据2010年第六次人口普查,其常住人口数为485.1万。J市地处淮河流域,其自然类型属于平原。黑格尔称,平原是被大江大河灌溉的流域,形成这些流域的河流又造成了它们土地的肥沃。淮河流域即是如此,它地势平坦、土层深厚。有古谣赞之曰:"走千走万,不如淮河两岸。"优越的自然条件适合人类繁衍生息,J市境内大量的新石器时期遗存

第二章 古今药市

表明，远在七八千年以前，就有人类在此出现，J市的历史甚为悠久。与此相应，J市的文化也是源远流长，人文景观比比皆是。不过，在我看来，外地人对J市地方感的把握如果仅停留在其历史悠久、文化底蕴深厚这个客观事实层面还是远远不够的。雷尔夫（Relph）指出，地方是被意向定义的对象，地方被"人化"的过程说明地方永远都更是一个"充满意义的仓库"，"孵育着人类的感受和灵感"。因此，要想理解一个地方，就必须观照"文化持有者的内部视界"，争取培养出一种与本地情境相认同的地方感觉（杨念群，2004）。对于J市人而言，这种感觉不仅包含对J市"地灵"的认可，还含有对J市"人杰"的认同。

曾有数个J市人在我和他们随意拉呱时，不是自豪地告诉我J市是一个出皇帝的地方，就是告诉我J市能人多，提醒我千万不要小瞧那些穿着普通的J市人"你可能都想象不出来他多有钱"。J市人的言谈中总是会流露出他们隶属中原的优越感，他们统一称呼我这样的外地人为"蛮子"，而不管我这个"蛮子"来自哪里，"本该"被称作东夷、西戎，还是北狄。在当地的历史叙事中，一直以来，J市都以××王之都、××陪都等自称。在老百姓的认识里，尽管自宋代起直至今日，J市整体的发展水平都处于一种欠发达的状态，J市也很少再出过"龙"，但那都是受外界因素制约的结果，例如国家对他们关注得不够，❶ J市依旧物华天宝、人杰地灵。这或许还可以从我初进J市时，本地人就津津乐道地给我讲述的"玉字井"和"挖龙沟"两个传说中折射出一二。

"玉字井"说的是元朝时，一堪舆先生意外地发现J市北关有个"王"字街。"王"字上面的一横由纯化街和老砖街构成，中间的一

---

❶ 例如，一些人抱怨J市所在的X省发展滞后是因为X省"不是东西"，即在20世纪五六十年代，因备战需要，X省被划归沿海地区，经济投入受限制；20世纪80年代改革开放以来，沿海地区大开放，X省却被划为中西部地区，不享受优惠政策；等国家实施西部大开发，对西部省份进行扶持时，X省又被列为中部省份，再次丧失发展机遇。详情见"抢抓新机遇、打造新X——访X省省长王金山"，载中安在线，www.anhuinews.com。

华中药市的崛起 ——一个发展人类学的个案研究

横是永和街和门神街，下面的一横是咸宁街；中间的一竖上半部分是神路巷，下半部分是花子街，这三横一竖就构成了一个"王"字。堪舆先生看了以后断定此地是龙兴之地，将来会出天子，消息不胫而走。元朝皇帝听说后吓坏了，决定破了这个风水，便命人在门神街和咸宁街中间凿了一口井，从此"王"字成了"玉"字。由于这口井乃皇上钦点，便就此得名御井，成了 J 市当下的一个景点。而不知道是不是因为风水已破的关系，J 市随后诞生了一个没等当上天子就夭折了的小明王。

与这个传说相似，"挖龙沟"也是讲述有个堪舆先生看出 J 市是块风水宝地、要出龙了，便要求子孙在其死后，将其头朝下、一丝不挂地吊于门后，百日后再来看他。然而子孙觉得将父亲那样挂着过于不雅，就给死去的父亲穿上了一条裤衩，结果百日后，父亲被发现化成了一条龙，且身子的一半已钻入地下。原本，父亲只要钻入涡河就可以成大器，可惜父亲被裤衩勾住了，剩下的一半龙身怎么钻都钻不成。

尽管人们的讲述在细节上有所差异，但两个传说都有一个共性：那就是 J 市本是皇帝的出生地，之所以后来的历史上再没有皇帝出来，其原因要么是被凿了口井、破了风水，要么就是被穿了裤衩、受了牵绊，总之，是受了外在因素的影响才"落魄"的。如今，这两个传说能有别于其他的 J 市民间传说，成为外地人在市井中最容易听到的故事，原因恐怕不只是在于故事本身的趣味性上，还可能是因为它们折射出了 J 市人心中的一种感觉——一种人们对昔日盛景的怀念，以及对当下滞后发展的无奈。

J 市优越的自然条件不仅适合种植多种农作物，也适宜栽种多种草药，民间有言："J 地无闲草"，当地历史叙事也称 J 市有 1800 多年的药材种植史。如此，J 市药材资源种类繁多也就不足为奇了。明朝中期时，J 市常规药材品种有 30 多种；清代时，发展到 50 多种，主要有白芍、菊花、天南星、桑白皮、王不留行等。清初时，J市种药农户达到了2000多户，乡间种植"以顷亩论"。

众药材资源中，J市一直尤以白芍为最。白芍是一种"十方九用"的常用药材，年需求量巨大，入药部位是它的根部。因为白芍根经采挖、水煮、刮皮、晒干后，露出白茎，所以被称为"白芍"。医书上说，它有平肝止痛、养血调经、敛阴止汗等功效。白芍在J市的栽种历史十分悠久，三国时就已初见栽培白芍的文字记载。魏晋时期，J市栽培的芍药即以其功效闻名于世。到了清末，J市栽培的白芍更是达到了鼎盛，清代诗人刘开有诗曰："小黄城外芍药花，十里五里生朝霞。花前花后皆人家，家家种花如桑麻。"J市的地理和气候条件十分适合白芍的生长。目前，J市白芍的在地面积约占全国的95%，产量约占全国白芍产量的70%以上。❶ 而J市市场上60%的白芍都来自于J市十九里镇，这是白芍最大的集散地。❷ 虽然白芍高价期时，J市以外，甚至远到新疆、辽宁、吉林等很多地区也广为种植过，但这些地方的生产常因行情变动而变动，难以保持稳定。而且，由于这些产地跟风种植白芍，导致白芍成熟的时候也是白芍行情最烂市的时候，种植白芍带给这些产地的，更多的是惨痛的教训，因此，这些产地多已灭亡，唯独J市，始终保持着白芍生产规模上的优势。❸

历史上，白芍一直都是十分值钱的药材，据说直至解放初期，白芍都还金贵得很，根能卖钱，花能卖钱，甚至摘掉的小绒毛、花芽子都可以卖钱。有资料称，1950年，一担（50公斤）白芍，能换上120担大米；甚至，在浙江东阳，还流传着一个芍农在上海卖了十来公斤的白芍后，不仅在大上海玩了一个月，回老家后还盖了一

---

❶ 参见百度百科"白芍"词条，http://baike.baidu.com/view/375446.htm。
❷ 参见"商机白芍——生产调查"，载东方中药材网，http://www.zyczyc.com/info/Content.aspx?lmid=1&acid=9855&shopid=-1。
❸ 参见"商机白芍——生产调查"，载东方中药材网，http://www.zyczyc.com/info/Content.aspx?lmid=1&acid=9855&shopid=-1。

华中药市的崛起 ——一个发展人类学的个案研究

栋新房子的传说。[1] 在J市人的眼里，白芍就是"金芍"。因为值钱的白芍是芍药属植物，其花大而美丽、色香兼备、形神俱美，民间便出于种种喜爱之故，俗称白芍为"花子"。于是，在J市，专门负责为芍农采挖、加工、销售的组织被称为"花班子"；谁家要是种了几亩白芍，就会被称为"花子户"，相当于发财户的意思；哪一带白芍种得多，就被称为"花子窝"；药农采挖白芍时，被称为"出花子"，那可是主人家里一等一的需仔细筹备的大事；而过去，据J市市前文联主席佘树民先生讲，对于J市地方上的那些漂亮点的大姑娘们来说，没有谁不向往着能有朝一日去"窝"里嫁给"花子户"们。虽然当下，白芍不再具有"金芍"时的经济价值，但是J市人依然喜爱白芍，这从2007年，J市市花评选活动中的一组数据上就能看得出来。在当年的评选结果中，白芍以16457票高居榜首、菊花以3828票屈居次席、牡丹则以1864票位列第三，而J市早从商代就开始种植的，有着悠久历史的桐花，票数还不到300。

不过，一个外地人如果只是单纯地视白芍为一种花、一种药材、一种商品、一个物，都不可能理解J市人对白芍的那份喜爱。"我们家从我爷爷那一辈起家，种的就是白芍"；"我爸当年就卖过白芍"……在我看来，对J市人而言，白芍是一种记忆，是J市人从儿时起就有的父亲、母亲、舅舅、叔叔等种白芍、卖白芍的记忆，是一种经由父辈的经历，知道白芍能给他们带来好日子的记忆。改革开放后，白芍更是一段有关药市崛起的记忆，用J市人的话说，这J市药市就是从白芍身上发起来的。因此，没有什么药材、花卉能和白芍相媲美，因为没有什么能像白芍那样，给J市人带来这么多记忆，这些记忆足以使J市人对白芍投入与牡丹、菊花、桐花不同程度的情感，使之在市花评选中遥遥领先。如此，理解J市的地

---

[1] 参见"白芍——昨天的悲惨凄凉、明天的灿烂辉煌"，载中药材鼎信网，www.zycdxw.com。

第二章　古今药市

方感还离不开对 J 市人喜爱白芍的理解，白芍已经成为 J 市人地方感构成中的一个不可或缺的因素。

J 市不仅地质条件优越、自然资源丰富，交通也是极为便利。淮河流域水网密布，不仅涡河、颍河、汝河等源头都深达中原腹地，下流汇入淮河；鸿沟、汴渠和京杭大运河的相继开凿，更使淮河流域成为贯通南北的主要交通线路、物质输送的主要通道。作为淮河第二大支流的涡河更是在 J 市城内贯城而过，J 市境内的流域面积占全市总面积的 49.37%。由于涡河是京杭大运河以西地区唯一的一条承河入海的水路大动脉，J 市便上接中州、下达江淮，"南北通衢、中州锁钥"，成为明清时期南北经济往来的商业重镇，涡河上最大的港口之一。其时，朝廷会在水路交通要口征收商品税，即"关"，淮河沿岸便设有凤阳关（J 市是分税口之一），是淮河沿线唯一的户部直属税关，负责征收过往商船的藻蓬、竹木、排炭及鱼等杂项诸税，关税额为二十八万七千九百二十两，"凡水路舟车所载货物，各分水旱税征收"，凤阳关的作用可见一斑（高洁，2014）。除了水运，J 市还有多条驿道在州城交汇，各道沿途均设有驿站、递铺。

然而凡事都有正反两面，便利的交通条件在使 J 市成为重要商埠的同时，也使其成为兵家必争之地，经常处于政权割据对抗的前沿，经济发展屡遭破坏。例如，早在春秋时期，J 市所属的陈国即是晋、楚争霸中原的通道门户。如卓尔康所言："陈其介于郑、宋之间。得郑则可以致西诸侯，得宋则可致东诸侯，得陈则可以致郑、宋"（宋杰，1999）。北宋时期，北方的女真族在完成诸部统一后，于 1115 年在会宁府（今黑龙江省哈尔滨市的阿城区）建都立国且国号大金。金人南下侵宋，淮河流域的社会经济再度被破坏殆尽。金灭北宋后，以淮河为界与南宋对峙，J 市等地，皆属大金，淮北丧失了政治中心的地位，沦为边境之地。统治者对淮北运道的忽视，也使其航运地位下降，淮北诸地，包括 J 市的经济发展皆受其影响（吴海涛，2005）。

华中药市的崛起 ——一个发展人类学的个案研究

不仅如此，南宋以前，淮河独流入海，淮河流域很少会受到素有"三年两决口、百年一改道"之称的黄河的影响，社会比较安定。然而，南宋建炎二年（1128年），东京（今开封）留守杜充为阻止金兵南下，竟人为决开黄河，黄河夺泗入淮。1194年（金明昌十一年），黄河主流夺淮。从此，直到1855年（清咸丰五年）的661年间，黄河偏离故道、夺淮入海，淮河水系受到严重破坏，从此灾害频发。❶ 由于黄河大部分是在河南境内向南溃决漫溢，主流由颍河、涡河入淮，所以每当黄河夺淮之际，J市等地深受其害。正像凤阳花鼓中唱的"十年倒有九年荒"那样，过于频繁的灾害不仅使当地的经济发展出现断裂，也使其的社会生态发生了变化。明代张瀚在《松窗梦语》中他指出，当时的J市所在地区"地广人稀，农业惰而收获薄，一遇水旱，易于流徙"（李三谋，1996）。农不养人，百姓小富即安，不肯力作，动辄即流亡。J市所在地一带遂成为明中后期以来，全国"流民"的主要来源地之一（陈业新，2011）。而由于淮北无法提供水稻所需的基本农业条件，明清以后，水稻种植区南移到淮河以南地区，淮北在唐以前的经济核心地位到明清时，已完全被江南所取代（马俊亚，2011：433）。

灾害频发、生活困苦，为了能在有限的生存资源中多占些份额以便生存下来，人们多习武自保，一些地区的民风也逐渐变得"刁悍"起来。虽然明清以前的一些文献，如《史记》中也有对此地区民风尚武、好斗的记载，但据陈业新（2011）考证，这些地点主要是指寿州及其周边部分州县，J市并不在内。然而，南宋后，频繁的灾荒使J市等原本并不存在尚武习气地区的民风逐渐发生变化。康熙三十一年（1692年），被任为J市知州的朱璋赴任前，被人告之

---

❶ 马俊亚指出，淮北自然生态的破坏基本上都是人为的结果，特别是与国家宏观决策有关，是被最高决策者作为"局部利益"，为顾全"大局"而牺牲的结果。详情参见马俊亚：《被牺牲的"局部"：淮北社会生态变迁研究：1680—1949》，北京大学出版社2011年版。

第二章 古今药市

曰："J乃江南繁剧区，其俗犷悍，多奸猾险健，好讼轻交"，需谨慎行事（陈业新，2008）。陶澍也在《陶文毅公全集》中称："民情好斗，动辄伤人……久沿恶习。"❶ 如今，J市尚武之风不但日久弥坚，还被逐渐正名为一种悠久的人文传统。在1992年开始的全国评选当中，J市以此"历史资质"跻身于首批"全国武术之乡"。我在田野里认识的人中，很多都是练家子，有些还是少林寺俗家弟子出身，称得上是J市武术界的专业人士。

由此，借自然资源之丰富、涡河水运之便利，J市的历史文化自古以来就和"商"字紧密联系在了一起。春秋时期，J市属陈国，是联系楚、宋、鲁等国的商业集散地。《史记·货殖列传》载："陈在楚、夏之交，通渔盐之货，其民多贾。"唐代时，J市地位愈发显赫，位列天下"十望"州府之一。当时的J市商业繁荣、城垣高筑、威赫一时。及至宋代，远距离贸易有了长足发展，"百里不贩樵、千里不贩籴"的状况发生了变化，不少集散地都沿大小航运河道分布。随着大宗商品远距离贸易数量的增加，原有的流通环节逐渐从"商家—消费者"的点对点形式，转变为"商家—批发商—消费者"的流通模式，中心市场的交换半径也有所增加，区域性市场开始形成。这为明清时期，J市成为鲁、豫、皖三省的物资集散地做足了准备。其时，浙赣、两广、两湖、山陕、河南、山东的物资多由水路运至J市，J市商业发展到了顶峰。顺治年间，J市有集镇39个，乾隆年间有64个，道光年间有95个，光绪年间有82个。J市成了一个极为富庶的地方，人称"小南京"。也就是在这个时期，位于J市北关里仁街上的药材集散市场便以其繁荣之势、药材吞吐量大，使J市发展成为一个知名药都。

---

❶ "清末颍州府"，载新浪博客：李兴武的人文情怀，http://blog.sina.com.cn/fylxw。

华中药市的崛起 ——一个发展人类学的个案研究

第二节 繁荣的街市

明清时期，J市最为繁荣热闹的地方不是它的城里，而是北关。

J市在改革开放前，一直是一座区域面积不大的小城，其空间格局分成三块，由南向北，依次是城里、北关和涡北。城里面积不大，因其城南到城北三华里、城东到城西三华里，民间便有人称之为"三里之城"。城里主要是J市的政治、文化中心，这从其街道的命名中就可见一斑，如问礼巷、簧学巷等。有街必有房、有巷必有宅，城里也是官府、士坤们的聚居区。以慈禧驾前姜桂题大帅为首的J市"七大家""八大户"们的宅邸，就都建在城里。随着经济的不断发展，城市商业日渐兴盛，因为J市城内没有更多的有效面积，人们就在全城的东西南北四个城门之外，另建东关、西关、南关、北关四个关城。北关是指J市的北城门外，至其北边涡河之间的区域。在陆路交通尚不发达的年代，北关因临涡河之滨，凭借水路航运的优势，迅速发展起来，成为J市的经济中心。明清时期，J市之所以能以"小南京"和"药都"之称享誉国内，皆有赖于北关经济的繁荣。

自古以来，"市"多分"行"经营，即商品被分门别类地陈列出售，同行业的商肆集中在一起，称为"列肆"，北关也形成了一物一街、一品一巷的分布景象。以北关的里仁街为中心，加上附近的老花市街、纸坊街两条街上分散的交易场所，便形成了直至新中国成立之初，都还存在的J市药市格局。

在北关，很多街巷因"市"得名，如爬子巷、帽铺街、干鱼市等。然而，药材生意聚集的主要街巷却未因此得名"药材街"而是名曰"里仁街"，这是有寓意在的。"里仁"二字取意于《论语》第四篇——里仁，其主要内容涉及义与利的关系、个人的道德修养、孝敬父母，以及君子与小人的区别等问题。"子曰，里仁为美"，强

第二章 古今药市

调跟有仁德的人住在一起才是好的，处雅得雅、处仁得仁、处善得善。药市所在的主街道取名里仁街，意在寓意药乃特殊的商品，用以治病救人，J市药商们将固守诚信经营、质量为天的经营理念，形成以德聚财、以义制利的经营氛围。《J市老城》对老字号药店普庆堂的记载中曾有这样一段描写："这家药店不但在客人抓药时几次核对药方是否有重复、短缺以及忌口等问题，还细心调配，并奉送用竹、纱做成的小过滤器，把药引和其他注意事项一一交代清楚才让客人离去；在用药方面，普庆堂不但用药地道，而且为了发挥药力，整治药材一点疏忽都没有，如虫蜕要掐头去爪、麦冬抽心、伏毛砸去老壳、枇杷刷毛，一丝不苟。然后该煮的煮、该蒸的蒸、熬炼炒锻，一点也不图省工。"甚至还有老年人记得当年普庆堂店堂两侧明柱上，抱柱楹联的黑底金字，上联是"但愿世间人无病"，下联是"哪怕架上药生尘"。

极具道德韵味的里仁街是北关的一条主街。作为J市过去的经济中心，北关当时有"四码头""八市""四大街"之说，里仁街就是"四大街"之一。里仁街总长约300米、宽5米左右，路面是清一色的石板路，呈东西走向。东与爬子巷、洪济桥、南京巷相接，形成十字路口；西与纸坊街、老花市街（已拆迁，原址就是现在的明清老街）为邻。资料上载，里仁街设药号、药行30余家，街道两旁的铺面几乎都是大商铺，以贵重细药、大宗交易为主。上至犀角、下至枯草，贸易量之大、交易范围之广，非一般商号所能及。每家店铺门旁，都树立着一块高过房檐的站匾，上写"川广云贵浙　西北怀山土　道地药材"十四个大字。从现存的老房子可以看出，当年，里仁街药行的建筑特点是铺面门脸较小，但是进势极深，走进去时，颇有一种别有洞天之感。

其时，J市中药材采购的来源分为省内和省外两个部分，采购方式又包括水路和陆路两种方式。因为交易量大，里仁街上还有固定的工人和一种被称为"红车子"的运输工具，专门运送药材。据一

华中药市的崛起　——一个发展人类学的个案研究

些北关住着的老人们讲，早先，北关像里仁街这样的主要街道两侧都设有栅栏门，晚上关闭后，几条街道之间互不通往来以保安全。我在北关转悠着试图手绘北关地图时，曾和爬子巷里，几个坐在家门口拉呱的老太太搭讪。赶巧的是，其中年纪最大的那个 76 岁的老太太自小就住在北关，而且她的父亲就曾在里仁街上经营过两家药行。在我喜出望外的请求和另外几个老太太的鼓动下，老人点上一根烟，给我详细描述了一下她记忆中的里仁街：

俺爹 12 岁就开始在里仁街上当学徒，后来自己干，俺爹当时干了两个药材行。里仁街完全都是干药材行的，有二三十家！纸坊街干药材行的少，那都背街了。里仁街这我说的都是实话，别看就是一间门面、两间门面的，但生意都干得大！有多大？那时外地送药的，都使小红车子送货，两个把推着、大带子往脖子上一挎，一走就"吱扭扭、吱扭扭"，推红车子，腔不扭不牢稳，把沉啊，一个木轱辘管推几百斤药，离多远就能听见，谁的生意要来了，这红车子都得摆几条街！里仁街上的门面都是脸小、后面大，后面都是转厢楼。啥是转厢楼？那你是没见过，这都扒完了个孬孙的，转厢楼就是这一个院，丫这上去后上面管转一圈。为啥都说盖转厢楼呢，楼上不潮，还通风。俺家当时一个药材行里有 12 个徒弟，这徒弟算是多的，里仁街的小药行都有八九个徒弟来，大的都十几个！那时师徒如父子，都当自己的儿子看，叫徒儿可知道，疼得很！一桌吃饭、住一起，不像现在，现在世界败坏了，爱心都疏远了。我要说说这师徒如父子一点都不错！60 年那时可艰苦？俺爹的徒弟，月月给我寄 50 斤全国粮票，可厉害？啥都管买！你说，俺爹俺娘要是对人家不好人可给？徒弟得有介绍的才收来！他要不是学习的人，不好好学，学着学着跑了，那不粘。既收了就得将他培养出来，将来自己能干。拜师都要磕头的，老师不收钱，吃穿

第二章 古今药市

都是老师的。徒弟三年满、四年圆，五年才能给工钱。徒弟也分级别可知道，学得好的挣得也多。除了徒弟，行里还有做饭的、掌柜的、掌账先生、盘子手。做饭的光管做饭，那三间屋子都是他做饭用的，做好饭了，桌子一拉，几个桌子搁好，都去吃。掌账先生专门上账。盘子手是专门掌秤的，这可是个技术活！这个药你看是真的、是假的，都得认出来啊，秤也得他置，不经过他的手，这药谁也不敢要！这药要是认假了不得了可知道？俺爹是掌柜，也是盘子手。药置办完了，就叫徒弟弄到转厢楼上，晒药、收药、入库都是徒弟的活。每天天一明就开始做生意，徒弟就起来干活，太阳不出来门都下好了，柜台都抹得好好的。这店铺里面什么样？门一开，有柜台，有长长的大板头，坐人，客人来了得坐、有茶。掌柜的、掌账先生都在柜台里面，盘子手在柜台外面，货来了得找他看啊。卖货的人多了，都能排到北门口，一个一个的都得检查一遍才能叫徒弟往里面送来。那时行里啥药都有，粗细都有，那样数太多了。里仁街两边晚上有栅栏门，到黑就关门，不让人进。但是卖货的来了你关门也得收，这都是主顾，他来得再晚，你都得开门收他的。晚上，各家都是派徒弟在栅栏门那看着，怕人偷药。过去里仁街、白布大街、爬子巷，才热闹来，说书的、唱戏的、玩旱船的，现在都没有啦，都扒完了个孬孙的。

老人所言不错。不过，有资料称，清末民初时，这几条街上近百家的药行虽然都可以通称为药行，但是实则包括药行、药栈、药号和药店几种，经营方式各不相同。❶

药行的主要业务是代客买卖，专为各地药商牵线搭桥。代客成

---

❶　有关几者的区别是根据博客："J市药材市场的发展史"，http://blog.sina.com.cn/ahlaw112，以及政协J市文史资料研究委员会：《J市文史资料（第一辑）》J市印刷厂承印，1987年，第32-33页整理。

华中药市的崛起 ——一个发展人类学的个案研究

交之后，从成交总额中，抽出佣金（手续费）。药行收取买卖双方的佣金，通常是买方五分佣、卖方三分佣，卖方虽付佣金少，但在交易做成时，药行要从卖方的货物中扒出一份"样品"归己。样品之重量规定，以一人用簸箕尽力端走为限。药行在经营上十分注重信誉，买卖双方彼此信任，药行的生意才会兴隆。清末时，裕相、协圣、西德泰、同兴等最为著名。

药栈类似于今天的药材批发，直接向药农收购，主要是自买自销，没有佣金。经营的对象是本地和外县的药店、诊所和医院。经常往来的都是老主顾，还允许赊欠。因此，干药栈生意要有一定的资本，货色也要齐全。清末时J市有东泰兴、吉祥胜、裕和、东兴盛等数十个药栈。

药号则与它们都不同。过去有句俗话："做官要做道、干生意干号"，这说明号帮的牌面比较高。干药号必须有雄厚的资本，因为它的经营范围不受行业限制，凡是有利可图的货物，均可兼营。因此，药号的吞吐量大，购销动辄吞吐30票、50票（每票10000斤）。他们把收购的药材如鲜白芍加工制作后，直接与沿海港埠交易，把药材运销到其他商埠，货售出之后，再将外地出产的对路药材贩运回来。清末时，J市的药号有近20家，信记、韩复兴等几家都是J市最早的芍药号。

药店则经销饮片，讲究炮制遵法师古，精工选、煮、蒸、炙、炒。药店规模大小不等，均为前堂行医、后堂作坊。清末时，J市有松寿堂、松正堂、延年堂等数十个药店。

明清时期，里仁街的市场影响力西至南阳、禹州，北达内蒙古、山陕，东南到上海、香港。普庆堂、松鹤堂、三和堂、同庆堂、宏德堂、普生堂、同和堂、延年堂、延庆堂、广生堂、春生堂等，都是老J市人耳熟能详的老字号药店，只是后来在内忧外患及公私合营之下，竟没能有一家得以生存下来。

药业的兴旺带动了其他行业的发展。几位老人热心地给我指点着她们记忆中，里仁街周边街巷里分布着的荟萃南北风味的酒楼饭店、旅馆茶肆、书棚剧院。商业繁盛，金融业也相当活跃。有资料称，清道光五年（1825），J市玉成交、泰中合钱庄就已远近闻名。清末民初时，全城大小钱庄有33家，均分布在北关爬子巷、南京巷、白衣大街、纯化街等商业区，并形成以爬子巷为主的金融中心。各钱庄资本均在2万元以上，并与上海、蚌埠等外埠钱庄联号经营，开展往来汇兑业务。

客居J市的商人多了，便分乡帮而立门户，有两广帮、两江帮、两湖帮、山陕帮、云贵帮等，一些行帮还建立了自己的会馆，以为乡人提供帮助（见表2-1），尤以药业方面的会馆居多。J市名满天下的花戏楼，就是由山陕药商们出资修建的山陕会馆。于是，北关一带众商云集、会馆林立，人口远超过城里。据其地方志载，在当时的北关，"豪商富贾、比屋而据，高舸大舳、连樯而集，银灯不夜、游人之至者相与接席，摧觞徵歌啜、一喙一蹴一箸之需、无不价踊百倍，浃旬喧宴、岁以为常"。这种繁荣的街市场景至今都还留在一些老人的记忆里。然而，随着时局的不断变换，加上新中国成立后，一系列国家政策的干预，北关繁荣的街市逐步消亡了。

表2-1 J市会馆一览表

馆名	馆址	修建行业
山陕会馆	咸宁街大关帝庙内	药业
江西会馆	打铜巷万寿宫	药业
楚商会馆	天棚街禹王宫	药业
河南会馆	纸坊街	
宁池会馆	咸宁街四大王庙	药业
徽州会馆	门神街	
福建会馆	花子街	药业
江宁会馆	河北蛋厂东侧	药业
浙江会馆	城东阎家园	药业

华中药市的崛起 ——一个发展人类学的个案研究

续表

馆名	馆址	修建行业
药业会馆	大栅门三皇庙	药业
怀庆会馆	老花市	药业
擀毡会馆	大牛市	擀毡业
皮厂会馆	涂家胡同	皮业
古泥公所	何家巷	纸业
金陵公所	咸宁街	糖业
旌德会馆	凹子庙	糖业
山东会馆	三圣庙	不详
汀邵公会	爬子巷天后宫	钱业
善缘会馆	炭厂街西首路北	饮食业
粮坊会馆	炭厂街东首路北	粮商
染商会馆	永和街葛仙祠内	染坊业
杀猪会馆	姜市街路东苏公祠内	杀猪业

根据其的地方志（1987—2000）评议稿整理

第三节 市场的衰落

自晚清以来，J市就一直处于内忧外患之中，药市发展也颇为动荡。内忧是指起于J市境内的捻军起义，以及民国军阀孙殿英的三次掠夺；外患则是抗日战争的爆发。

南宋时期，黄河夺淮入海，J市所处地区几成泽国，不少人流离失所。19世纪初，在豫、鲁、苏、皖交界地区，出现了一些由贫苦农民和无业游民组成的一个个分散的秘密组织，因皖北方言称一部分、一支为"一捻"，所以这些秘密组织被称为"捻党"，尤以J市、宿州（今宿县）、颍州（今阜阳）和河南东部的永城等地为盛，J市从此硝烟不断。

咸丰一年（1851），太平天国革命运动爆发。咸丰二年（1852）

十月，捻党领袖张乐行等人在 J 市雉河集（今 J 市涡阳县城）起义反清。咸丰三年（1853）五月四日，太平军北伐，至 J 市。围城三天攻克后，杀了代理知州孙椿，毁州衙，捻党积极响应，尤以凤阳府及颍州府所辖之蒙、J、寿为甚。咸丰四年（1854）春，河南永城捻党首领苏天福与地方团练发生战斗，退至 J 市境内，永城团练桑殿元率清军入 J 市。五月十日，苏天福与张乐行合军攻 J 市城。咸丰五年（1855）七八月间，张乐行在 J 市雉河集召集各路捻军首领会盟。九月，张乐行、苏天福率兵攻 J 城，历 13 天未克，撤兵。咸丰六年（1856）四月，清廷起用御史袁甲三督师 J 市，双方激战 J 市城下……

至 1868 年捻军全军覆没，捻军起义总共历时 16 年。捻军反清战争进行得确实是轰轰烈烈，人们"居则为民、出则为捻"，"圩寨林立"甚至成了当时一道独特的社会景观。老人们告诉我，直到新中国成立初那会儿，还能从残存的北城门楼看出早年 J 市城门楼出于防御的需要，被修成"扭头门"的样子。然而，战乱连连、社会动荡，个人安全尚且无法保证，更不要说做药材生意了，里仁街开始出现衰落。直至民国初年，药材交易才随时局略微稳定而有所好转，整个药材市场仍以里仁街为中心，周边街市亦有小药商跑动。当时著名的药号是"乾泰昌"，它在里仁街上有两处门面，有专人常年驻上海、禹州等地，互通信息。除"乾泰昌"外，徽州籍绅士汪介眉经营的"仁和昌"药号资金也很雄厚，药材齐全，在 J 市药行中排位居前。其他的还有保全、东德泰、厚兴义、正大昌等六十余家药行。

然而，刚刚稳定下来的 J 市药市还没来得及多喘上一口气，危难就再度降临。民国以降，军阀孙殿英深谙 J 市这一商业重镇的富庶，便向 J 市商会进行勒索。计划没能得逞，孙殿英便于 1926 年阴历十月廿三日夜，聚集数千人，在地方叛军的里应外合下，攻占了 J 市县城。有资料称（傅庆敏，2001），军队公开抢劫店铺细软，从城

华中药市的崛起 ——一个发展人类学的个案研究

北关一直烧杀抢掠到城内各街，逐户搜抢，并焚烧 J 市，时间竟长达 18 昼夜之久。大户人家的钱箱银柜被土匪砸开后扔得满街都是，大小商号和钱庄被焚殆尽，富裕的商业区被夷为平地，军队逃离时，还绑架人质数百。J 市社会，满目疮痍。

1928 年，已投靠直鲁军阀张宗昌并任师长的孙殿英奉命反蒋，并驻兵 J 市。这期间，他印发了一种"流通券"，强行在市面上公开使用，大肆敛财，因有武力压制，无人敢于反抗。孙殿英兵败后，"流通券"也随之成为废纸，J 市人民再次惨遭洗劫，80%—90% 的中小商家破产（张宁，1998：261-392）。

1930 年，蒋冯阎会战期间，孙殿英被任命为讨逆军总司令再次进驻 J 市。这次，J 市遭受了长达 70 余天的战火洗劫。孙殿英的部队被困于 J 市城内，粮食被吃光、树木被烧光，百姓困苦万状，直至冯玉祥派兵救援才得以突围。然而，J 市此时早已死尸盈城，商户大多数都已破产或逃亡，城市精华付之一炬，J 市经济元气大伤，里仁街药市更是奄奄一息。据民国二十五年（1936）《J 县志略·经济》载："本县原有钱庄三十余家，每家资本均在二万元以上。匪灾以后，恢复营业者，仅五六家……。在昔药号，共二十余家，营业十分畅旺，如德泰、保全、吉胜祥数家，每年营业达三十万元。匪灾以来，百业萧条，药业相继停闭，现在尚能维持者，仅十余家耳……迨南北统一，方图谋恢复，而二十年大水，二十二三两年，旱灾接踵而至，农村经济，全部破产。内无生产，外无来源，市面金融，整个崩溃，陷于无法收拾状态。"❶

不仅有匪灾，1927 年南京国民政府成立后，连年发动内战，驻 J 市所在的 X 省的国民党军队分别向其驻地索要军费 6296.6 万元，相当于 X 全省当年财政收入的 3 倍，X 省政府为此加紧了对人民的

---

❶ 刘治堂修：《J 县志略》，民国廿五年铅印本，成交出版社 1975 年版。

第二章 古今药市

搜刮，除加重田赋附加以外，还打着"裁厘"❶的旗号，加重了对城镇工商业的税收（陈锡宝，1990），这极大地增加了商人的负担，然而灾难远没有就此完结。1937 年，抗日战争全面爆发，中药材的产量直线下降。货源不足，药店纷纷倒闭，这一时期，中药业处于停滞不前的状态。1938 年 5 月 31 日，日本占领了 J 市城，这给了 J 市药市剧烈的一击。J 市沦陷后，日本不仅对沦陷区的粮食、布匹、食盐、药品等物资实行严格的统制，凡紧缺物资，不许华人经营，华商到外埠进货或在本地采购，必须持有日本特务机关签发的"派司"（即采购证），很多商号逃离或倒闭；日本还在占领区内到处设立关卡，人员流动、货物流通均受到限制。老人们给我讲，那时候没有"良民证"都难以从北关进出 J 市城。由于药市交易有个老规矩，客户可以赊欠当次进货的货款，下次进货时付清即可；而且当时又是以银圆进行交易，携带不便，客户无法前来按期进货，致使多家药行周转资金出现困难，终因入不敷出，纷纷关门。

民国二十九年（1940 年）后，J 市因地处日、汪、蒋分割管辖的交通咽喉，开始恢复药材贸易。此间，清末时兴盛的老药号、药栈均已凋敝，J 市当地药商的新药号起而继之，执掌了 J 市药材市场的操纵权。抗日战争期间开业的药号有三个，药行有福永兴、同庆祥等八个，一些行号每年经营的白芍量在千余包（每包 250 市斤），全县年经营的白芍量约一万包，❷ 但是这种复苏太过短暂。民国三十五年（1946 年）后，由于豪富官绅纷纷携资逃匿，J 市药材市场再度衰落，直至新中国成立初期，由于国家依旧允许市场自由贸易，县政府便采取措施，大力恢复和发展药材经营和生产，J 市药材市场

---

❶ 清末，为了征敛镇压人民起义军费，清政府创设了厘金制度，辛亥革命后，厘金制度为北洋军阀所沿袭，成为支持军阀连年混战的军费财源。进入民国，舆论指责厘金为"恶政"，南京国民政府成立后，蒋介石表示清除厘金制度，以解民众之困。详情参见陈锡宝："南京国民政府裁厘平议"，载《安徽师范大学学报（哲学社会科学版）》1990 年第 4 期。

❷ "J 市药材市场的发展史"，载博客：http://blog.sina.com.cn/ahlaw112。

华中药市的崛起 ——一个发展人类学的个案研究

才又获生机。然而，好景不长。

1949年以后，尤其在1953年以后，国家走上了高度集中的计划经济体制，建立起公有制经济体制。沈原（2008）认为，这样的体制有两个核心特征：国家吞没社会与国家吞没经济。这种体制下，政治结构、经济结构和文化结构的中心都高度重合，各种资源都被高度集中在国家手中，以这种垄断为基础，国家对几乎全部的社会生活实行着严格而全面的控制（孙立平等，1994）。在苏联计划经济的影响下，中国对民族资本主义经济和个体经济的政策基调由原来的"利用、限制"转向"斗争、改造"（周立群、谢思全，2008：9），旨在对手工业和资本主义工商业进行社会主义改造的公私合营，就在这个背景下进行了。在当地老人们的记忆中，北关商业在公私合营之后，彻底走向了尾声。

> "后来？后来，国家不叫干了，叫你关门，都公家干了"，76岁的老太太掐了烟头，眯起眼睛，冲我点了点头："那人能愿意么，但你不愿意也没办法，那八路军都组织一块了呀，腌咸菜的还得组织一块叫公家干来，不叫你私人干！这叫去掉个人、建立公家，知道吧？他公家干不认得药啊，还得找俺爹这些有技术的去药材公司上班、验药，继续当盘子手，每个月给你点工资，就靠那个吃饭。家里不叫干了，徒弟都得叫人走啊，俺爹还给找的工作，叫徒弟去上班。你收人家了，自己的孩子你不得给找个门路吗？俺家生意上的那些个关系户也都介绍给公司，跟公司联系了。"

公私合营后，一方面，国家要根据工商业者的资本，在一定时期内，向私营工商业者支付定息，赎买他们的企业，并对他们的工作予以合理安排；另一方面，J市的工商业者们也要通过学习《中共中央关于资本主义工商业改造问题的决议（草案）》，"提高"思想觉悟，自觉接受社会主义改造。于是，虽然1952年，J县政府成立了新民（后改名裕民）、大华、益众、仁和昌、大众5个联营组织，国营土产公司和百货公司也兼营中药材的批发和零售，但J市还另有普庆堂、同仁堂、松鹤堂、三和堂、同庆堂、宏德堂、普生堂、同和堂、延年堂、延庆堂、广生堂、春生堂12家个体药店在经营，到1955年4月时，由于成立了J县药材公司，负责全县的中药材经营与管理，当时的12家个体经营的行、号被合并3家，转为农业2家，仅保留普庆堂、松鹤堂、三和堂、延年堂、春生堂、延庆堂、广生堂7家药店；并将原有的5个联营组织合并为裕民、大华、仁和昌3家。1956年初，中药材购销业实行公私合营。1958年，J市药业全行业公私合营，个体经营的行、号或并入药材公司、或歇业，禁止私营，业务全部由药材公司接管。从此，个体自由经营渠道被截断，个体经营的店铺数量锐减，北关昔日繁荣的经济样貌不复存在。

"文革"期间，J市药市更为凋敝。不仅是国家宏观调控政策滞后于市场需求使得药材供应时断时缺，北关的商业文化氛围还遭到了严重破坏。"文革"时期破"四旧"，国家开始清扫文化观念上的封建残余，北关众多的会馆、庙宇等古迹皆因"散发着霉味"而被拆毁殆尽。名满天下的花戏楼若非出于多方的努力劝说，也将被拆得片瓦不留。至此，药都赖以存在的自由市场被取消、传统文化资源被废弃，药都之称名存实亡。这种凋敝的境遇直到改革开放后，才得以发生变化。

改革开放后，借由市场经济的推行，J市的私营药市再次焕发出生机，只是药市再没能以北关的里仁街为中心。随着J市城市化进程的逐步推进、涡河航运地位的下降、药市地点被一再南移，远远地离开了北关。如今，昔日繁荣的北关只剩下一片破旧不堪却因为被标定成了古迹而不许居民擅自修缮的老房子，一群不愿搬走的老人和搬不走的穷人，沦落为一个供人们找寻或缅怀历史的怀旧之地。

华中药市的崛起 ——一个发展人类学的个案研究

第四节 声名鹊起

1978年12月,五届人大五次会议通过的宪法修正案第11条规定,在法律规定范围内的城乡劳动者个体经济是社会主义公有制经济的补充,国家保护个体经济的合法权利和利益,并对个体经济实行"指导、帮助、监督"的方针。这是自20世纪50年代社会主义改造以来,国家宪法对个体经济的首次认可,意义重大。1983年,国家领导人接见了全国300多名集体经济和个体经济的先进代表,进一步扫除了社会上认为从事非公有制经济不光彩的思想束缚。这之后,民营经济开始复苏、J市药市枯木逢春。在"草根"力量与政府推动双重因素的作用下,J市的药市经济也跟着轰轰烈烈地发展了起来。

J市药市发展至现在的最新数据显示,目前,J市中药资源计有171科、410种,其中植物类107科、295种,动物类64科、99种,矿物类13种,其他类3种;经常种植的中药材有230多个品种,其中,被《中华人民共和国药典》(以下简称《药典》)冠以"J"的道地药材就有四种。J市的药材种植主要集中在CQ区,来自市政府信息公开网上的最新数据显示:2012年,J市中药材种植面积已达110万亩、中药材种植专业村800多个,常年种植面积约占全国的1/10。❶ 除GAP基地外,还形成了相对集中的八大规模基地。❷ 2010年到2012年三年来,J市中药材种植分别实现产值27亿元、31亿元和35亿元,实现了三年产值连续增长。❸

---

❶ "J市中药产业进出口转型升级调查研究",载J市市政府信息公开网,http://www.azwgk.gov.cn。(为隐去J市信息,网站关键信息部分用字母a代替,下文中同样情况,不再另作说明)

❷ "J市'药业经济'发展迅猛、千亿产值'中华药都'呼之欲出",载中国网,http://news.china.com.cn。

❸ "J市:药材种植面积越来越大",载中国药材市场网,www.zgycsc.com。

第二章 | 古今药市

在药材集散市场的建设和使用方面，J市拥有国内上市品种最多、设施最好、交易最为活跃的中药材交易中心。该中心占地400余亩，建筑面积24万平方米，交易大厅的营业面积有3.2万平方米，摊位6000多个；大厅周围，有1000余套药材专营铺面房。2005年，全国17家中药材市场年成交额达1200亿元，其中，J市中药材市场年成交额100亿—120亿元名列前茅，排名最低的湖南省岳阳市花板桥药材批发市场（2005年时迁至长沙，更名为湖南省长沙市高桥中药材市场），年营业额仅3000万元。2010年，J市中药材成交额突破200亿元，占全国市场的份额已超过20%。❶ 为配合药材集散，J市有各类物流货运站120多家，销售网络遍及全国各地。如今，J市的中药材年成交额和出口量约占全国的1/4，可以说，在今天，国内大多数植物药材品种的价格基本都由J市掌控，J市药市的价格走势甚至被称为世界植物药价格的"晴雨表"。

当下，J市药材集散市场还迎来了它的新一轮升级。在"以药立市、以药兴市"的总体方针下，按照"举全省（市）之力打造J市现代中药产业"的要求，围绕"挖掘潜力优势、强化中华药都、打造现代物流、培育支柱产业"总体战略，J市正在筹备"国际Z城"（以下简称"Z城"）项目。该项目总投资15亿元，占地面积1500亩、总建筑面积约122.1万平方米，是交易中心的6倍。项目计划建设中药材及饮片交易市场、中药养生保健品交易市场等交易市场，并配套建设会展中心、中药材电子交易平台，以及配套物流、仓储、养护设施、质检中心、办公楼、健康园餐饮保健等相关设施。"Z城"项目落成后，不仅交易中心的规模堪称国内之首，J市药市还将成为融"贸易、会展、旅游、检验检测、信息发布、金融服务、物流配送、办公、配套商务"于一体的综合性医药行业集散中心。正像"Z城"项目在宣传中声称的那样，J市欲打造的，是"世界最大

---

❶ "X省（J市）现代中药产业（2008—2020年）发展规划"，载J市市政府信息公开网，http://www.azwgk.gov.cn。

华中药市的崛起 ——一个发展人类学的个案研究

的一站式中药材集散总部。"

除了药市空间规模的迅猛发展,"非典"之后,J市还加快了中药产业的标准化进程,医药工业规模发展十分迅速。2007年,J市即有36家药品生产企业,其中31家获得GMP认证;860家药品经营企业,其中703家获得GSP认证,❶J市被中国医药保健品进出口商会授予"中国中药饮片出口基地"称号。2008年,全市药品生产加工企业共计45家,均通过国家GMP认证(中药饮片生产加工企业39家);另有浙皖、博宇等在建企业9家;有国家级产业化龙头企业2家、省级龙头企业3家、市级龙头企业9家。❷2009年以来,J市市政府还相继出台并实施了《J市现代中药产业发展规划(2009—2020年)》《J市现代中药高新技术产业基地"十二五"发展规划》《中华药都·养生J市行动计划(2009—2011年)》《J市"1125"药业企业振兴与提升计划(2010—2012年)》4个规划,在完善产业体系、构筑支撑体系、形成服务体系方面各有侧重,核心在于推动中药产业发展方式转变,目标统一于培育产值超千亿元的现代中药产业。❸截至2012年,全市已投产医药制造企业92家,其中71家通过GMP认证;❹饮片年产量30万吨,占全国的1/4。2012年,J市整个医药制造业累计实现生产总值132.8亿元,同比增长24.2%;工业增加值30.65亿元,同比增长16.2%。❺

这当中,同仁堂的落户极大地提升了J市药业发展的知名度。可以说,同仁堂是全国中医药界的一面旗帜,因为J市药市发展势头迅猛,北京同仁堂也打破了"不出京"的传统,"情定"J市。北

---

❶ "J市药业经济亮点不断,'大药行'变化挺大",载中国J市网,www.a.cn。
❷ "J市现代中药产业(2008—2020年)发展规划",载J市市政府信息公开网,http://www.azwgk.gov.cn。
❸ "J市药企,离强大还有多远?",载中国J市网,www.a.cn。
❹ "2013年中国J市中药材市场开市",载汉医网,http://www.ihanyi.net/a/20130228/206.html。
❺ "J市中药产业体系延伸产业链",载市县招商网,http://www.zgsxzs.com/a/20130314/403284.html。

京同仁堂（集团）有限责任公司副总经理张庆增表示："在外地建立中药饮片生产基地，是京城大型中药企业今后的发展趋势。"北京同仁堂选择J市作为饮片生产基地，用张庆增的话说，既是因为J市地方政府制定了一系列优惠政策，如为企业拓宽融资渠道，推进银行与企业合作等，保障了投资环境；也是因为J市市场药材好，J市加工药材的能力在全国几大药市中首屈一指。❶ 因此，在继2003年选择在J市药市上举办一年一度的药市开市仪式后，2004年初，北京同仁堂集团公司就将原在北京当地的饮片企业转移到了J市，北京同仁堂（J市）饮片有限责任公司，成为同仁堂在全国唯一的中药饮片生产基地。2011年，北京同仁堂（J市）饮片有限责任公司的产值首次突破10亿元，北京同仁堂（集团）也加大了在J市的投资，开始筹备建设"北京同仁堂J市产业园"，目前，产业园一期工程正在建设中。

"筑巢引来金凤凰"。正是因为有同仁堂（J市）等一批骨干饮片企业为首的众多饮片厂的入驻及修建，如今，J市形成了国内最大的饮片产业集群，走出了自己的药市经济发展特色。2012年，J市中药产业产值达到近400亿元，其中，中药材种植35亿元、医药制造业133亿元、中药商贸物流230亿元。❷ 为了促进医药工业的发展，J市还与中国中医科学院、中国药科大学、南京中医药大学等国内多家知名学府形成长期合作关系，常年为J市中药研发服务的教授、教授级高工、博士达30多名，J市承担的国家科技部"白芍等8个品种的中药材GAP示范研究"课题也已通过国家验收。❸

由此可见，当下，J市已初步形成了融中药材种植、加工、销售、科研、会展等为一体的较完整的产业体系；建构了包括现代中

---

❶ "J市药市十年话发展"，载古方中医网，http://www.cn939.com/。
❷ "J市中药产业发展报告：J市中药产业发展现状"，载中药网，http://www.mzyw.com.cn。
❸ "J市现代中药产业（2008—2020年）发展规划"，载J市市政府信息公开网，http://www.azwgk.gov.cn。

华中药市的崛起 ——一个发展人类学的个案研究 ▷

药研发、中药材种植、中药饮片加工、中药材提取物生产、中药保健品、中成药制造和综合配套服务等在内的较为完整的产业链。这个全国最大的产业集群的形成确立了J市"中华药都、养生J市"现代中药产业的龙头地位，使其作为全国重要的中药饮片加工基地、国家火炬计划特色产业基地、国家中药现代化科技产业基地等享誉国内外。

　　显然，作为J市的经济支柱，J市药市的崛起有助于J市整体经济水平的提高。来自J市网的信息显示，药市所在的CQ区2011年度财政收入超过12亿元，已连续6年呈跨越式增长态势，比上年增收40368万元，增长50.3%，比2006年的2.38亿元增长4.07倍，年均增长38.3%，再次刷新了财政收入的历史记录。❶ 最新数据表明，2012年，J市全年财政收入有85.1亿元，但到了2013年时，仅1—10月，J市全市的财政收入就完成了87.9亿元，其中，地方级收入完成53.9亿元，为预算的94.8%，增长31.9%；中央级收入完成34亿元，为预算的71.7%，增长3.6%。财政收入实现增长的同时，J市也扩大了主要民生领域的支出，例如，社会保障和就业支出完成23.8亿元、增长26.3%，交通运输支出完成8.9亿元、增长67%，住房保障支出完成12.7亿元、增长35.5%。❷

　　不过，这些数据就像一具X光下的骨架，只能约略地为我们提供一幅当地发展的画卷，它还无法提供有关药市崛起的详细信息。在接下来的一章里，我将以药商们的亲身经历，以他们的认知感受为血肉填充这具骨架，我将透过詹家药材生意的起步、立足与扩展，从空间层面呈现J市药市的崛起。

---

❶ "CQ财政收入再创新高"，载J市市政府信息公开网，http：//www.azwgk.gov.cn/57566.shtml。
❷ "J市前10月财政收入超去年全年"，载网易新闻，http：//news.163.com。

华中药市的崛起
——一个发展人类学的个案研究

第三章 药市与经营者

华中药市的崛起 ——一个发展人类学的个案研究

在《激荡三十年》中,吴晓波(2007:ix)写道:"一位温州小官吏曾慨然地对我说,'很多时候,改革是从违规开始的。'"我想套用这句话,因为J市药市的崛起同样是从违规开始的。在药商们看来,J市药市之所以能在改革开放后快速起步,是和改革开放前,药农们对国家高度集中的计划经济体制、统购统销等政策的违抗密不可分的。当时,计划经济的失控导致J市大宗地产药材——白芍,成了中国药材史上,因盲目生产而商品积压量最大、库存时间最长的品种。❶当昔日的"金芍"变成"野草",为了生活能过得好一点,一些药农不惜铤而走险,开始外出贩运、偷买偷卖。以此违规为基础,随着国家发展方针的逐步调整,J市药市这才从隐性到显性,从分散的自发聚集到被政府"集中管理",逐步发展起来。J市药商们违规经营的这段历史,无疑是J市药市崛起的序曲。因此,在经过上一章,我对J市药市的历史变迁进行了一个概观式的描述之后,这一章,我就将从疯狂的白芍这段序曲开始,透过詹家生意的起步经历,从微观层面具体讲述J市药市的发展历程。

第一节 "一个人的经济"

回到经济的本意,所谓一个人的经济与其营生、节俭诸事有关。此处,"一个人的经济"是为特定的个体在相连的几个历史阶段中的存活、跌宕与崛起;这一过程通过个人的生计经营及其遭遇而得以体现,故名之。

初见詹哥的父亲——詹老爷子,是在我一入J市时的一个午后。那天天气晴朗,微微地有点冷意,我和介绍人、詹哥的老表苏老三一起,凑在马路边的一个小店里吃饭。苏老三那天心情特别好,手里晒好的片子上午就都卖光了,新切的片子还在晾晒中,苏老三有

---

❶ "主要中药资源种类简述(二)",载华夏中医论坛,http://www.hx317.com/article/7569/1.html。

了空闲时间，就在喝过一瓶劲酒后，主动提议带我们去詹庄做访谈——拜访詹哥的父亲，詹老爷子。介绍人"喜欢"找回民，我"喜欢"找老药商，这两样老爷子都符合，我们便一拍即合、立即结账，在苏老三不算事儿的酒驾下，欣然前往詹庄。

詹庄的地理位置在过去来说属于 J 市城外，如今虽然被地方政府"双轮驱动"❶ 进了城里，但地点还是相当的偏僻。附近的马路上车辆很少，路上也不见几个行人。一路开来，我竟连哪里有公交站台都没能留意到。于是，那次造访之后，那些没有任何牌照的三轮车，就成了我往来詹庄时必不可少的交通工具。某大道边，一条林荫小路进去，掩映在一片绿树之下的一群老房子，就是詹庄。

庄里人家都是独门独院，老爷子家的两扇黑漆漆的大门没上锁，一推即开。我们进得门来的那一刻，场面有些混乱。老爷子正站在天井中提着水管往摊在地上的药材个子（尚未被加工成饮片的原药的意思）上哧哧地浇着水，湿淋淋地铺了一地，老太太站在院里看着，詹哥的妹妹詹姐正和她丈夫一起，在一旁哗哗地给切好的片子过筛，两只个头很大的牧羊犬眼疾爪快地扑上来冲着我们狂吠。我的尖叫声、水声、筛片子声、苏老三的笑声、狗吠声……直到老爷子呵退了牧羊犬，关了水龙头，把我们让进屋里，整个院子才算安静下来。

老爷子个头不高，干瘦干瘦的，精神矍铄，看上去并不像个 73 岁的老人，一对转动灵活的眼睛似乎在提醒我他是个不好糊弄的精明人。老爷子在八仙桌旁的椅子上坐定后，跷起了二郎腿，悠然地看着我们，坐在他脚边小板凳上的我和介绍人便开始逐个自报家门，苏老三在一边嘿嘿地笑着，不时地帮我们介绍我们自己。听说我想听老爷子当年做药材生意时的奋斗史，一旁坐着的老太太首先咧开嘴笑了："当年这庄里属他干得早！"老爷子却除了哈哈地笑几下以

---

❶ J 市官方话语，指工业化和城市化。

华中药市的崛起 ——一个发展人类学的个案研究

外,再无任何回应。我在前文中提到过,老爷子此时心有芥蒂,直到我提着礼品第三次登门拜访时,老爷子这才打开了话匣子。

原来,詹家祖上一直是J市城里人,直到老爷子的父亲这辈才住到詹庄来。因为老爷子的曾爷爷在J市为官,爷爷在城里经营粮坊、皮行等生意,詹家的家境颇为富裕。老爷子开着三轮车拉我去看花戏楼的途中,曾指着J市昔日的市中心的某片楼群说:"那片地方过去都是我家的,我们下乡前就住在这。"詹家不仅在城里买房,老爷子的爷爷还在乡间置了块地,就是今天的詹庄。庄里现有260口人左右,除了詹姓人,还有刘姓、李姓等几个大姓。据老爷子80岁高龄的姐姐讲,这几个大姓都是当年詹家的佃户,一直落脚于此。至于詹家为什么放着城里不待跑到乡下来,老爷子告诉我,完全是城里生活所迫使然。

老爷子的爷爷有2个儿子,老爷子的父亲排行第二。曾爷爷老两口去世后没多久,爷爷也跟着过世了,剩下奶奶和2个儿子,家道便有些败落。老爷子的父亲虽是个有文化的教书先生,写得一手好字,但是用老爷子的话说,他也胡混,喜欢赌博。眼看父亲赢少输多,败了不少家业,大伯便张罗尽快分家。这样,奶奶、大伯以及老爷子的父亲,各分得乡下18亩地,城里的房产也进行了均分。手里有了本钱,老爷子的父亲又进行了几番豪赌,有时一夜间就能输掉好几亩地。家里等着吃饭的嘴多,分家后,老爷子的父亲便在教书的同时也开始做点小生意,正是因为父亲既教书、又做小生意,老爷子一家在新中国成立后也算是躲过一劫。根据阶级斗争的理论,共产党在夺取政权后必须解决依靠哪个阶级、团结哪个阶级、打击和消灭哪个阶级的问题,并由此开始进行土地改革,划分阶级成分。老爷子一家虽然在乡间还有十来亩地,收取地租,但因为父亲同时也在教书,做小生意,既属于剥削者又属于被剥削者,老爷子一家就被划分成了"小土地出租"。大伯一家也因为出租土地的同时还磨面卖,被划分成了"小土地出租"。"我们都是共产党团结的对象",

老爷子笑呵呵地说。兄弟两家成了共产党团结的对象时，奶奶却不走运地当上了地主，成了被消灭的对象。不过奶奶没挨过斗，因为还没等人们来批斗她，她自己就先上吊了。

为了能多赚一点钱养家，老爷子的父亲还偷着贩卖过大烟，可他没成功地干上多久就被政府抓住了，蹲了4年监狱。父亲被抓进监狱后，母亲只能靠变卖家产谋生。老爷子说他记得母亲说过，有一次为了能吃上饭，6间房子48块钱就让母亲给卖了。"那时人都要饿死了，不卖不管，最后还是有人饿死了"，老爷子说。房产卖光了，这城里就活不下去了，一家人只好搬回了詹庄，大伯一家后来也因为生活所迫跑了回来。老爷子一家的命运，就此和田间地头上的白芍发生了关联，成了跌宕起伏的J市药市的一个缩影。

新中国成立初，因为国家允许市场自由贸易，J市药市便有所恢复。当时，因为白芍的年产量只有10万斤，远远不能满足需要，政府便对白芍生产大力扶持，很多药农都开始种白芍。虽然自1950年起，国家为稳定物价，以微利经营为原则执行全国统一定价，但那时的白芍等药材不愁卖，个体也能有所收益。然而，1953年11月2日，阜阳专属（J市当时隶属于阜阳）正式宣布白芍统购，从此，J市的白芍、茯苓、菊花、丹皮4种药材，被列为二类统购品种，收购牌价由国家指定，实行计划生产、计划收购、计划调拨，私人贩运被禁止，刚有所恢复的J市药市又开始冷落下来，药材供应时断时缺，白芍再不能让芍农们和逃回乡下的老爷子一家过上好日子了。为了生活，老爷子十几岁时就开始做生意，跟庄里几个成人一起，偷着去外地卖红薯干，用他的话说，你不做咋弄？

三年困难时期（1959—1961），老爷子的父亲和老爷子最小的妹妹不幸被饿死了，谈起当年庄里的景象，老爷子止不住地摇头叹气。那时，整个中国社会都百废待兴，J市中药材种植更是降至冰点。1963年，由于白芍的生产几近停滞，为鼓励农民种植白芍，J市所在的X省对白芍的批发、调拨价格作了调整，规定出售一市担白芍

华中药市的崛起 ——一个发展人类学的个案研究

奖励粮食65斤、化肥60斤、棉布4尺……❶因为白芍定价较高,与猪肉的比价能达到1∶5,全国上下,不仅J市主产区在成倍地扩展种植规模,非主产区也在扩展,收购部门则因为市场需求量大,对收购也不加限制。这种扩张势头紧接着又得到了"文化大革命"的强化,在种植"忠"字芍的口号下,白芍的种植面积由每年几千亩上升到了几万亩。由于白芍未被结合收购情况及时调低价格,从20世纪60年代中后期开始,白芍生产开始失控,一发不可收拾。

据业内人士吴章金考证,❷ 1968年,白芍产新的产量就已产略大于销,1969年产了可用两年多的产量,而后的产量一年比一年多,最多时一年产量够用5年;在1969—1976年的这8年里,白芍平均年产量够用三年以上,至70年代末时,国家收购了10万吨左右的白芍。于是,按照70年代年需量6000吨左右计算,就是一点不种,白芍可用16年;若按80年代8000吨用量算,也可用上12年。一种农副产品不需生产就可用上十几年,这个记录恐怕在世界上都实属罕见。可是,即使白芍已经积压严重,但是如果一点都不生产,一旦"断子绝孙"后,再要恢复就没了种子,国家不得不每年仍继续下达可用4个月的生产计划和收购计划,其余由库存调剂。

如此一来,尽管到1974年春时,为割掉白芍——这条J县最大最长的资本主义尾巴,J市县委统一布置,强迫农民扒掉了4万亩白芍,改种粮食作物,全县中药材面积由1973年的7.99万亩,迅速下降到1978年改革开放时的0.7万亩,但这依然无法立即缓解白芍积压的严峻局面。从1963年起,连续10年的产大于销下,白芍积压已成事实。因为计划失控造成盲目生产,又没有及时调低价格抑制生产,白芍成为中国历史上积压量最大、库存时间最长的品种。❸

---

❶ "第六章中药材",载豆丁网,http://www.docin.com/p-9093698.html。
❷ "起起落落话白芍",载百拇医药网,http://www.100md.com/html/Dir/2003/05/12/8609.htm。
❸ "主要中药资源种类简述(二)",载中国医药网,http://www.pharmnet.com.cn。

第三章 药市与经营者

1983年，仅国家报废处理的白芍就有4万吨左右。❶ J市历史上曾经风光无限的白芍开始烂市，70年代初时，在J市，据老爷子回忆，白芍从过去9块多一斤跌至连2毛7一斤的价格都交不出去的境地，这令芍农们感到了前所未有的绝望。然而，穷则思变，恰恰就是这令人绝望的已然烂市了的白芍，让老爷子等很多药农在70年代初时，挖到了自己的第一桶金。

老爷子告诉我，那时的人"傻"，种了白芍就不知道再种点别的作物，眼看白芍价格一路走低，手里的钱越来越少，老爷子便又动了出去闯闯的念头。恰巧，庄里还有两个人也因生活所迫正有此意，他们知道老爷子爱做点小生意就主动找上门来，三人一拍即合。于是，三人每人都拎上两包白芍片子，各人带上各人的钱就出门了。老爷子说，出去了能不能卖掉、去哪卖能卖掉，他们当时心里一点数都没有。因为老爷子提起他在甘肃天水有个堂哥，茫然的三人就决定干脆去甘肃找出路。

在当时，按照统购统销政策的规定，凡是贩卖国家禁止私人经营的一、二类农副产品的，均被定为"投机倒把"非法行为。在计划经济年代，"投机倒把"是非常严重的罪名，不仅要被拘留、批斗，还可能会去坐牢，甚至吴晓波（2007：viii）还找到过一份材料，一个妇人就因为投机倒把而被判处了死刑。虽然老爷子他们偷买偷卖时，"投机倒把"还不是个正式的罪名，❷ 但是国家已经开始对此行为进行处罚了。所以据老爷子讲，70年代初那会儿，整个詹庄当时不到一百来号人中，只有他们三个跑出去过。

"您当时不怕吗？"我问老爷子。

"不怕！你怕哪呢？乖乖我又不做害人的事，不为了生活谁

---

❶ "对白芍的再认识（一）"，载中国健康网，http：//www.healthoo.com。
❷ 1979年7月1日开始实施的《刑法》才笼统地规定了投机倒把罪。

华中药市的崛起 ——一个发展人类学的个案研究

干那弄啥？老母亲脚一点点（裹脚的意思）、姐姐出嫁了，我是家里最大的，还有三个弟弟妹妹来，各方面都需要钱，你不是想挣点钱么，你做大了严重，我不做大生意我做个小生意为啥不管呢（"管"就是行、可以的意思，是当地的口语）？"老爷子说。

"您怕吗？"我问一旁坐着的老太太。老太太很少讲话，她给老爷子的茶杯里倒满水后，就一直坐在八仙桌的另一侧听老爷子讲，老爷子讲到高兴处哈哈大笑的时候，她也咧着嘴笑，眼睛都眯成了一条缝。

"怕，咋能不怕"，老太太望着我，原本眯成缝的眼睛都瞪圆了，"你不想挣点钱么，不出去不管。他走了又没有电话、没有手机，啥时候回来也不知道，你摸不着信。家里面我还得替他瞒着点，那时不叫做生意，都去生产队干工分，大队干部监视你，三天不见他就有人问，你一天没回来、两天没回来，人不怀疑吗？我就得编瞎话，说我娘家有啥事，他帮着弄去了，'那他该回来了啊？''那我就不知道了'，就这样编，能瞒一天是一天。"

老爷子三人跑出去时，手里没有什么钱。为了最大程度地省钱，在商丘上车后，三人有计划地只买到第一个停靠站的车票。那时，火车只在几个大站才查票，他们于是得以一直逃票到开封。在开封被查到时，三人谎称刚上车，又如法炮制地补了到下一个停靠站的票，到站后继续不下车……就这样，他们通过扒火车扒到了甘肃的天水，在天水的一家医院里，老爷子他们在J市2毛7一斤都卖不出的白芍片子最后以1块3一斤的价格成交了。因为医院太小，三人的白芍卖不完，老爷子一行就又跑到了附近另外一个县。在当地的一家医药公司，三人负责税钱，医药公司以2块2一斤的价格收购了他们手中剩余的全部白芍。白芍都卖光了，兴奋之余，三人从甘

第三章 药市与经营者

肃返回时又捎回来一些党参，不敢回 J 市卖，三人跑到了河南鹿邑。在鹿邑，5 毛钱一斤的党参被一家医药公司以 2 块钱一斤的价格全部收购，三人得了钱，兴高采烈地回家了，不幸的是，刚进家门不久，三人便一个不剩地都被生产大队给逮了起来。

原来，老爷子三人足有半个月的时间踪迹不见，这种反常情况早被庄里一个用老太太的话说，工作"积极"的大队干部给盯上了。他不清楚这三个人出去做了什么，就在发现人回来了以后，立即向大队进行了举报。三人最终被认定是搞投机倒把，不但被大队拘了起来，还被处罚劳动半个月。

"还要罚 30 块钱来"，老太太在一旁忍不住补充道，"要罚我钱，我就说我没挣着钱，我还亏本了，我家老的老、小的小，都指望我自己干工分，哪弄钱去啊，你要拘留他你就拘吧，随便你了，大队困了他十来天才放人。"

"那以后还和那个举报你们的大队干部来往吗？"我问老太太。

"干部不和你记仇，有啥事他又来通知你了。平时我们都没磨过牙，抬过杠，你气也不粘（'不粘'是不行、没用的意思，是当地的口语），那是他的工作"，老太太说。

被大队放出来后，口口声声说"不怕"的老爷子三人还是害怕了。因为担心再被抓住的话可能会被法办，那以后，直到改革开放，三个人一直在家老老实实地务农，再没敢出去过。回想当年，老爷子认为自己起步很早，可惜被庄里的氛围给耽误了。老爷子觉得，如果当时庄里人都能像他们三个那样偷着干，偷干只要成了风，大队管不住了就好了，"他大队干部也想赚钱呀"，老爷子说。老爷子告诉我，他认识的几个当时住在离市里较远的村子里的人就是这样跑发起来的，J 市现在的那些有钱人，尤其是那些有大钱的人都是那

华中药市的崛起 ——一个发展人类学的个案研究

时候干起来的。

"这不就是搞药材吗",老爷子看着我,用食指敲着桌子强调道,"这偷搞了呀!这可不是我们三个人,偷搞的人多得很,从这样一个白芍引起的,慢慢形成一个市场。"

这确实不是老爷子几个人才有的经历,我田野里接触的很多药商都有父辈、亲戚或朋友曾在当年偷买偷卖过白芍。不只是老爷子这样成分不好的人在偷着干,根红苗正的贫农们也在偷着干,当年来找老爷子的那两个人就都是贫农这样的好成分;不只是群众在偷着干,一些干部也在偷着干,就连我后来拜访的一位老大行当年的领导,据他讲,改革开放前当兵那会儿,他也帮亲戚卖过白芍:"那时候我在山东当兵,72年还是73年我忘了,我也卖过,那时候当兵的拎着(白芍)没人查啊。"

在J市,这段冲突的历史是众人皆知的,而一个人提上两提包白芍片子出门扒火车,边走边卖的图景,就是几乎所有J市人——不管他当下干不干药材生意——都熟知的,并且至今都还津津乐道的J市药商们当年的起步形象。很多J市人,包括老爷子在内,都将J市药市的崛起归结为J市药商具有的这种胆识:"他(其他地方的药商)没种,他不敢跑!他跑晚了,再想跑就跑不过J市了!"但是,与其说是J市药商们胆识超群,不如说是他们所处境遇之艰难超群。除了白芍积压严重这个诱因以外,资料显示,当时的X省也是中央眼中的"老大难",全省287238个生产队中只有10%的生产队能维持温饱,全省25%的人年收入在40元以下,生活上的穷困是可想而知的。而当年,老爷子一家的生活境遇虽然没再像三年困难时期那样,用老爷子的话说,尅(抠取、抓的意思)着老鼠吃老鼠、吃长虫、偷红薯秧的地步,但是一家人想都吃饱却是十分困难的事情。不仅吃不饱,老爷子家还因为房子塌了过得比别人还多几分窘迫:"房子塌了没钱盖,没地方住怎么办,就使土堆的墙,盖起来以后没有上房子的草,更不要说瓦了,就用小米杆子,使那个盖的,没两年就沤毁了,房子又塌了,就得想办法创几个钱再盖,老的没撇下一点家产,房子都是这么盖起来的",老爷子说。

新中国成立后,为了能超英赶美、快速地发展国民经济,建构起民众对新兴国家的认同,中国开始大踏步地走上了"发展"之路。然而,"国家发展运动"(朱晓阳,2010)却引发了白芍罕见的大量滞销,药农们的生活每况愈下,人们不满自己的生活状况,开始突破意识形态的维系作用,用行动反抗体制的束缚,用米格代尔(Joel S. Migdal,[1988]2012:前言9)的话说,弱势的个体们对其生活控制的争夺,往往是在和一个旨在改变他们、去除他们最重要的价值、日益增长的国家所代表的"正义"之间的冲突。可以说,但凡能吃饱饭、有结结实实的遮风挡雨处居住,在国家高度集权的社会控制下,他们都很难迸发出这种胆识。因此我们不能认为当时的人们已经具备了多么觉醒的市场意识,那不过是一种生存压力下的挣扎,是传统的"商"的意识的一种爆发,他们对经济利益的谋求动机,和当下市场经济体制下的人们的动机并不相同。

不过,正是因为要在国家掌控的夹缝中求生存,这种特殊的时代背景才造就了老爷子等J市药商独特的起步形式,我将此形式称为"一个人的经济"是想强调它的有限性:在参与形式上,"一个人的经济"往往表现为家中一个人的参与,想一家人都参与进来搞经济是危险而又不可能的事情。在经营方式上,"一个人的经济"表现为药商们拎上少量的地产药材去外地贩卖,而非带上现金去外地进货;他们贩卖的药材数量少,只限于几个提包,药材品种少,一次不过贩卖两三种。在药商形象上,"一个人的经济"还指一个人拎上两个提包、出门扒火车的形象。可以说,正是这种有限的"一个人的经济",是当时生活贫困的家庭可以使用的最优的,也是最安全的策略。以这种"一个人的经济"为基础,就构成了改革开放前的

华中药市的崛起 ——一个发展人类学的个案研究

J市药市图景——一个隐匿性的存在：不仅商人们是隐匿的，整个市场也是隐匿的，它既没有一个固定的交易时间，也没有一个固定的交易地点。

1978年十一届三中全会以后，民营经济被逐步正名，国家对计划经济时期形成的中药管理体制、作价办法等进行了一系列的改革，认定中药材的收益一般应略高于当地同期农副产品的收益。政策日渐放松后，人们也由昔日的偷买偷卖，逐步转成明买明卖，J市的私营药市渐渐明朗起来，形成了一个显性存在的药市空间。

第二节 "搁伙计"

改革开放后，J市药市如沐春风，很多在此之前遮遮掩掩地游走在中国大江南北的药农们因为握有销路，纷纷"洗脚上岸"，专职干起了药材生意。生意往往以合伙的形式进行，人们和自己的家人或是亲近的朋友一起，共同出资，共负盈亏，商人们称这种经营形式为"搁伙计"。

在中国，1978年具有划时代的意义。受新自由主义的影响，全球的社会经济秩序在20世纪70年代末到80年代期间出现了转折，开始视市场逻辑而非政府为解决经济和其他问题的主要角色之理念与政策，"发展"即是要参与世界市场（刘绍华，2013：19）。中国的指导思想在这个时期开始发生变化，用王绍光（2008）的话说，此时，决策者关切的不再是基本保障和平等，而是如何能使经济增长速度最大化；"发展才是硬道理""先富带后富"等理念还充分表明人们对"涓滴效应"（trickling down effect）❶ 的深信不疑，人们认

---

❶ 指在经济发展过程中，并不给予贫困阶层、弱势群体或贫困地区特别的优待，而是由优先发展起来的群体或地区通过消费、就业等方面惠及贫困阶层或地区，带动其发展和富裕，或认为政府财政津贴可经过大企业再陆续流入小企业和消费者之手，从而更好地促进经济增长的理论。详情见百度百科"涓滴效应"词条，http://baike.baidu.com/view/638784.htm。

第三章 | 药市与经营者

为只要经济持续增长，把饼做大，一切问题都会迎刃而解。于是，在《激荡三十年》中，吴晓波（2007：3）记录了柳传志经由《人民日报》上一篇如何养牛的文章❶而在寒意料峭的早冬，嗅出了时代将要发生变迁的迹象。然而和柳传志相比，老爷子完全是后知后觉。自从被大队怼住，不给任何工分地劳动了半个月后，老爷子再没敢越雷池一步，即使后来从别人那里知晓了有改革开放这回事，老爷子也并无把握这件事对他来说，到底意味着什么："人说开放了，咱不懂得啥是开放了呀？"气候已然回暖，但老爷子还在务农，直到80年代初，老爷子农闲期间去挨边的邻居村串门，看到有人在几麻袋、几麻袋地向外发送药材且没遭到什么逮捕时，老爷子压抑了多年的欲望才又重新蠢蠢欲动了起来，毕竟，他是干过药材生意的，虽然就干过那么一次，但他清楚地知道这当中的利润可比他种地来得快多了。

原来，那些改革开放前始终坚持不懈地偷买偷卖的人在经过一段时间的摸索后，用药商们的话说，就牵连出了"口"，即和外面的，以及本地的一些药材公司、医院等单位建立了联系，成了它们的"采购员"。国家政策松动后，这些人便把昔日手中的两个提包换成了数个麻袋，开始为外面的"口"们发货；卖了货，再买些当地的药材拿回J市的一些单位里面卖。他们是有目的地发货，但老爷子并不知道这些，他看人家发货去了湛江，便也想照葫芦画瓢地发货去湛江，但是老太太对此并不同意，她担心老爷子人生地不熟，一个人出去叫人害在哪了都不得知道。

老爷子也认可老太太的说法，此外，他还希望能有什么法子可以尽可能地降低开销，如此，找人搁伙计分担成本就成了最佳方案。生意人爱找生意人，老爷子首先就想到了当年偷买偷卖时的两个同伴，主动找上门去后，三人再度一拍即合。于是，每家凑了些钱兑

---

❶ 吴晓波查证称是柳传志记错了，那是篇关于科学养猪的新闻。

华中药市的崛起 ——一个发展人类学的个案研究

在一起收了5吨的地产货后,他们学着人家的样,盲目地把货发往了湛江。然而不幸的是,他们的这次起步发生了意外。

原来,三人到达湛江后,以每天两块钱的价格,将药材寄存在一位独门独院住着的老太婆家中。因为跑遍湛江市,只有一个骨科医院要了几十公斤的货,三人便又跑去海南岛上找销路。销路找得很顺利,一家二级药材批发站要完了他们剩下的大货,双方约好半个月内交易。可是就在三人兴冲冲地去老太婆家提货时,他们发现老太婆不明原因地死在屋内。惶恐之下,三人去找街道,街道不管,让他们找二轻局,老太婆是二轻局的退休职工;三人去找二轻局,但对方负责处理此事的同志却先后以怀疑三人是凶手、处理丧事、自己女儿住院为由迟迟不肯交货。等三人最终好不容易将货发到了海南岛时,批发站又以三人违约一天为由拒绝收货,除非再度调低价格,三人只能咬牙成交。结果,折腾了一个月,刨除路费、吃饭等开销,每个人最后只赚到了6块钱!

老爷子说完这段经历就哈哈大笑起来,他觉得自己的这次经历实在是精彩,简直就像拍电影一样令人难以置信。老爷子笑的时候,坐在旁边的老太太撇着嘴对我说:"唏!跑出去一个月,他仨人一人就赚6块钱回来,还不如在家干活了。那地里的活他都没干,你詹哥他俩还小,都是我干的!要是一分钱不赚才赔来!不叫他再继续干了,就那么点钱都给他拿上了,都赔进去了咋弄,还是在家种地吧。"

这次起步不能算失败,他们没赔本,每人赚了6块钱;但这次起步显然算不上成功,5吨货,三个人净赚18块钱确实令人难以想象。老爷子经过这次"打击"后,觉得药材生意不好做,加上家里人都反对,那两个同伴也都孬种(胆怯无能的意思)地不想干了,老爷子就又收了手,重新"缩"回乡间种地去了。对此,老爷子当下十分后悔,他觉得海南岛之行已经趟出了一条路,只要继续向海南岛发货,他应该能赚些钱,可惜他没能坚持下去,这一收手,就又错失了好几年的时光,詹家"发"得也就比别人晚了好些年。

第三章 药市与经营者

我多少能理解点老爷子那种后悔的心情,我访谈的很多药商,如阿坤的老妈,都是那些年跑发起来的。用苏老三的话说,阿坤老妈的生意做得虽然不如 J 市赫赫有名的"四大玲"❶,但也算相当成功。当我问起当年的辉煌时,阿坤告诉我,那个年代百元钞票很少,五块、十块算大票了,他家的柜子里、床底下,能塞东西的地方塞的都是钱。阿坤的奶奶怕钱放得潮了,就在院子里晒钱,她自己拄着拐棍坐在旁边看着,阿坤就和弟弟妹妹们躺在钱上睡觉。正因为当年要用板车推着去信用社存钱,眼下却要领低保,阿坤的老妈才只要提起过去,就会老泪横流。可以说,80 年代的生意相对好做,J 市那时还诞生了一句谚语:"站在喷泉往东看,家家都有几十万。"因此,当有一天,就连放学回来的詹哥这种小毛孩子都嘲(嘲笑的意思)老爷子会干生意不干,种地不管发财时,老爷子才在一怒之下又一次扔了手里的锄头,琢磨起生意来。不过老爷子第三次起步干生意时,卖的不是药材而是鸡。

那两个伙计夯种了以后,老爷子便和一个关系不错的姓邓的邻居一起搁伙计卖鸡,两家把钱兑在一块儿,一起去集里买鸡进城卖,赚钱赔本都两家均摊,生意好时,每人一天能赚上 5 块钱,用老爷子的话讲,那时能赚几块钱都觉得怪得了。一次,他们在集市上看到有人在卖一种白片子(饮片的意思),一打听才知道这叫白术,是种药材,邻居便提议这次不收小鸡收白术。老爷子虽然不清楚这白片子能卖上多少钱一斤,但卖小鸡的经验告诉他,集里买的城里卖就赚钱,于是当即同意了。但是俩人在买白术时却出现了分歧:邻居要收白术种子,老爷子想收白术片子,谁也说服不了谁,老爷子便建议这次俩人把钱分开,各人收各人的,各人算各人的账,看谁有眼力。就这样,老爷子在集上以 4 块多一斤的价格收了 47 斤白术片子,邻居则按十几块一斤的价格收了十几斤白术种子。然而,就

---

❶ 20 世纪 80 年代,J 市有四位生意做得极其红火的女药商,因其名中都带有"玲"字而被当地药商们称为"四大玲"。

华中药市的崛起 ——一个发展人类学的个案研究 ▷

在俩人快到城里时，邻居突然变卦了，说什么都要再和老爷子合在一起。"他不相信自己的眼力了，他相信我的"，老爷子笑着说。那一次，老爷子转手就在城里以 7 块 2 一斤的价格卖光了白片子，邻居的种子没卖掉，钱也被压住了。谈及此处，老爷子眉飞色舞："我和他讲啦，现在不是种的季节谁收种子，他不听。我嘲他，听我的多好，咱俩人这一天就能赚二百多，我这赚的一百来块还得分给他一半，我们在搁伙计啊。"从那次起，邻居再没自己拿过主意。

尝到甜头后，俩人接下来的几个月里一个劲儿地干这个，看他们赚了钱，庄里不少人也都跑去收白术。将 J 市这一个季节的白术片子都收完时，老爷子说他记得很清楚，他和邻居一个人分了 2700 块，这在当时无疑是笔巨款，欣喜之下，老爷子就有了继续干药材的念头。J 市已无白术可收，手头有了本钱，老爷子就开始打听其他地方哪还产白术，他打算直接带上钱去外地，继续买白术回 J 市卖。从一个帮人代卖药材的小行老板那打听到浙江也是白术产地后的第二天，老爷子就迫不及待地和邻居一起动身前往了浙江。

"当时家里正收着麦来"，老爷子说，"那时没有机器啊，都使手割，我说要去浙江，家属说'你去，不用你问'我们两个人就走了"。老太太表示，她后来之所以支持老爷子去买卖药材是因为那时经济困难，老爷子出去一趟能顶他们家好几年的收入。

老爷子专门跑浙江收白术后，家里的田地、老母亲的照料以及两个孩子的学习和生活问题，还有老爷子三个弟弟妹妹家的大事小情，都落在了老太太一个人的肩上。"我婆婆，就你詹伯母脾气不行"，詹哥的老婆——詹嫂，有一次在和我闲聊时无意中说道，"家里都靠你伯伯张罗，他是老大啊，老大的媳妇自然也是家里最厉害的，所以我婆婆脾气大，她谁都敢说，谁都敢骂，谁都怕她。"

第三章 | 药市与经营者

老爷子俩人这一跑,也把本庄人带动起来不少。据老爷子回忆,庄里那时候有一百来口,差不多一半以上的人都在干药材。知道老爷子是行家,不少人特意来访,一求再求地拜托老爷子再去进货时务必带上他。

"您愿意带上他们吗?"我问老爷子。

"谁想带!"老爷子身子前倾,探向我,"你碰着货了,他跟着你来,你是分给他还是不分给他?找你的都是不外的人啊,一个庄的邻居,他天天往你家里跑,你能说你别跟着我?还有外村的来,沾亲带故地都想跟着你。"

于是,老爷子接下来去广西看货时,屁股后面跟去了十个人。在玉林,老爷子看了点货想买,却因为去的人太多不够分的而作罢,十几个人最终都两手空空地回来了,老爷子因为白花了路费气坏了。打那起,除了搁伙计的人,他走时谁也不再告诉,用老爷子的话说,带他争你的生意。

看老爷子的生意干起来了,老爷子的姐夫——也就是苏老三的父亲,两个弟弟等亲戚的田也种不下去了,想加入进来。老爷子坦诚地告诉我,自己家人他也不愿意带,不过,话虽这么说,但药商们都表示那个年头干药材生意,没几个不是靠和亲戚、朋友们一起搁伙计起家的。这一是因为人们当时手里的钱少,老爷子靠一百来块钱起步,我认识的一个蒙姐,母亲给了她 220 块,詹哥的朋友张老板起步于 80 年代末,一直做小生意的母亲给了他 2000 块,算是我听说过的最大一笔启动资金了。本钱少,买的货少,配货发车就不划算,只有凑在一起搁伙计才能最大限度地降低成本。再一个,药商们搁伙计也是为了人身安全。那时候,中国的金融业还不怎么发达,生意都是现金交易,外出进货的药商们不仅搭帮结伙,而且通常刀不离身。此外,和边燕杰(2000)在对企业的社会资本进行

华中药市的崛起 ——一个发展人类学的个案研究

的研究中所指出的内容相似：个体横向关系的建立，比如，和其他药商之间的协作关系、借贷关系、业务关系等联系的建立，其作用不仅是沟通信息，还是解决资源短缺和突发事件的最后保证。

当然，搁伙计也有搁出事来的时候，老爷子这辈子赔得最惨的那次，就和这伙计有关。那一次，老爷子和自己的女婿，还有河北（涡河以北）的一个人一起搁伙计，三人各人带各人的钱，一路去遵义买货。老爷子以前和那个伙计打过一次交道，知道那人狡猾、不实在，但那人找上门来后，老爷子觉得不过是一路去买货，自己这面又是两个人，还能叫那个伙计缺（占便宜的意思）着吗，便应承了下来。遵义货不多，老爷子就叫女婿和那个伙计一起去务川买乌梢蛇，老爷子在遵义统货。然而，去务川的路上，伙计以车里坐不下为由，甩掉了老爷子的女婿。回来后，伙计不但瞒价钱，从中又赚了老爷子两个人一部分钱不说，蛇还买假了。更不走运的是，伙计买蛇时惹怒了当地人，遭到了举报（乌梢蛇在务川当地是被政府管理的药材，只能偷着买）。最后，三人一个不剩，都被抓进了务川的林业派出所。

"那次赔干"，老太太忍不住插话："最惨的就是那一回，我们赔了几万，闺女的钱都赔完了！最后还得我们照顾她"。

好在无论以哪种形式搁伙计，这种情况都不常见。据我总结，搁伙计通常有两种形式，一是合伙：共同出资，共负盈亏，就像老爷子卖鸡、卖白术时的情况，在药商们的生意起步阶段，这种形式的搁伙计最为常见。由于合伙需要把钱兑在一起，搁伙计的人之间格外需要信任，俗话说，"生意好做，伙计难搁"，指的就是如果信任关系不够，账务方面就容易出现纠纷，所以人们常和亲属或是十分亲近的朋友一起搁伙计，有时也见于比较熟悉的街坊邻里之间，几乎不会有谁能初次见面后就凑到一起合伙。由于大家要共负盈亏，

第三章 | 药市与经营者

这种形式的搁伙计格外需要一个有眼力的主事者。经常赔本或意见不统一，这伙计都很难能搁起来。就老爷子的这个"团伙"而言，因为老爷子头脑灵活、会说话，他通常充当着"主谋"，进什么货、进多少、如何分工，通常都是老爷子说了算。

另一种形式的搁伙计是 AA 制，例如各人带各人的钱，一路去进货。有时货在产地就按投资多少分好，有时货发回 J 市后再分，然后各卖各的，卖罢了再一路出去。当药商们对生意有了一定的摸索、个人手里有了一些资本后，这种形式的搁伙计就比较常见了。虽然和上一种情况相比，这种搁伙计的对象范围相对宽松，例如可以是认识不久的老乡，但药商们告诉我，他们很少会选择和不相熟或不喜欢的人一起一路进货。

这样一来，通过搁伙计，人们亲戚带亲戚、朋友带朋友，J 市的药商人数迅速激增，随着国家政策的松动，J 市街头开始出现人们自发聚集卖药的场景。一个药商回忆说，开始时，一些从外地捎回来的药材在本地医药公司卖不掉了，找不着下家买了的时候，药商们就搁 J 市路边出一点，尝试着卖。怕被政府怼住，药商们就出一小把，把它搁其他东西边上，不仔细看谁也不知道他在干啥。谁从这走，"你需要这东西吗"，问一句就管，有需要的，就再找地方交易去。人们先是在西瞬城街上自发聚集，人员增多后，又改在了小洋桥边的一片空地上，小洋桥的桥西、桥东，一些掌握的药材品种相对较多者开起了小行，即经营一个门面；散户们，如附近的药农，或是提着一些药材、或是推着一个木质的架车子来卖药，他们也可以把自己的药材放在小行里代卖，一旦卖出，货主按 2%，后来按 1% 的比例给行户们缴纳个磅费即可。逐渐地，这个自发聚集而成的药市上除了白芍、白术、丹皮等地产药材外，还多了很多药商们从外地捎回来的品种，如党参、当归、浙贝、重楼等，进而发展到几十种、上百种药材在此交易；同种药材的产地也开始多样化，例如既有人卖浙贝，也有人卖川贝，还有来自河北、山西等地的贝母在

华中药市的崛起 ——一个发展人类学的个案研究

此荟萃。J市现在能号称"买全国、卖全国",都是从那时起,一点点发展起来的。

不久,小洋桥一带出现了拥堵,药商们便被市管会驱赶到了喷泉附近、当下的药材街一带,这个自发聚集而成的药市十分兴隆,坐商们据店经营、客商及农民多临街设摊,市场上集外有集、行外有行、门外有店、店外有摊。药商们表示,因为药商们多在马路上摆摊,这个自发聚集而成的市场秩序比较混乱,政府便修建了大行。例如老爷子就说过,"改革开放了啊,J市人有种了,都拿出来搁路边上卖了。路边上卖城管的管啊,那时候叫市管会不叫城管啊,影响交通也不行啊,你不是乱吗,自然形成的市场,给你规范,盖一个市场,叫人都撵到这里边去。"老大行当年的那位领导也表示,大行是以规范药市为主建立的,有交易时间、交易地点,市容市貌都好管理,也不乱也不影响交易。然而,"混乱"不仅可以说是国家政策允许下才有的"混乱",这在1978年改革开放以前是根本看不到的场景;"混乱"还是地方政府视角下才有的产物,是种用官方话语进行的表达,因为中国当时的社会背景,需要地方政府把药市表述为"混乱"。

原来,新中国成立后,出于国内外实际情况的需要,中国以高度集中的"国家引导的发展"模式来进行现代化建设,中央来统一分配资源,个人依附于单位、单位依附于中央的资源输入。社会主义国家的这种"父爱主义"引发了"预算软约束问题"(Soft Budget Problem)❶ 的出现,并最终导致社会主义国家普遍存在"短缺经济"❷ 的特殊问题,中国在当时却只能以意识形态动员的手段来进行维持。70年代末,在国际新自由主义风潮的影响下,意识形态的

---

❶ 科尔内(Janos Kornai)注意到公有制企业在生产过程中一旦突破了预算限制,出现亏损或资源短缺时,便不断地向上级部门索取资源来弥补亏空,"预算"条件形同虚设,即"软预算约束"现象。详见周雪光:"逆向软预算约束:一个政府行为的组织分析",载《中国社会科学》2005年第2期。

❷ 指经济发展中,资源、产品、服务的供给不能满足有支付能力的需求的一种经济现象,由匈牙利著名经济学家亚诺什·科尔内(Janos Kornai)提出。

动员效力渐失，中国终于到了不得不进行改革的地步，中央实行行政分权和财政分权，将地方事务授权地方政府处理，形成了所谓"属地管理"和"行政逐级发包"的行政体制（周黎安，2008），在此分权让利的时代背景下，地方政府日渐把发展地方经济、增加地方财政收入作为自己的重要职能之一。曹正汉（2009）指出，要发展地方经济，必须找到切实有效的"抓手"，判断出地方发展该抓什么，什么是这个地方发展的关键条件。如此来看，虽然 J 市工商、城建部门为适应经济发展需要，自 80 年代初起就开始对市场分批进行建设，例如 1981 年开辟了成衣市场，1983 年建设了工业品市场，1984 年兴建了豆制品市场、日杂市场、肉食市场，至 1984 年底，城关共建成顶棚市场 159 间，但是唯有药材市场的建设，才是曹正汉所谓的 J 市地方发展的关键条件，这从当时的县政府对药市投入的资金、空间规模的设计，以及市场管理等方面都可以看得出来。

资料显示，[1] 1984 年，J 市工商部门对药材交易资源进行了整合，以保护老城、开辟新区为战略，由工商局牵头，在今天的老商贸城所在处、昔日 J 市城的南门口外、J 市人口中过去的乱坟岗子、枪毙人的地方，建立了一个占地约为 36 亩的药材交易场所，民间始称为大行，工商局还成立了一个劳动服务公司，负责对大行进行管理。除了修建大行，县政府还在 J 市西路、人民路、汤陵北路、谯陵路，修建了四条药材经销专业街、在 1985 年筹办了第一届全国药交会，如火如荼地扶持着药市经济的发展。

"你看那时候那证（营业执照）是咋发的哈"，那位老大行当年的领导给我讲道，"汤陵北路那两边不都是药行嘛，乖乖汤陵乡政府拿个奖状，在奖状俩字下面开始写：你的名字，如××

---

[1] "J 市药市变迁史"，载文化网，http://www.ahage.net/a/14509.html。

药行；下面给你写上经营农副产品、代购代销；汤陵乡人民政府那个章一盖，就往上一挂。我说，我在部队回来学了两三个月，这营业执照我记得不是这样发的啊。我问老板'这谁给你发的'，'乡政府发的'。我说'乡政府咋有权给你发营业执照？你这不是营业执照，你这是奖状，他有啥权，把你这个奖状拿下来！'得有60多家子没办营业执照，都是他乡政府发的奖状。就这还200块钱来，你拿200块钱，他找奖状给你写一个、盖上章，你就管经营。他不懂法，那个时候市场不规范。"

由此，中国的发展现象在改革开放后，由"国家发展运动"转变为了旨在针对某些群体或问题的"发展干预"（朱晓阳，2010），而将原有秩序"混乱化""失序化"，正是这场干预得以发起的理由和起点。对于药商们来说，这种由国家、政府发起的"发展干预"产生的后果是极其深远的，自从被"集中管理"后，"上行"去就成了他们基本的生活样态。

第三节 "上行"去

正如前文所说，"上行"就是药商们去大行里蹲摊卖货，他们每天都去，从不间断，我们很快就能发现药商们之所以能够做到这一点，和整个家庭的分工协作密切相关。如果说大行建立前，例如小洋桥时代，限于各家的药材生意尚在摸索阶段，规模小、货源和销路不稳定，家庭在药材生意中的作用发挥得并不十分明显的话，那么大行建立后，随着个体经营的扩大化、稳定化、专业化，家庭内部分工协作的必要性及其具有的效用开始日益凸显。可以说，作为一种经营方式，上行的基本单位就是家庭。

家庭是人类学的传统研究领域。David I. Kertzer（1984）曾经说过，作为一门学科，人类学于19世纪在美国出现以来，便与亲属制度和家庭两个主题关系密切。不过，对于何谓家庭，中西方人类学之间向来有所差异。

美国著名人类学家默多克（Murdock，1975）曾在1949年和1971年两次为家庭下定义（沈奕斐，2010）。以其1971年的观点为代表，一些西方学者倾向于视家庭为一个由男女二人根据婚姻组成的社会团体，并且包括他们的后代。沈奕斐（2010）指出，这一结论实际上是过去很长一段时间内，学者们对家庭概念界定的总结，然而这类定义并不适用于中国。费孝通（Fei，1933）早在20世纪30年代时就指出过，英文中的family表示的只是由夫妇和未婚子女所构成的集团，但是中国的"家"包括更多的关系，因而应该用Extended Family作为中文"家"的翻译。在林耀华（2000）看来，西方的这类看法将家庭视为了一个生物的团体，而中国的家庭概念不但与婚姻关系和血缘关系有关，还与居住和饮食，也就是经济有关。在中国，家庭以灶为单位，无论夫妇、父子、祖孙、叔侄、姑媳、妯娌，只要衣食共同，皆属一家，家庭因此是一个经济的团体。逐渐地，西方学者开始强调以经济性特征来表征中文的家庭，如认为一个传统的中国家庭是生产和经济的基本单位（Mann，2000）；孔迈隆（Myron Cohen，1976：37）还称，中国的家庭本质上，就是一个经济合作单位，其成员之间具有血缘、婚姻或者收养的关系，并且还有共同的预算和共同的财产。这个定义长期以来被看作是对中国家庭的经典阐述，他对中国家庭是一个"经济合作单位"的理解也被很多学者所接受。

作为一个"经济合作单位，"家庭在詹家药材生意中的作用，主要发挥于詹家进城之后。和当年詹家迫于无奈才下乡的情景一样，詹家也是迫于无奈才又进的城。

老爷子正式干药材那会儿，J市还没通火车，❶ 老爷子每次进货

---

❶ J市在1989年时修建了火车站。

华中药市的崛起　——一个发展人类学的个案研究

回来都是先把货发到商丘，再雇车从商丘运回詹庄，然后每天和伙计一起，推着架车子进城卖货。当时，詹庄庄里庄外都是土路，一遇雨水或雪水，道路便泥泞不堪，进出十分费劲。老爷子和邓邻居商议后，委托了一个常给他们送货的司机帮忙，在当时已然是药商云集的药材街上赁了两间房子。货既然卸在了城里，人就不能不去，詹邓两家从此宁可荒着地，把庄里的大门一锁，举家进了城。老爷子发现进城后，生意上最大的变化就是以前"居无定所"的他进城来大行里找"口"，现在是人们来家里找他，即使每斤药材老爷子都贵上一毛，仍比在乡下时走动得快。生意既然做起来了，就得想办法交下自己的主顾，老爷子便一改往日在大行的角落里四处摆摊打游击的经营形式，去行里赁了一个摊位，从"游击队员""晋升"为了一个蹲行的，詹家从此一心一意地干起药材生意来。

　　进城之初，老爷子依旧是和邓邻居一起搁伙计，随着手里攒的钱日益增多，产地情况日渐熟悉，詹哥也大了，想跟着做生意，老爷子搁伙计的情况开始变得越来越少，只和儿子，后来再加上女婿一起跑产地。如果说老爷子是个精明的生意人，至少有一点原因是他很早就认识到了自己必须守住一条线地跑，而不能J市没货了跑浙江、浙江没货了跑陇西地四处乱窜。之所以最后决定主攻云南，是因为老爷子觉得云南药材品种繁多，一样不行，可以换另一样，只要头脑灵活，就有生意做。老爷子不但在摸索中确定了詹家以后主攻的产地，还决定以××❶为自己的主营产品："做生意你得有个主营产品，只要有人买这个，就管找到你，换来换去的，谁知道你到底是卖啥的？"××是种"大路货"（指销量很大的药材），可以勤进快出，老爷子瞄准××的时候，已经决定了干"拉大货"，也就是从产地买药材个子回J市，批发给那些饮片加工者们，供他们切片子用。

---

　　❶ 笔者将詹家主营的药材名称隐去，是出于保护报告人的需要。在J市，主营某种药材的拉大货药商人数有限，相当于是一个容易指认的小群体。

第三章 药市与经营者

在 J 市的药材集散链条上，药商们的经营方式有拉大货、切片子、走药、开小行、打游击等好几种。老爷子之所以想干"拉大货"，是因为他觉得切片子工序太多、太麻烦，人手不够的时候还得觅（雇的意思）人切；开小行需要一定的资本，老爷子当时还没那个钱；打游击居无定所，不是长远之计；至于给医院或药店等单位"走药"——这个药材集散链条上利润最高的环节，老爷子还真尝试过，可惜用他的话说，他摊上了一个极其难缠的院长，院长不但在价钱上想方设法地尅老爷子，还不及时给老爷子钱，总要压上一段时间，老爷子就放弃不干了。"我直接从产地拉回来搁市场上卖，我赚一毛是一毛、赚两毛是两毛，我采取走这个路了，那条路太费脑筋了"，老爷子说。就这样，詹家的生意有了雏形。

拉大货自然离不开和产地之间的关系，据老爷子讲，这产地也有好几种跑法，例如，如果一个庄里集中种一种药材，他们就可以住到庄里某个农户家收货。农户管老爷子吃、住、仓储、人身安全；老爷子收药时，按斤数给农户提成。老爷子觉得这种方式既耗时，又难以保证药材的质量和人身安全，便选择去产地的一些大"坐地商"那儿收货，农户手中的药材，最终都会经一些小行商的手，汇拢到这些集散本地药材的坐地商们手中。在和坐地商们的互动中，跟老爷子学习经验的詹哥和老爷子形成了不同的买货风格。老爷子买药是看货不看人，他常说看货很重要，货好，卖货就不剩货底子[1]。因此，谁家的货好，老爷子就拿谁家的，他因此从来没在产地交往下自己的主顾。詹哥则不同，他看货也看人，打上几次交道后，詹哥会有意和几个他觉得做生意实在、投脾气的卖家交往，只要他们的货不孬，詹哥就拿他们的货，即使他们的价格有时会比别人的稍高一些，詹哥依旧"死心眼"地继续拿他们的货。时间久了，詹哥就和这几个卖家建立起了友情和信任，双方不仅有生意上的往来，

---

[1] 货底子是指货卖到最后时，被买家挑剩下的那些最差的药材。

华中药市的崛起 ——一个发展人类学的个案研究

还成了谈得来的朋友,一直交往至今。这便形成了一种类似于培顿·杨(H. Peyton Young)所谓的习俗或惯例(convention)的秩序,虽然它们可能并不持久,但只要它们能够被足够多的人记忆足够长时间并且遵循足够多次,就可以形成稳定的均衡(汪丁丁,2007)。

　　老爷子起初并不认同詹哥的这种做法,尤其是当詹哥花了比他高的价钱进货回来的时候,他常骂詹哥脑子笨、不开窍、眼力差,但是现在,老爷子不但非常认可儿子的这种做法,觉得儿子在人事方面比他强,还因为女婿不善交际、交不下这么亲密的朋友而颇觉几分无奈。"做生意就得像你詹哥这么干!生意要做得买家找你,卖家也找你才管来",老爷子说。如今,两代人在产地混下来,詹家在其主营的药材圈内已经有了一定的名声,产地的那些坐地商们没有不认识他们的。

　　产地进货时如果拿捏不准J市的行情,爷俩就立即拍电报到大行找老太太,老太太每天都带着女儿,后来加上儿媳一起上行,风雨不误。为了能确保大行一开门就进去卖货,不耽误生意,女人们每天天不亮就要起床进行上行的准备,有时忙得没人照顾孩子了,老太太便把褓褓中的孙辈们都悉数抱到行里来。詹家的女人们也很有经商的头脑,以装药材的袋子这个细节为例,老大行时期,不管袋子是麻袋还是编织袋,一律算钱,买家通常都自备袋子,不像现在,一条麻袋算一斤、一条编织袋算二两,称重算钱时,卖家要"去皮",减去袋子的重量。老主顾来买货时,为了交下他这个"口",老太太经常直爽地抹了袋子钱,将袋子送给买家。老太太常在访谈中提醒我,药材生意讲究一句话:一分钱撑死,两分钱饿死。意思是你的"利"看得低一点,人家就都愿意和你做生意,就能撑死;你这次赚得狠了,人家以后不来了,你没了生意,就得饿死。这样一来,因为做生意爽快、实在,詹家交下了不少的主顾。老太太在行里一旦接了电报,就马上差女儿或是儿媳去别人的摊位上打

第三章 药市与经营者

探行情,然后一个电报迅速给老爷子拍回去,在信息滞后的年代里,电报是詹家行里行外保持联系的唯一通道。

老爷子不需要外出进货时也来蹲行,不过老爷子从不负责收钱、过秤这类"琐事",用他的话说,他蹲的是行情。蹲行情就是观察人们都在摸(买的意思)什么药,你摸他也摸,就意味着这药缺了,如果是老爷子熟悉的云药,他就会立即前往云南,只抓这一样,再迅速返回J市。据老爷子讲,信息滞后的年代,能在生意上打出时间差来是非常重要的:"那次我买郁金就是,他们买了郁金都去发火车,火车便宜啊,我舍得发专车。他发火车,最快也得一个多星期才能到,我发专车,几天就到了,这多惊险!我10块5买的,回来14块5卖的,等几天后他们的货都回来时郁金量大了,这药价就掉下去了,有的11卖的,有的赔本卖的。"老爷子说完又哈哈大笑起来,看我恭维他时眼光也望向老太太,老爷子笑着说:"她不懂,她上行就知道卖货,她根本不懂得这"。

80年代那会儿,人们要货的数量不大,30斤、50斤的,用詹嫂的话说,没人会像现在这样,一次就要上一两吨货,所以买卖基本上都在行里完成。行里货剩得不多了,詹姐和詹嫂就会推着架车子回家取货。90年代以后,为了迎合全球化的需要,参与国际市场,中国提出并实施了中药现代化工程,"科技兴药"战略促使人们加大了对中药材的开发利用,这极大地促进了药材销售量的增加。不仅詹家的进货数量由几吨上升为十几吨、几十吨,直至目前的数百吨,买家要货的数量也在渐长。于是,卖家们为一些老主顾,或是要货量大的买家们送货上门的情况便多了起来。因为詹家的男人们常要奔赴产地进货,当年的这些体力活多是詹嫂和詹姐俩人完成的。

"过去你詹哥做生意时,我可没少出力",詹嫂有一次说,"我记得我最多的时候一个下午拉出去过7车(货)。那不么,头一批老黄河牌的电三轮车6800块我们就买了一辆,那蹬的车

华中药市的崛起 ——一个发展人类学的个案研究

子肯定受不了，送不了那些货，那时需要买个那样的车子，贵也买了。那时候，周边小市场的都来这进货，禹州的、南阳的、山东的，都来，他们在旅社住着，我们就给他们送。"

就这样，老爷子带着詹哥，后来加上女婿一起，负责外出进货；老太太则和女儿、后来加上儿媳一起，负责蹲摊卖货，一家人珠联璧合、分工有序，詹家的生意越做越大，先后在药材街上赁了六间房子以供生意、生活需要，这种由家庭协作产生的经济效益是有目共睹的，詹哥的老表苏老三就打心眼里羡慕詹家形成的这种合力。苏老三虽然有两个姐姐，但是她们都有自己的职业，没人愿意掺和药材生意；苏老三的父母由于经不起药材生意的大起大落，跟老爷子搁了一段时间的伙计后，就改行卖起了羊肉，所以苏老三一门心思地想干药材，但能助他一臂之力的，只有他老婆。对于为什么他家的生意做得远不如詹家红火，苏老三的老婆认为是他家的地点不好、太偏远，买家们不愿意来；苏老三却坚持认为是他人单势孤："你詹伯伯家是啥吧，他有个集中。你詹哥、你嫂子、他小妹、他妹夫，连你詹伯伯、詹伯母，他们家好像五指一样，可以叉开，形成一个面。他们家有人专门买货、有人专门卖货、有人专门要账，要回一万块就可以给产地打过去，就可能产生效益。我家呢？就我一个人，拿着几万块钱买了货后还得自己回来卖，卖过之后再要账，要了账了自己再去买，我顾这顾不了那，顾那顾不了这，所以我就没有效益……"

苏老三老婆说得不错，不过苏老三的看法更是一个"真理"，可以说，无论从事药材集散链条的哪个环节，都需要家庭合力作支撑，尤其当生意规模不断扩展的时候，无论是在卖货的同时还要去产地看货、进货，药材的炮制、切片、晾晒，家里的药材分拣、包装，还是行里的过秤、取货、送货，药材生意都是家庭生意，一个人很难能做得起来。在J市，可以看到那些药材生意做得大的、做得好的，很多都是家族企业。

　　老大行时期是药商们眼中，J市药材生意的黄金时代，他们觉得那时候信息迟滞、药商人数少、竞争力小，所以药材利润厚，行里的生意也非常火爆，人们通常要到下午四五点钟才下行回家。不过，在老大行的那位领导看来，除了上述原因以外，生意火爆自然还离不开他们治理有方，能"管而不死、活而不乱"。例如，国家禁止在药材集散市场上销售麝香、甘草、杜仲等70种药材（其中有42种是国家重点保护野生药材，28种是毒麻类药材），但领导觉得人们既然有这个需要，就得叫人家买卖，所以禁止归禁止，该卖还得卖。除此以外，老大行还对药商们的利益给予了最大程度的保护："他药检所的人不经过我的允许就不管来行里抽查"，领导用食指敲击着桌面继续说道，"他进入我的市场了，这是我的一亩三分地，他想干啥就干啥，那不管！咱也得向着药商我说的可对？人家摊位费交了吧？交易费交了吧？咱得为人家大家服务。乖乖他（药检所的）去了，我说不好听的话，他找个信封，抓人家一把贵重药材、一封，'这是样品啊，给你抽检去了'，人那贵重药材，他给你抓一把走了可得有200克？我这也是保护药商们的利益。"

　　可能确是因为利益受到了保护，提起老大行时，药商们的神情中洋溢着无限的怀念；提起政府，他们也表现出一种赞赏、认可的态度。药商们表示，老大行时期，不仅蹲行的成本不高，卖家们只需缴纳一个摊位费、一个季度百十来块，买家交易成功时，按1%的比例给大行缴纳个交易费或称磅费即可，此外再无其他费用；政府当年还很向着他们这些个药商，有事找政府，它管给你解决。于是，J市的药材经济就在这种官商友好的氛围下，蓬勃发展了起来。

　　90年代初，看老大行生意兴隆，在工商局的批准下，J市药材公司在老大行的北面又建了一个药材市场。因为这个市场在路北、老大行在路南，药商们也称老大行为"南行"，药材公司的大行为"北行"。继药材公司之后不久，煤建公司也被批准开始染指药业，

华中药市的崛起 ——一个发展人类学的个案研究

在它宽大的院子里建了个药材市场，租售摊位。如此一来，90年代初时，J市药市就形成了一个不仅具有政府打造的四条药材街，还有三家药材专业市场的分散的空间分布格局。1995年，J市市政府招商引资，随着H置业入驻J市药材市场，药市空间化零为整，合并成了一个统一的药材交易中心，大行进行了第一次搬迁。詹家也抓住这次机会，将生意发展到了一个新阶段。

第四节 自己家的"店铺"

田野里，我早上不去上行时，常会直奔詹哥家。夫妻俩都去上行的话，一楼就大门紧闭；若是詹嫂在二楼准备早饭，一楼的四扇大门便会开上一扇，示意家中有人。我通常会先向楼上吼上一声，告诉詹嫂我来了，接下来就开始干活：再打开一扇大门，推出屋里停着的电瓶车，在门口支起小方桌，摆上几把小板凳，烧水、泡茶，等詹哥回来和主顾们上门。最晚九点，通常早时八点半，詹哥就下行回来了。早饭罢，詹嫂在楼上洗碗，詹哥通常在门口桌边一坐，给产地打电话了解行情。药材价格波动频繁，拉大货的每天都要联系产地，掌握最新的资讯。有邻居过来拉呱，詹哥便从桌上扔着的一包中华烟里抽出一根给他，俩人交流着刚在行里听来的消息，或是新闻上看到的国家大事。有人来看货，新面孔们会被詹哥即刻让进屋内，詹家一楼3/4的空间都用于仓储，堆放着数十吨的成麻袋的药材；来的若是老主顾，詹哥就会用纸杯给对方先泡上一杯茶，或是递上一根烟，主顾们也不急于进屋，大家在门口拉呱，直待茶喝好了，烟抽罢了，才丢了纸杯，踩了烟头，一起进屋看货。生意如果成交，詹哥、詹嫂就系上围裙，帮主顾架药、过秤、装车，记完账，再送主顾开车而去。有主顾需要詹家送货，詹嫂就去巷子里叫上两个常年在此趴活的年轻点的拉脚过来，俩人往肩上搭块布，把二吨左右的药材一袋袋地扛上自己的小货车，用绳子勒紧后即刻便出发，送一次货，赚个几十块不等。因为 J 市的药材交易多是在上午进行，药商们下午通常需要在家炮制、加工药材，所以上午时的巷子里人来人往非常热闹，电瓶车、小货车、小轿车川流不息；午后的巷子里则少了几分喧嚣，多了几分清闲：有的在家门口切片子，有的在巷子里斗地主、打麻将，有的倚着门框站着，边嗑着瓜子边凑在一起聊些家长里短，有的则追着刚会走路的孙辈们满巷子里跑，卖西瓜、鱼丸、粗粮的小商贩们也会在下午造访这条巷子。詹家的下午一般只有詹嫂在，詹哥朋友多，他常要开着丰田普拉多出去赶场（吃饭的意思），要到三点左右才会回来。于是，留在家里的詹嫂要是卖货我就帮她看秤、记账，她要是凑上手了来牌，我就给她看摊。六点左右，来牌的人们开始陆续散去，各回各家，詹嫂把家里收拾妥当后准备去跳广场舞，詹哥则把他的枪、刀、鞭子等兵器放进车里，准备去习武的师傅家继续师门内每晚例行的修炼，我也到了走的时候。

可以说，这是我田野里十分熟悉的詹家的一天，然而显然，这和我上节中刚刚谈过的景象完全不同。老大行时期，詹家不仅要有人经常奔赴产地进货，留守者也几乎整天都泡在行里干活，不得清闲。那时候，大行是詹家交易的场所，生活的重心，而非现在这样，詹家几乎成天都泡在家里，家里就是店铺。有多种原因促成景观的改变，例如，通信手段的发达加上多年的交往下来，詹家如今已经不再需要亲自奔赴产地了，只要一个电话，产地那边就会装车发货，詹家签收货物后，再把钱打到对方的账上，这是当下老药商们通行的进货模式。除非去探望产地朋友，或是货源紧张需要抢购，詹哥一年能去上一次产地就不错了，他因而有了大把的时间钻研他爱好的武术。2000 年时，詹哥还拜了 J 市武术界的一位名人为师，并借此迅速扩充了他在 J 市的社会资本。例如，詹哥有个在当下大行的所有者——M 药业采购部工作的同门师弟，每当 M 药业需要大宗采购××时，师弟或是给詹哥电话，或是顺道来詹家一趟，我看他也不

华中药市的崛起 ——一个发展人类学的个案研究

验货，直接就告诉詹哥何时带多少货去 M 药业交易，这种药材随即便被从单子上划掉，算是采购完成。詹哥也很照顾师弟，他常叫师弟来家吃饭不说，当詹哥的朋友阿林阻拦他二女儿和师弟恋爱时，詹哥还专门请阿林吃饭，从中说和。

除了詹哥不用频繁地跑产地这个原因以外，景观的改变还和詹家蹲起了样品行有关。样品行就是药商们在行里展示的只是一小袋一小袋的样品，买家若是看中了样品，卖家便送货上门，双方验货过关后进行交易。据药商们讲，样品行是 J 市药市的特色，不过，这个特色并非是大行落成时即有的产物，它有个从跑行到样品号，再到样品行的演化过程。

"跑行的"就是药材买卖双方的中间人。信息滞后的年代，一些人通过为外地来的买家们提供 J 市本地的供货信息从中赚取差价，这些人就被称为跑行的。跑行的以女性居多，为了信息互通，他们大都采取合作方式，仨人一堆、俩人一伙，共同为卖家拉拢客户，为买家寻找货源。某种药材都有谁在卖，谁家刚进了货，谁家的已经告罄，跑行的都了如指掌。有时为了促成一笔生意，在买家款不到、卖家要现钱的情况下，他们还得站出来"顶"上一把。❶ 大行建立后，这些不需要租赁摊位，只是拿上一点卖家的药材当样品给买家们看的药商们，就成了政府口中打游击的药商，是政府取缔的对象，然而政府取缔一次失败一次。90 年代初，煤建公司在后院建了市场后，因为很少有药商来这个露天市场里租赁摊位，政府就将这些跑行的药商们驱赶到了这个市场里，每个月收取 20 块左右的费用，任凭人们在此展示样品。因为费用低廉，詹家在老大行里蹲摊的同时，也派了詹嫂过来出样品，随着一些詹家这样的拉大货药商们的陆续加入，煤建公司的市场逐渐演变成了药商们口中的样品号，老爷子表示，J 市跑行的就这样被后来陆续加入的拉大货的药商们给

---

❶ "药市人物分析"，载博客，http://renfujie.blog.163.com/profile/。

挤出了市场。而至于样品号被"招安"进大行,演变为合法的样品行,那还要等到1995年,大行第一次搬迁时才有的事。

改革开放后,地方政府虽然一直在以一个市场主体的身份积极发展着地区经济,但正如曹正汉(2009)指出的,政府在此过程中出现过"战略转型"。1992年之前,因为民营和外资企业比较弱小,地方政府指望不上它们,亲自办企业就成了政府当时的发展战略,政府直接掌握着办企业的权利(曹正汉,2009)。J市由工商局牵头成立企业、建立大行,就属于这种情况。然而1992年以后,由于十四大正式提出建立社会主义市场经济体制,邓小平南巡强化了民营经济和外资企业的进入意义,加之分税制改革后,地方政府的财政收入无法再以企业税收为主,只能以建筑业征收的税收为大户的营业税为主(周飞舟,2010),中央政府的市场化改革极大地改变了地方政府的外部环境。为了确保其政治上最优的经济增长目标能够实现,地方政府开始转向新的发展战略:大力鼓励和吸引商人办企业,将控制方式转向了抓地区性生产要素,特别是土地开发的控制权(曹正汉,2009)。由此,J市地方政府逐渐将工作重心从经营企业转向经营城市(周黎安,2008:298-306),在J市所在的X省人民政府1993年4月13日、1995年1月14日两次批复下,J市开始拓展城市空间,着手在城南设立经济技术开发区,按6平方公里编制总体规划;2001年4月30日,省政府再次下发文件调整开发区区域,一期规划面积5.66平方公里,二期规划面积10.46平方公里;2008年11月,J市启动南部新城区建设项目,面积约2491.65公顷,城市重心一再南移。

在此过程中,政府大量低价征收农业用地,再以"招、拍、挂"等形式高价出让,进行招商引资,H置业就此进入J市药市,双方签订了合作项目,即由H置业发展有限公司、国泰证券有限公司广州分公司、J市工商局、J市经贸公司等单位共同入股成立的J市国药股份公司(注册资金1000万元)投资,筹备兴建中药材交易中

华中药市的崛起 ——一个发展人类学的个案研究

心。交易中心落成后，政府把J市药市化零为整，将J市的四条药材街、三家药材专业市场一并整合进了交易中心。回忆起当年的这次空间重组，老大行的那位领导表示，这是政府行政行为，合并后，原来由工商局收取的大行摊位费改由H置业收取，工商局只能收个管理费，损失得有个把亿。

为了能做到"围炉取暖"❶，政府将交易中心选址附近的大片田地也都一并征收了。"别看那时候人老实，征地也不容易"，老大行的那位领导说，"那农民都趴地上不叫征地。J市当时的县委书记有种，他给人家这样说，'这要建市场，建好了，你们和这市场就是一墙之隔，你每天就提两壶茶在这卖都管赚钱。'"常在詹家所在的那条巷子里趴活的小成子一家就在那时，从菜农变成了失地菜农。于是，1995年9月，一个分为上下两层，占地400亩，投资3亿元，建筑面积20万平方米，安置了6000多个摊位（实际数量远不止这些）的中药材交易中心拔地而起，被投入使用。同年，江泽民总书记还亲自为新大行进行了题词；1996年7月，J市药市通过了国家中医药管理局、卫生部、国家工商管理局的检查验收，被正式批准为J市中药材专业市场，成为中国17大药材市场之一。同时，它还以其公司化的运营方式，被定为了样板在全国推行。

然而，尽管药商们也承认老大行条件不好，人满为患，但是由于搬迁会使药商们流失掉主顾，新大行的地理位置十分偏远，摊位费又从老大行时的一个季度一百来块涨到了三百来块，据我查到的一些资料以及药商们讲，大行当年的搬迁进行得并不顺利。"那时候行里有广播，一广播就知道要搬了"，老爷子告诉我，"谁想搬啊，在一个地方干熟了，一搬，老主顾都找不到你了。但是不搬不管，不叫你在这干了，居委会的人还去家里查，不叫你在家卖药，叫你去行里蹲摊，谁家干啥的居委会肯定摸得清啊。药材街那边啥时候

---

❶ 指以药材集散市场群落来带动地方发展。

（药商）开门啥时候（政府）查，啥时候开门啥时候查，也不叫开门，你不走不行，不走不管干。"

因为新大行的摊位费对于并不需要多大摊位面积的样品号药商们来说价格过高，老大行等市场被关闭后，样品号上的药商们便拎着一袋袋的样品在马路上打游击。随着这种既不需要成本还有一定收益的经营方式吸引了越来越多人的加入，药商们打游击便有愈演愈烈的趋势。为了让药商们都进驻大行，规范药市秩序，当时的市政府决定再次尝试取缔样品号。"出样品政府摸不着钱啊，他能不想办法取缔你吗"，一些药商们说。然而，取缔效果极不理想。药商们在城区与管理人员"打游击"，曾一度到 CQ 区十九里、五马镇等地经营，最远时，每天都有数千人到河南鹿邑与 CQ 区十八里镇交界处进行交易。❶ 一位当年参与过处理此事的工商局领导自豪地告诉我："这样品号不是我们工商局给他（H 置业）出的主意，他谁都撵不过来。当时管委会开着车，带着派出所的人去撵结果咋样，车都给他砸了，他都撵不过来，最后没办法了，控制不了了，那楼上（新大行）西半截架子（摊位上的柜台）空完了，咋弄啊？我说这样吧，你光往这撵不管，你得给他找个地点。我说句不好听的话，你光抱个鸡来了，你不给人留窝你让人下蛋往哪搁？他出样品的用不着你这样的摊位，你就把架子挪走，划上号，一个号收多少钱，你就不要问了。最后，LJY（H 置业老总）拿钱，把架子拉走，买盆漆，当时好像划了 1200 个号，这才开始见效益了。"

因此，堪称 J 市药市特色的样品行不过是政府遭遇搬迁困境后的一种无奈之举，在被"招安"进大行之前，它一直是政府努力取缔却取缔不掉的对象，从此，J 市的大行里面就有了摊位行和样品行之分。如今，大行二楼整个西侧区域都是样品行的天下，这里也是大行里人群最为密集的区域。由于样品行的经营模式符合詹家这样

---

❶ "中药材场外交易到底该怎么管、根治方案正在酝酿中"，载中国 J 市网，http：//www.anet.cn。

华中药市的崛起　——一个发展人类学的个案研究

拉大货药商们的需要,詹家随后也跟着挪去了样品行,自从蹲起了样品行,詹家的经营模式就发生了变化。

首先,样品行进行的都是大宗交易,不像摊位行那样一斤、两斤地进行零售。不管拉大货、还是切片子,也不管你主营哪类药材,只要这种药材不像虫草那样论克卖、可以大批量地流动,只要你手头有充足的货源、不想零售,都可以来样品行蹲行。

其次,因为样品行里每个摊位的面积不到一个平方,药商们不能在行里进行大宗交易,样品行里便只是看货询价,詹家在行里的生意就变成了如下模式:

买家:"××统货多少钱?"
詹哥:"要好一点的还是孬一点的?"
买家:"好一点的。"
詹哥:"20。"
买家:"少了呢?"
詹哥:"你要多少?"
买家:"要个几吨子。"
詹哥:"给你19块9,这是名片,家里看看去吧。"

所谓"家里看看去"具体来说,有两种"看"法。如果买家仅是对詹哥的样品感兴趣,但还确定不了就拿詹哥的货时,他会拿上一张詹哥的名片(样品行里的每个卖家都会在自家的样品上放上一摞名片),自己找时间去詹家登门验货,继而发生可能的实质性交易;如果买家认为可以考虑詹哥的货,他只要在一个便签条上写下自己的联系方式、药材名称、需求数量,以及送货地点,将之交予詹哥即可,这被称为"开条",下行后,买家只需在家等候,詹哥自会凭条携货而至,验货过关后,付现或是打欠条,发生实质性交易。所以,家里(詹哥家或者买方家)成了詹家的主要交易场所。

第三章 药市与经营者

第三，因为样品行需要"家里看看去"，因此，从大行早上七点一刻开门算起，视天气的闷热程度，样品行的上行时间只有一到一个半小时。如今，来J市大宗进货的药商们都知道，想去样品行，要把握住这早上的一个半小时。在这短暂的时间里，詹家不被开条是常有的事，他们经常几天都接不到一个条，但是他们并不担心，因为每天下行后，才是詹家生意的开始，詹家的老主顾们都去詹家拿货，根本没人来行里给他开条。

这样一来我们就可以发现，大行不仅不再是詹家生活的重心，它对詹家的意义也发生了变化，它不再是一个詹家赖以为生的空间，而是一个詹家扩展生意的平台。可以说，詹家今天的蹲行，是给那些还不认识他们的人蹲的；他们拿去行里的样品，是给那些还不认识他们的人看的；詹家每天都来上行，是因为他们想等待并结识新的客户。近些年来，随着药材交易量的增加，"家里"地位的上升不只是发生在样品行，对于摊位行来说也是一样，摊位行每天上午十一点前后就会下行，下行后，只要有人要货，他们就会送货上门，在行外进行交易（见图3-1）。摊位行的药商们表示，行里卖得多还是家里送货送得多这个虽然不好说，但大体上看是一半一半、都差不多。不过，尽管家里的地位日益重要，大行的地位有所下降，但

图3-1 药商们在交易中心外的某家旅馆内进行交易

华中药市的崛起 ——一个发展人类学的个案研究

这并不意味着詹家可以脱离大行,这一是因为家里的店铺只有开在大行附近才有人气;二是因为只有大行,才是他们合法交易的空间,只有租赁大行的摊位,詹家这样的散户药商们才享有一个合法的药商身份。

由于按照《中华人民共和国药品管理法》规定,像詹家这样不具有《药品经营许可证》的个体,不可以私自买卖药品,所以詹家家里的店铺生意虽然红火,实则却是个没有任何证照的黑户,这使得詹家等药商们在家里进行交易时,要时刻留心街上的动静、随时做好关门歇业的准备。

一次,在途经詹哥的朋友刘哥家时,我见他正坐在门口翻杂志,便停下来和他搭话。可还没等我搭上几句,就见巷子拐角处旋风般地跑来一个人,边跑边喊:"来了!来了!快收起来!",并一把抓住他自家门口的黄连袋子使劲地往里拖。瞬间,刘哥和附近那些慵懒地坐在门口的人们都跳了起来,大家手忙脚乱地去拽堆在自家门口的药材袋子,已经成功拽进门去的,就忙不迭地去放卷帘防盗门。我愣了几秒钟后开始本能地帮刘哥拽袋子,由于我挪动的脚步虽快、袋子却沉,药材袋子被我拽了个趔趄几乎倒地,我手里的阳伞也在慌乱中掉在了地上,幸亏刘哥店里有人眼疾手快地帮忙扶住袋子并拖进屋去,他同时还不忘对我说了声谢谢。似乎一分钟不到,刘哥家门口就空空如也了,而他几乎刚刚放下卷帘门,我就看到一个背着小包,手中拿有一叠纸(处罚单)的白衣女人从拐角处走了过来,她的身后,缓缓地跟着一辆写有药监局字样的面包车。忙乱后的人们站在一起,一边喘着粗气,一边观望,一边窃窃私语,女人在一户没来得及处理的药商家门口停下了脚步,人们忽地一下围拢上去。女人转了一圈后指着一袋药材问店主这是不是他的货,店主说不是他的,别人放他这卖的。女人抽出手中的一张纸开始写,这时又来了两个男人,把女人指的那袋药材拎到门口的磅秤上称重,然后将之抬到了车上。女人示意店主在纸上签字,店主有些迟疑,一个男

第三章 药市与经营者

人说:"你不签,我们联合执法也得签,你拒签是吧?"店主立即签字,还讪讪地问了一句"其他的放库里就管了吧?"女人说:"你不放库里还让我都给你拉局里去啊",三人旋即上车而去,人们顿时议论纷纷:

"我看见车时也想关门了",一个人说,"不过当时车上也没这么多人啊,只有司机一个,看车没停,寻思没什么事。"

"是啊,他们都是走过来的,咱哪注意得到",另一个人补充道。

刘哥告诉我,没收的是杜仲,一种由国家统管的,无证的个体禁止买卖的药材,那人的杜仲还是炒过的(属于个体加工)。至于那袋被收走了的药材,刘哥表示,就"送"给药监局了。"那袋药材要是值一百,你得花二百才能领回来",刘哥说。至于那袋药材,据药商们讲,一两个月内没人来要,他们就卖了。"你以为他们会怎么处理?他们自己就找人卖了,他不知道卖了有钱啊",有药商说。

于是,只要有相关部门的车子出现,或是每逢市场整顿风起,交易中心外,凡是干药材的人家都会大门紧闭。混得久了,我还发现商人们关门闭户的程度,和市场的整顿力度成正比。

"是不是办了营业执照就可以开门做生意了?"我问詹哥。

"他不会给你办的,你这是场外(交易中心外)营业,是违法的,就是办了证也得关,他只要下来查药,你就不管开门,政府要想查你,怎么都是错,蛀虫啦、发霉啦、打磺啦……多一事不如少一事。只要看到有车子(工商等部门的)过来,我就关门,这生意就不管干了。"詹哥说。

从那以后,我每次进入 J 市交易中心之外的这片最为繁华的市

华中药市的崛起 ——一个发展人类学的个案研究

场地界时,只要看到有相关部门的车子出现,我就会小跑着沿街给我的朋友们报信。不过,我的好意绝大多数情况下都是种多余,他们总会先我一步地听到风声。詹哥曾应我的要求,转发给我一条短信:"紧急通知!!!国家药监局明天开始就以下品种进行全国性大检查:蒲黄、红火、穿山甲、胆南星……请你抓紧时间通知各业务单位下架并收回。收到请回复。"

当我们描述至此,重新回顾本章上述四节所谈内容时,我们可以透过詹家药材生意的起步历程,看到J市药市在改革开放前后发生的巨大变化。当J市实行"国家引导的发展"模式时,由于国家主导发展,控制着绝大部分资源和几乎全部活动空间(孙立平,1993),J市的私营药市只能是一个由詹老爷子等药商们的"一个人的经济"所构成的隐性存在,它反映的是国家高度集中的社会控制,以及弱势的药商个体于国家掌控缝隙处的挣扎。改革开放后,国家的分权让利不仅使一部分资源脱离了国家的垄断,还使集市贸易等"自由活动空间"的范围得到了不断的扩展(孙立平,1993),在詹老爷子等药商们的积极参与下,在J市地方政府的大力扶持下,J市的私营药市不仅转变成一个不断发展的显性存在,它甚至在90年代初时,就已形成了三家专业市场、四条药材街的壮观局面;J市药市的样态还由过去药商们的自发聚集,转变为由政府"集中管理"。在此过程中,我们可以清楚地看到地方政府对自然科学意义上的物理空间的利用。通过打造大行、交易中心这个物理空间,地方政府不仅对进入市场和社会的自由流动资源进行了重组;在分税制后,以之作为土地财政的工具;还将原本性质同质的药材集散市场分为两半:政府打造的物理空间是合法的经营空间,我们可以称之为"场内";反之,"场外"的空间,如药商们的"家里"则成了非法经营空间,发生于其中的加工与经营都是政府打击、治理的对象。

显然,正是和政府对空间的利用有关,J市药市在获得了前所未有的繁荣的同时,也衍生出了前所未有的乱象:它把那些不进入指定空间从事经营的药商演变成了"打游击"的,使他们合理合法地成为政府取缔的对象;它消解了仍在药材集散中充当基本经济合作单位的、尚无法退出药材集散市场的家庭的合法性,使药商们传统以来一直在家里进行的加工与销售行为成了非法实践;它在分税制后,导演了合法的场内空间与为大型外来资本掌控的空间之间的重合,J市药市空间从此不仅开始出现分殊,以药市搬迁为表征的发展在药商们看来,还像是在进行一场公开的"掠夺"。从这个角度来说,我们可以视地方政府对空间的运用本身为一种治理术,因为借由打造大行、交易中心这些新的空间,地方政府表达了对其自身利益的诉求。接下来,我就将透过J市当下正大兴土木的"Z城"项目,从空间层面对J市药市发展中的乱象以及由此引发的诸多困境做进一步说明。

华中药市的崛起
——一个发展人类学的个案研究

第四章 空间的逼仄

华中药市的崛起 ——一个发展人类学的个案研究

在卡尔·波兰尼（Karl Polanyi）那里，市场经济并不具有连续性。在资本主义以前的社会里，市场的重要性不及其他经济制度。然而19世纪以来，经济生活被逐渐简化为了只有市场这唯一的组织形态。卡尔·波兰尼把人类社会出现的这种根本性变革称为"大转型"。改革开放以来，中国对经济发展的谋求在不经意间，成了市场不断"上位"的孵化器。在此过程中，透过"市场"而得到呈现的经济与透过"国家"而得到呈现的政治日益结成了稳定的同盟，它们互为表里，彼此促进，"社会"受到了空前的贬损和挤压（沈原，2007）。因此，继上一章，我透过詹家生意的起步历程，对J市显性的药市空间的形成与扩张进行了描述之后，这一章，我就将围绕M药业和J市市政府携手推出的"Z城"项目，呈现权力与资本联袂上演的这场药商们眼中的对个体家庭进行的公开"掠夺"。借此过程，J市完成了其一站式物流中心与药材集散总部的空间制造。

第一节 强强联合

2010年9月20日上午，J市南部新区热热闹闹地进行了一场"M（J市）国际Z城"（以下简称"Z城"）项目的开工奠基仪式。不仅J市市委副书记、市长亲自到场并主持仪式，第十届全国政协副主席、省委副书记、国家食品药品监督管理局原副局长等诸多国家、省、市领导也都到会祝贺并发表讲话。官员们错落有致地纷纷到场和致辞，充分表征了官方对这个迄今为止J市最大的中医药综合投资项目的重视。"Z城"确实是个大项目，项目落成后，不仅原本建筑面积为20多万平方米的中药材交易中心会被扩张6倍，建筑面积达120万平方米，物流、仓储、养护设施、质检中心、办公楼、健康园餐饮保健等相关设施也都将被囊括其中。正像M药业股份有限公司（以下简称M药业）在蓝图中宣称的那样，它欲打造的，是

第四章　空间的逼仄

"世界最大的一站式中药材集散总部"。

隆重的奠基仪式起到的作用之一，就是使药商们很快搞明白了一件事，那就是项目竣工之日，即是大行再度搬迁之时。我发现药商们打心眼里抵触这件事，这一是因为他们不认为眼下的交易中心已经到了老大行那会儿，人满为患、需要搬迁的地步；不认为当下的这个市场有多落后、多差，他们觉得比起其他地方，J市的这个市场已经好得很了，所以他们不觉得交易中心需要立即升级换代，用他们的话说，政府太急了。最主要的是，搬迁必将再次引发动荡，自1995年搬迁以来，J市药市稳定发展了只有17年，他们不希望大行这么快就又要搬迁。于是，2012年我二入J市的那几个月里，每次提起"Z城"，我听到的都是抵触和抱怨，几乎没有谁在为这个项目赞不绝口。药商们认为M药业不是在搞活J市，而是要把J市搞死，而他们的这个地方政府正在一心一意地引"狼"入室。那么，为药商们抵触的M药业究竟是个怎样的企业，它的"Z城"项目又是在什么背景下推出来的呢？

M药业是一家上市公司，成立于1997年，注册资金76440万元。然而，在被问起M药业接管大行前，你是否听说过它时，十个药商中就能有十个在摇头。这些自改革开放以来就一直吃药材饭的商人们在此之前，几乎没人听说过它。据药商们讲，M药业并不是干药材起家的，他们也是在M药业收购了J市大行后，才知晓了M药业，但对它并不了解。直到2011年7月，央视对囤积三七的幕后推手进行曝光后，他们才认识了M药业，至此，M药业在J市才算真正是横空出世、家喻户晓了。如今，在药商们眼里，M药业俨然已和三七互为所指，人们提起三七就会提到M药业，而提起M药业就一定会说到三七上来。药商们觉得，M药业对"Z城"项目的运作，和它当年囤积三七的手法如出一辙。

三七是一种富有止血、散瘀、消肿、定痛作用的传统中草药，

华中药市的崛起 ——一个发展人类学的个案研究

因其功效卓然,李时珍在《本草纲目》中称其为"金不换"。三七的产地非常集中,距离昆明仅300多公里的云南省文山州,即是中国最大的三七产地。在药材生意中,三七这类需求量巨大、产地集中、生长周期长、需求刚性、较容易存放的药材历来是一些资金雄厚的大户们的炒作对象。于是,和"蒜你狠""豆你玩""姜你军"一样,三七上演了一出"药你死"。从2009年起,每公斤不过四五十元的三七,一跃至2011年的每公斤五六百元,"金不换"几乎成了"换不起"。尽管2010年,文山确实遭遇了百年不遇的大旱,但是三七长时间的生长周期使得其当年的减产,不可能会那么快就反映在价格上。药商们相信,三七的背后有庄家在运作。2011年7月,随着央视的曝光,M药业以庄家的身份浮出了水面。

据报道,M药业是通过操纵在三七价格上呼风唤雨的云南华信三七专业合作社而染指三七的。华信三七专业合作社成立于2008年4月11日,当时是出于为了进一步发展文山三七产业,提高七农抗御自然风险和市场风险能力而成立的,是云南省唯一的三七专业合作社,这个组织架构对应的三七总种植面积占文山全州种植面积的20%—30%,而文山三七又占全国三七90%的产量,由此可见华信三七专业合作社在整个文山三七市场上的分量,M药业正是通过对其投入了2亿元资金的绝对优势,牢牢地控制了三七的市场。于是,到2009年底时,市场上每公斤干三七的平均价格达到了190元/公斤(最低潮时29元/公斤),鲜三七达到了56元/公斤(最低潮时5元/公斤)。此后,三七价格更是像一匹脱缰的野马,狂奔开来,直到600元/公斤。❶

三七涨价乐坏了七农却苦了消费者,因为三七是临床中被广泛运用的药材,随着三七的日渐紧俏,到2010年6月底,全国1300多

---

❶ "M药业囤炒中药材三七追踪:一只儆猴的鸡?",载和讯网,http://www.hexun.com。

家以三七为原料的中药制药企业中，30%以上被迫停产。❶ 药商们告诉我，不只是三七，红参等一些药材价格的上涨也都是由 M 药业炒起来的。这是否属实还有待查证，但是三七、党参等药材价格的持续飙升带动了很多药材价格的大幅上涨却是不争的事实。资料显示，全国市场的 537 种中药材中，有 84% 在涨价，平均涨幅 109%，涨幅超 100% 的品种竟然达到 96 个，药市出现了新中国成立以来最猛烈的涨幅。❷ 药材价格的持续暴涨，终于惊动了国家发改委，发改委派出调查组，开始对中药材市场价格情况进行调查和干预，药价这才回落。2011 年我一入 J 市时，正遭遇国家的打压，药商们纷纷表示去年赚疯了，今年赔得都要跳楼了。

有人受害就有人受益，M 药业据称也是一个最大的受益人。据一些网站公布的检查结果："M 药业在 2009 年时，共购入三七 660.7 吨，加上 58.04 吨的库存，全年共计拥有三七 718.74 吨。但是 2009 年全年，M 药业只对外销售了 88.1 吨的三七，除去生产自用的 65.6 吨，M 药业还有库存 565.04 吨。2009 年，三七主产地大旱，导致当年产量仅为 3000 吨左右，M 药业囤积的三七占到市场总额 20% 多，意味着 M 药业已经掌握住三七的定价权。2010 年，三七价格高涨后，M 药业将囤积的三七全部抛售，从中获利 1.2 亿元。"❸ 然而，尽管发改委在查明 M 药业囤积三七行为属实后，对 M 药业进行了公开提醒告诫，但三七价格并未出现大幅回落，2013 年我三入 J 市时，发现三七价格仍然处于高位，60 头的三七依然卖到 800 元/公斤。

不过，燕雀焉知鸿鹄之志？一些资深药商表示，囤积几样药材并不是 M 药业的发展旨趣，这可以从 M 药业近些年来的频频动作中

---

❶ "三七价格三年上涨 12 倍、广州零售价 665 元"，载中国国际招标网，http://www.chinabidding.com。

❷ "中药材价格猛涨、业内人士称人为炒作痕迹明显"，载中国经济网，http://www.ce.cn。

❸ "三七价格三年上涨 12 倍、广州零售价 665 元"，载中国国际招标网，http://www.chinabidding.com。

华中药市的崛起 ——一个发展人类学的个案研究

一窥究竟。2010年4月，M药业公告显示，已投资1.68亿元收购了J市大行；8月18日，M药业发布了关于收购广东普宁中药材专业市场的公告；9月16日，M药业与安国市政府签订了《关于收购安国中药材专业市场交易中心的框架协议》，公司以不超过7000万元的价格，收购了安国中药材交易中心；2011年6月10日，M药业还和定西市陇西县政府签约了总投资15亿元的50万吨中药材仓储现代物流园项目。

如此，M药业筹谋的中药材帝国的架构，便逐渐显露了出来。有人指出，当下，J市的药都规模已然不容小觑、安国是第二大药市、普宁又是粤东药材的集散地，这三者的份额占全国药材市场的比重已经超过40%，更不必说再加上一个甘肃的市场了，M药业已经树立了它在药材市场上的龙头老大地位，掌握着药材市场的绝对话语权。为此，M药业踌躇满志，在其"Z城"项目的整合推广方案中，M药业写道："得M者得未来、得M者得天下、得M者得世界、得M者得经济……"不过，可以说，M药业再踌躇满志，也离不开时势造英雄。若非J市地方政府在经济发展中的励精图治，M药业很难能找到实践其帝国梦想的场域，在某种意义上，M药业推出的"Z城"项目，也是J市地方政府"双轮驱动"出来的结果。

"双轮"是指工业化和城市化。作为一个名词，"双轮驱动"是J市在2011年的第三次党代会上被明确提出来的；但是作为一个战略，"双轮驱动"一直是近几年来J市地方政府发展全市经济的一个重要工作。继美国经济学家兰帕德（E. E. Lampard）指出，美国城市发展与经济增长之间存在一种显著的正相关关系后，很多国内学者都对城市化水平和经济发展之间的关系进行了研究，指出两者间会互相促进、互为因果（孙文生，1997；顾朝林，2004；吕璐，2005）；有些学者还认为城市化是今后中国经济发展的主要推动力（胡鞍钢，2003），是解决中国经济与社会发展诸多矛盾的关键（杨治、杜朝晖，2000），城市化滞后将导致人地矛盾加大、消费抑制与内需不足、冲击城市管理等经济后果（李文，2001）。这种认识下，地方政府都极其重视本地的城市化水平，而这恰是 J 市的一个弱点。数据显示，截至 2011 年，J 市城镇化水平刚达到 31.3%，这个数据虽比 2010 年的 29.1% 增长了 2.2 个百分点，增幅在 J 市所在的 X 省位居第一，但 J 市的城镇化率仍是全省最低；❶ 而 X 省整体的城镇化水平在全国省份对比中，已经处于较低的位置。

于是，为了促进城市化水平，缩小和省内其他兄弟城市之间的差距，2008 年 11 月，J 市市政府启动了建设 68 平方公里的南部新区规划，征收了药农近 8000 亩的田地，意欲再造一个 J 市。❷ 除了南部新区，J 市还建设了总面积 40 平方公里的涡阳南部新城和涡北新区、蒙城城南新区、利辛滨河新区，J 市出现了新中国成立以来，城镇化发展最快的一个时期。不过，地方政府并不满足这个成果，J 市的"十二五"规划设定的目标是到 2015 年，市城镇化水平达到 45%；到 2020 年，市城镇化水平达到 51%；并立志到 2030 年，市城镇化水平达到 61.5%。❸ 詹家所在的那条巷子的前身，就是政府用来"围炉取暖"而征收来的菜地。

为了提升工业化水平，市政府出台了《现代中药产业规划》《煤炭开采及综合利用规划》等专项规划，力图做大做强主导产业。2011 年，在"招商是推进城市化进程中的'第一要事'、项目是'第一抓手'"的方针指导下，J 市开始实施"125 工业振兴计划"，即到"十二五"末，要培育发展 1000 家规模以上工业企业，打造 2 个产值 500 亿元的产业集群，建设 5 个年产值超 100 亿元的产业园区，J 市全市实际利用市外资金 413.3 亿元，增长 40%，增幅居全省第二位；工业园等 5 个省级开发区累计入驻项目 445 个，30 个乡镇

---

❶ "城镇化，让百姓生活更美好"，载中国 J 市网，www.a.cn。
❷ "中国药都遇土地拆迁之痛、药农面临无地可种窘境"，载搜狐财经网，http://business.sohu.com/。
❸ "高速地产落户 J 市、3 亿多摘得南部新区两地块"，载 J 市房地产网，http://a.ahhouse.com/index.html。

华中药市的崛起 ——一个发展人类学的个案研究

工业功能区2011年入驻项目223个（刘佳朋，2012）。

如果说，南部新区是政府"双轮驱动"出来的最大产物，那么，"Z城"项目就是南部新区招商引资进来的最大成果。不难想象，一旦作为J市产业支柱的药材集散市场入驻南部新区，产业群落的形成将迅速带动南部新区68平方公里的经济发展。为此，官方对此项目非常认可，认为其意义重大。市委书记在项目奠基仪式讲话中明确表示："建设M（J市）国际Z城是J市现代中药产业基地的重要内容，对于推动J市中药材交易中心升级换代，发展现代中药物流，扩大中华药都知名度、影响力具有重要意义。J市市委、市政府，X省政府，都将全力支持Z城建设，全力支持M药业在J市的投资发展。希望M药业科学组织、加快建设、精心运营，用优良的技术、高效的服务，大力发展电子期货贸易，构建现代化物流信息平台，打造国内领先、国际一流的中药物流集散地。"❶

于是，2010年9月20日上午，J市南部新区热热闹闹地进行的这个"Z城"项目的开工奠基仪式就有了它的第二个作用，它向药商们明确昭示了一个事实，那就是M药业这个大型外来资本和J市地方政府之间，已经实现了两大巨头的强强联合。但是药商们"目光短浅"，他们此时还未能预料到这场联合即将上演的，是一出怎样的挤压大戏。

第二节 来势汹汹

自1995年以来，J市大行在不到20年的时间里三易其主。它的第一任管理者是1994年入主J市的H置业，此后是江苏TDL企业集团，最后是M药业。药商们告诉我，若是这三者相比较，最强势、最霸气、最不把他们这些个药商们放在眼里的，还真要属M药业了。

---

❶ "M（J市）国际Z城开建"，载中国J市网，www.a.cn。

第四章 空间的逼仄

话虽如此,但药商们并未因此把 M 药业"一棒子打死",他们表示,论管理,M 药业是三者中水平最高的一个,这点他们都认可。例如,每当我提起 H 置业时,几乎每个被问到的 J 市药商都像詹哥一样,止不住地摇头:"LJY 不是个做生意的人啊。"据药商们讲,最能证明 H 置业的老总 LJY 不是个生意人的例子,就是他连大行里当时到底有多少个摊位,应该收多少摊位费都不清楚。此外,药商之间还传说 LJY 不会搞关系,他和政府之间的关系就处得不咋地。我在和政府某部门的一个退休人士拉呱时,他算是确认了这种传说:"办药交会你得拿钱啊,我们的药交会都是药商投资,大家兑钱给政府办的。那时候让 LJY 办,就是叫他拿钱以政府的名义办,他不听话,他说他没钱,当时就有人说:'叫他滚,问问他是咋来的?我们 J 市有的是人!'"

LJY 后来确实"滚"了,因为私自出售大行二期的土地,LJY 锒铛入狱不说,还被罚了不少钱。对于 LJY 的下场,药商们很是感慨:"LJY 没赚到什么钱,你说他能赚多少钱?那钱都叫他手下人得了,人都说这 LJY 是穿着裤子来的、穿着裤衩回去的,可怜着呢。"

但是即便 LJY 被罚了不少钱,有报道称,由 H 置业等单位共同组建的国药公司仍拖欠 J 市建行贷款 3000 多万元无力偿还。在官方看来,J 市国药有限公司及所属中药材交易中心管理有限责任公司管理不力,没有驾驭市场全方位管理的能力,公司主要负责人只说不做,更不愿意进一步投资改造,不做过细的管理工作,更缺乏有效的监督机制,没有长远的发展目标。J 市市食品药品监督管理局局长桑坤当时还表示,交易中心现有的交易、运行管理模式已经不能适应市场发展的需要了。❶ 于是,在 X 省高级人民法院的主持下,2006 年 6 月 2 日,江苏 TDL 企业集团与 J 市国药公司几家股东签订了股权转让合同,J 市市政府正式同意江苏 TDL 企业集团从 J 市国药公

---

❶ "一线报道:J 市中药材交易中心悄然易主",载食品产业网,http://www.foodqs.cn/。

华中药市的崛起 ——一个发展人类学的个案研究

司,受让号称"天下第一药市"的 J 市中药材交易中心。同时,江苏 TDL 集团公司的控股企业——香港美辰集团,与 J 市市政府签订了投资开发 J 市现代化中医药产业的意向书,TDL 计划在"十一五"期间投资 3 亿元,用于收购、改造 J 市中药材交易中心。从此,大行被卖给了"外人",药市上相传,政府当时只收了 4000 万元就出让了大行的所有权。有药商气呼呼地说:"你说,政府可孬孙,4000 万元它(政府)就把大行给卖了,这可是 J 市的亲孩子就让他给卖了!他卖也可以卖给我们 J 市人啊,J 市有钱人多了,4000 万元我们还拿不出来吗?"

药商们表示,TDL 收购了大行后,并没有进行什么大刀阔斧的变革,与其说 TDL 是在对大行进行管理,不如说它是在对大行进行装修,是 TDL 修建了当下大行的外观,是 TDL 安装了大行北门外的那个象征滚滚财源的石球。一位 J 市药市信息界的权威人士也感慨道:"它(TDL)对 J 市药市做了什么吗,好像没做什么,它就是修修这个、建建那个。"所以,这么比较起来,药商们觉得 M 药业确实最善于管理:这个大行里有多少个摊位、卖出去多少、还剩多少、应该收入多少摊位费,据药商们讲,M 药业的上层知道得那是一清二楚,药商们也再不能通过大行的员工就轻易搞到摊位了。然而很快地,药商们就发现他们对 M 药业还相知甚少,随着"Z 城"项目的不断推进,药商们发现它不仅最善于管理,也是管理得最狠的一个。

据药商们讲,M 药业接手后,摊位费上涨是他们意料之中的事,"大行换一次人,摊位费就涨一次",有药商说;但他们没预料到除了要缴纳上涨的摊位费,他们还需要缴纳保证金和水费。我的报告人高姐的妹妹告诉我,高家现在一个摊位一个季度要交 45 块钱的水费,4 个摊位一个季度就要交上 180 块。按他们自家用水每立方米 1.5 元算,行里的 6000 多家商户相当于一年用了近百万吨的水。"我们经营的是药材,不是开的澡堂子",有药商愤愤不平地说。据称,

第四章 空间的逼仄

药商们曾就收费问题多次向政府部门反映情况，可政府以市场管理权已变卖给 M 药业，不便插手为由始终置之不理，药商们对此非常气愤。然而，药商们不久便发现，和 M 药业推出的"Z 城"店铺的售价比起来，这些费用不过是"小菜一碟"。对他们来说，"Z 城"才是真正的一击，最先被冲击到的，就是小行的药商们。

小行就是交易中心里，那些环绕在大行周边，专门经营药材的铺面房。小行多以经营贵细药材为主，卖的都是牛黄、虫草、藏红花、燕窝、海马、血竭、灵芝之类的高档药材。虽然大行中也有参茸、海马之类的贵细药材出售，小行中也不乏有人在经营花茶、枸杞之类的廉价草药，但是，就像金条不会在夜市的地摊上被销售一样，药商们很少会在大行卖虫草等高端的贵细药材，大行里的参茸品种也没有小行来得丰富。此外，据我观察，那些市面上难以看到、买到的药材，如羚羊角这样的国家统管类药材，也可能会在小行里买到。可以说，小行是这类药材的绝好的买卖之地，人们不会在大行中众目睽睽之下、明目张胆地进行交易，但是人们可以坐在小行里，边悠哉地喝着茶水边验货，不用担心会有人抓你个现形。不过，小行里也需要有可靠的关系引荐才管买得到这些药材，药商们对此十分谨慎。我曾看到当一个陌生人进店就奔里间老板桌那儿开口要羚羊角时，报告人阿林的负责卖货的侄子张嘴就说"没有"，回答得斩钉截铁、毫不含糊。

由于总体来看，来小行买贵细药材的人少、去大行抓草药的人多，小行就对大行产生了依赖；而因为大行不会因小行的依赖产生不利，反而可以以小行为补充，小行便对大行形成了一种偏利共生关系。这样一来，离大行位置越近，小行的人气越旺、生意越好；小行的售价就不只是和铺面大小有关，还和以大行为参照的地段好坏有关。据两个 1996 年买了小行房子的药商讲：交易中心里，最好的地段被称为一类地段，比如大行正门附近，当时的房价在 1800—2000/平方米左右；二类地段离大行有点偏远，房价在 1500 元/平方

华中药市的崛起 ——一个发展人类学的个案研究

米左右；三类地段就是背街了。这两家当时买的就是二类地段的房子，一个花了 15 万元，一个花了 13 万元，两家都是一次付清。如今，小行的房价早已翻升了六七倍不止，我的报告人张老板家的店铺是一类地段，现在可以卖出百万元的价格不说，就连他在店铺旁兼并出来的一间只有数平方米大小的插间，一年还可以租上 5 万元，相当于阿林在背街上赁的那套八十多平方米的店铺价格。由此可见，想开小行，尤其是在好地段上开小行，不管是租是买，手里没有俩钱是不行的。

当然，成本高昂的小行获利也会十分丰厚，这便是有经济实力的人都想去开小行的原因。这一是因为主营贵细药材的利润本身就比草药厚得多，一个药商戏谑道："人家十几万一斤的虫草可能就看你十块钱的利润？"其次，这也和小行经营的药材品种较为多样有关。小行里销售的药材一般不下几十种，用药商们的话讲，这样不好卖、可以卖那样，这样赚的少、那样可能赚得就多。再次，某种程度上，这也和小行享有较高的自由度有关。小行们不接受大行管理者的管理，他们想卖什么就卖什么、想什么时间卖就什么时间卖，完全是自己说了算。正因为小行具有这些优越性，张老板在 2000 年左右时，从大行中退出来开了小行，阿林在 2005 年时退出了大行。

既然小行的获利离不开它对大行的这种偏利共生关系，那就意味着大行一旦搬迁，小行就得跟随，这和学区里的房子只有依赖学校的存在才有价值是一个道理。如此一来，交易中心搬迁便给小行药商们，尤其是像张老板那样不仅已经占有了优势的地理位置，还已经从国药公司手中购买了房产的小行药商们一记重创。可以说，大行搬迁不仅可能使他们当下的房产贬值，还使他们需要重新花大价钱来保住自己业已占有的优势位置，否则，他们不但优势丧失，甚至还可能会在此次空间洗牌中出局，这些握有房产证的药商们因而格外紧张。他们不断地去信访，希望政府能给他们个说法，在他们看来，当年是政府叫他们搬迁过来的，不搬不行，他们买的房子

第四章 | 空间的逼仄

既然都是交易中心开发的房子，交易中心不能这么说搬就搬，M 药业应该对他们的损失有所补偿。

"它（M 药业）根本就没把俺们这些个药商放在眼里，它买了大行后也没和俺们这些个药商们见见面，说说以后咋发展、咋办，大行要搬迁的事都是它通过工商所的、药监局的给俺们这些个药商开的会俺们才知道的。开会咋讲的呢，就是这个大行叫 M 药业买走了，这是一；这二呢，这个行得往南部新区挪，现在的这个大行已经跟不上时代了，太小、脏、乱、差，挪的话，这个房子你放心，会给你还原的、会给你个说法的，俺们当时怎么就没想起来给它录上音呢，那就是证据。"张老板气呼呼地说。

有了政府人士在会议上的承诺，药商们心里宽慰了一些，然而，当他们去向 M 药业售楼处打听具体还原方案时，却被 M 药业的工作人员当头劈了一棒："那人家（M 药业）凭啥给你还原呢？人家又没要你的房子、人家又没征收你的房子、叫你扒了，你的房子你自己用着来，人家凭啥给你还原。"这下，张老板等人急了："但是是这样的啊，因为你叫药行搬走啊，我买的是药行啊。"不只张老板等人群情激奋，就是詹哥等蹲行的药商们也认为 M 药业应该给这些已经买了小行房子的药商们一点补偿，他们觉得人家买小行其实就是在买大行，大行说搬就搬，小行们可不是说买就能买得起的。

店铺不给还原，那新区的小行商铺又是什么价钱呢？M 药业开盘前，传出来的房价消息不仅震惊了小行的药商们，也震惊了不少 J 市人。一期首推 170-400 平方米的 448 套单元式物流铺面，均价 12800 元/平方米，好的地段则在 2 万元左右。蓝图中，小行店铺被设计成一至四层，四层都按一个价位销售，于是，靠近大厅、位置最好的一套铺面建筑面积 253.74 平方米，每平方米售价 21440 元，

华中药市的崛起 ——一个发展人类学的个案研究

总售价540万元左右（见图4-1）；一般位置的铺面售价也在250万—350万元之间，最差的位置售价185万元左右。我曾粗略地查了一下，448套店铺中，200万以下的也就能有50套。这个房价在J市这个小城市里，尤其是在一片荒无人烟、基础设施尚不十分发达的郊区地带出现，被一些J市人认为简直是见所未见、闻所未闻。我打车去看Z城的施工现场时，出租车司机也直感慨："500万元一套房子！我是J市人我都没听说过J市有这么贵的房子。那一年得赚多少钱才能买得起500万元的房子！"

栋号	房号	面积（m²）			层高（m）	销售单价（元/m²）	销售价格（元）	销售状态
		室内面积	公摊面积	总面积				
D-1#	101	247.66	6.086	253.74	3.3-4.5	21,440	5,440,186	
D-1#	102	214.65	5.275	219.93	3.3-4.5	20,360	4,477,775	
D-1#	103	214.65	5.275	219.93	3.3-4.5	20,360	4,477,775	
D-1#	104	214.65	5.275	219.93	3.3-4.5	20,360	4,477,775	
D-1#	105	214.65	5.275	219.93	3.3-4.5	21,440	4,715,299	
D-1#	106	214.65	5.275	219.93	3.3-4.5	19,460	4,279,838	
D-1#	107	214.65	5.275	219.93	3.3-4.5	19,460	4,279,838	
D-1#	108	214.65	5.275	219.93	3.3-4.5	18,560	4,081,901	
D-1#	109	214.65	5.275	219.93	3.3-4.5	18,560	4,081,901	
D-1#	110	214.65	5.275	219.93	3.3-4.5	18,560	4,081,901	
D-1#	111	214.65	5.275	219.93	3.3-4.5	18,560	4,081,901	
D-1#	112	214.65	5.275	219.93	3.3-4.5	19,640	4,319,425	
D-1#	113	219.15	5.385	224.54	3.3-4.5	19,460	4,369,548	
D-1#	114	210.15	5.164	215.31	3.3-4.5	18,110	3,899,264	
D-1#	115	201.15	4.943	206.09	3.3-4.5	18,110	3,732,290	
D-1#	116	192.15	4.722	196.87	3.3-4.5	18,560	3,565,316	
D-1#	117	183.15	4.501	187.65	3.3-4.5	18,110	3,398,342	
D-1#	118	174.15	4.280	178.43	3.3-4.5	18,110	3,231,367	
D-1#	119	165.15	4.058	169.21	3.3-4.5	18,560	3,140,538	

图4-1 "Z城"小行店铺的第一轮销售价格

在我看来，J市当时南部新区开发的高层商品房均价在4000元左右，市里最著名的商业街商铺均价也在2万元左右，从价位上来说，作为一个商铺，均价万元并不算特别离谱。不过，要是考虑到这个价位只是个均价，而且这里基础设施尚不发达，最重要的是，商铺一至四层按一个价位计算，而只有一楼的五十几个平方才最适合做店铺用，相当于要几百万买这几十个平方，那这个价位就确实不算便宜了。

店铺不还原、新店铺价位还这么高，小行药商们自然咽不下这口气：

  药商 A："大家都是商人，都在做生意，我们也不是说不让它赚啊，这店铺你卖个六七千一平我们都能理解、都能接受，但是不能这么个赚法啊，那是个什么地方你可知道？乡庄子！撂棍子砸不着人，鬼都犯难的地儿！那地段能和市里的商业街比吗？市里发展多少年了！"

  药商 B："一至四层一个价，你见过这么卖房的吗？我们这是商铺，不是别墅住宅！你哪怕一至二层一个价，三至四层一个价也管啊，我们做生意最需要的就是一楼，它一楼的面积才多大？"

  药商 C："你看到没有，过去是'J 市国药'，现在变成了'M（J 市）国药'，'J 市'俩字从前面跑到后面去了，大行已经不是 J 市人的大行了，那是 M 的大行。"

  药商 D："原来我们辛辛苦苦这么多年，一直在给 M 打工，M 真是黑了心了。"

  ……

借着均价 12800 元/平方米，M 药业迅速为自己树立起"吸金者"的形象。药商们确信自己已经看透了 M 药业明卖"Z 城"，暗度房地产的居心所在：

  药商 A："M 就是来吸 J 市人钱的，我为什么这么说，他来了不先整顿市场，首先就盖房、卖房，这不是来吸金的你说是来干嘛的？"

  药商 D："M 不是要来搞活 J 市市场，它这是要搞死！它又

华中药市的崛起 ——一个发展人类学的个案研究

不是你 J 市人，管你以后的死活？你要是去日本投资，你会想着怎么发展日本经济吗？你肯定想着怎么才能捞更多的钱，捞完走人。M 难道能想着怎么发展你 J 市经济？"

我拜访了 M 的一个中层领导，间接询问他对这个价格的看法。他表示 M 的很多规定都不是盲目订的，他们也有征求药商们的意见，会将一些征求意见稿在小广场上进行公示，有管理人员反馈药商们的意见，争取双方达到双赢。"不可能我们 M 说什么就是什么的"，这个领导表示，"对于企业内部管理可以这样，但是对于租赁关系，我们要考虑到广大药商们的意见，我们也是想怎样把这个药行生意办得更红火，我们总公司是有规划的，我们出台任何政策都会公示，他们（药商们）有好的意见，合适的我们也会采纳。"

我相信包括 M 在内的每家企业都希望在营利过程中，谋求企业自身良好的正向发展，这个动机我们不能轻易否认。所以 M 在项目运作过程中应该会有这样或那样的征询、沟通方式存在。只是各方主体是以掌握着不同程度的话语权的姿态而卷入这场发展行动的，这就会造成某些主体的发声是无力的、很难被他人听到。从药商们的反应我们就可以看到，M 向药商们发出的征询可能还只是一种象征性的征询。在这场由国家、地方政府主导的规划发展中，普通药商们从来都不是自己命运的主人，权利、民主等词汇对他们来说遥不可及。国家、政府和商人们之间，还缺乏一种根本性的互动，一种建立在尊重、平等基础上的互动。而对于政府的袖手旁观，药商们满腹怨言，他们认为政府向着 M 药业，是和 M 穿一条裤子的，不向着他们这些个药商；甚至我访问的几位外地来的药商们也都表示 J 市地方政府的做法欠妥。一个东北来的药商就明确指出，M 明摆着就是来吸金的；另一个浙江来的药商则表示，J 市把这么重要的大行都给卖了，让人觉得它 J 市政府好像没能力管、管不好似的。

眼看政府置之不理、M 又开盘在即，张老板等人真是急了，他

第四章 空间的逼仄

们想要在开盘前,让政府先把他们的问题解决了。于是,一些小行药商自发地组织了起来,一个走药的药商站了出来,成了大家的领袖。张老板告诉我,领袖是他的一个好朋友,人非常好,群龙无首的时刻,他肯站出来,而且他又曾经成功地帮张老板他们索要回了土地证,大家就都特别信任他,愿意一切行动都听他的指挥。接下来的时间里,这些从来没和政府红过脸的药商们开始请人帮忙印传单、做条幅,大家决定去市政府门前游行。

听说张老板他们要去政府门前"闹事",张老板的老婆比较担心:"做生意的,最怕被政府登名挂号"。于是,她叫来了自己一个作为无业游民的弟弟过来,代表张家去游行。有这种顾虑的人不只是张家,大家便出于自保,商议以雇人扯条幅等方式来降低风险,扯一次给50块。一切准备就绪后,药商们出发了。第一次游行时,药商们扯上了两个条幅,第二次扯上了四个,第三次扯上了八个,但是事情接下来的进展并不在人们的想象之内。张老板告诉我,11月24日那天,当他们正聚在某家小行里商议第四次游行事宜时,有警方便衣到访,并以了解情况的名义带走了他们的领袖。然而,说是半个小时就能回来的领袖直到晚饭时间依然踪迹不见,张老板等人便开始坐立不安了。"俺一打他手机,关机,俺就知道毁了,这事沉了",张老板说,"俺一个朋友的儿子就是刑警,他说今天就是去抓人的,当时有30多个便衣过来,俺们要是不让把人带走,俺们这十几个人也都抓完。人已经送走了,是防暴大队来的人,他还告诉俺谁反你也别反。"于是,张老板一干人等顾不得晚饭,赶紧动用各自的关系网络去打听情况,直到25日凌晨一点多,药商们几经周折才从公安局里接回了自己的领袖。

"俺儿小时俺们就认识,熟得很,他总来俺这拿货,每次都拿好几万,俺们关系特别好。要不是这么多年的交情了,俺也不会找人去把他捞出来,再说人家还是为了俺们的事。那人的

华中药市的崛起 ——一个发展人类学的个案研究

老婆也特别老实、孩子也很好,他要是进去了,这个家就完了,家人都指着他呢",张老板说完叹了口气。

那以后,药商们害怕了。当我25日早上听到消息,再去小行间打探时,市场上早已没有了一丝"斗争"过的痕迹,无论是传单还是条幅,几乎一夜间就被销毁得干干净净、片纸不留。尽管药商们的这番折腾没能达到人们预期的目的,但多少还是有了一点效果。迫于压力,M药业在价格上做出了让步,在《Z城销售优惠方案》中,M药业划分出了三类销售优惠对象:老专业市场自有房产(铺面)并经营药材的商户、老专业市场自有房产(铺面)未经营药材的业主、现正在老专业市场租赁铺面经营药材的商户,明确表示上述三类销售优惠对象在规定时间内签订合同,即可享受成交价(即12800元/平方米)的7折优惠;同时,若能在规定时间内,持有老专业市场的房产证和Z城项目铺面房产证或买卖合同,全面停止老专业市场铺面的药材经营活动,在Z城项目的铺面中经营药材及相关产品,还可获得由M公司设立的40万元/间的Z城市场培育奖金,"Z城"引发的小行风波就此告一段落。

当然,对于M药业在"Z城"问题上的强势,市场上的抗议声也是分高低音的。唱高音的,就是张老板这样十年前买了小行店铺的人,他们的搬迁代价最大、利益受损程度最高,所以声音最为高亢、抗议活动的参与也最为积极;而像阿林这样租房子开小行的人,唱的就是中音。我赖在阿林家田野的那几日,也常能听到阿林两口子在抱怨M药业,一提起新区昂贵的商铺他们就激动,但是他们绝不参与张老板等人发起的任何会议,更没去政府门前游行过。当张老板他们挨家挨户地通知几点几点在哪开会,或者是让小行们每家都交200块作为抗议经费时,阿林该赴宴赴宴、该睡觉睡觉,用他的话讲,他又没买房子,这里又不牵扯他的利益,他跟着掺和什么呢?不过,因为"Z城"首先触动了小行们的利益,涉及买不买、

第四章 空间的逼仄

在哪买的问题,阿林虽不参与抗议,但也在时刻关注着 M 药业方面的动静,没法安稳下来。

比阿林唱得再低个档次的,就是詹哥他们这些大行里蹲行的人了。他们也在频频地议论着 M 药业,因为他们清楚小行事情一了,就轮到他们这些大行里的人了,看眼下小行的形势,蹲行的费用也便宜不了。但是,既然大行怎么安排这事还没提上日程,他们也就先观望着,该干嘛干嘛,情绪也比阿林平稳得多。

比蹲行的再低一个音阶的,就要数走药的,以及行里、行外的那些没有固定摊位,到处"偷食"吃的打游击的药商们了。对于他们来说,大行搬迁与否和他们一点关系都没有。打个不好听的比喻,他们和大行之间的关系就像苍蝇黏附着一个臭鸡蛋一样,反正黏附不需要多少成本,臭鸡蛋滚到哪里,他们飞到哪里就行了,不过是飞得远了点,电瓶车的电费多了点而已。所以巷子里,这些人也参与议论,但他们的议论并不带有浓烈的感情色彩,他们不上火、也不需要费脑筋地进行思考,用一个打游击的话讲,大行搬不搬的关他屁事。

不过,民间的这些声音虽然高高低低、参差不齐,但毕竟也是声音。既然无法混杂成悦耳的交响乐,成为扰人心神的噪音也是不错的,M 药业就因为噪音太大而做了让步。然而,即使 M 药业做出了让步,这 7 折的房价优惠也还是给很多药商家庭带来了负担,于是"生意难做",就成了我在街头巷尾的拉呱中,经常能听到的话。在药商们看来,M 药业推出的这个"Z 城"项目简直是在进行公开的"掠夺",M 就是在尅他们。当然,难做的原因不只是钱的关系,更为关键的是,人们表示对政府没有了信心。这一是因为在他们看来,大行已经成了政府开发南部新区的工具,政府只要大旗一挥,大行就得搬迁,人们不知道这个"Z 城"是否靠谱,它又能坚持多久。因为政府已不能再给他们的经营提供一个安全稳定的环境,药商们才格外纠结自己该以何姿态应对"Z 城";二是因为药商们透过

华中药市的崛起 ——一个发展人类学的个案研究

J市香料市场的"一封信"事件悲哀地认为,政府不仅不再向着他们这些个药商说话了,还会协助M药业对他们进行驱赶。

第三节 "一封信"事件

2012年5月的一天,上午八点半左右,我像往常一样,准备从西园香料市场穿行而过。J市的西园香料市场面积并不大,主要以大行北面的一条巷子为主,是一个自发形成的开放性市场。据工商局方面称,目前,市场范围内共有160余户经营户。❶可是当天我下车后走了没几步,就看到不远处,一辆标有"12315"的车停在那里,还有数个身着制服的身影在晃动。又来查市场了,我在心里这样揣测着。然而四下打量过后,我发现香料行气氛祥和,完全没有紧张甚至预备关门歇业的迹象,那制服们来此做什么呢?我于是就近钻进一个熟识的药商店铺以观究竟。随着桌椅的安置、大型展板的树立、宣传单的散发,我这才明白过来,他们不是来检查市场的,是来下发通知的。通知的名称是《致广大香辛料食用原料经营户一封信》(以下简称《一封信》),内容全文如下:

各经营户:

一、依据国家卫生部《关于进一步规范保健食品原料管理的通知》(卫法监发〔2002〕51号文件)、《中华人民共和国药典》文献规定,经市工商局、市食品药品监督管理局、市卫生局、市公安局、CQ区政府共同商定,拟定香辛料食用原料品种共94种,公示如下:

丁香、八角茴香、刀豆、小茴香、小蓟、山药、山楂、马齿苋、乌梢蛇、乌梅、木瓜、火麻仁、代代花、玉竹、甘草、白芷、白果、

---

❶ 数据来自J市市委方书记视察香料市场时,工商部门的解说词,笔者当时就在现场。

白扁豆、白扁豆花、龙眼肉（桂圆）、决明子、百合、肉豆蔻、肉桂、余甘子、佛手、杏仁（甜、苦）、沙棘、牡蛎、茨实、花椒、赤小豆、阿胶、鸡内金、麦芽、昆布、枣（大枣、酸枣、黑枣）、罗汉果、郁李仁、金银花、青果、鱼腥草、姜（生姜、干姜）、枳椇子、枸杞子、栀子、砂仁、胖大海、茯苓、香橼、香薷、桃仁、桑叶、桑葚、桔红、桔梗、益智仁、荷叶、莱菔子、莲子、高良姜、淡竹叶、淡豆豉、菊花、菊苣、黄芥子、黄精、紫苏、紫苏籽、葛根、黑芝麻、黑胡椒、槐米、槐花、蒲公英、蜂蜜、榧子、酸枣仁、鲜白茅根、鲜芦根、蝮蛇、橘皮、薄荷、薏苡仁、薤白、覆盆子、藿香、毕拔、千里香、孜然、桂皮、香茅草、香排草、香菜籽。

二、为进一步规范我市香辛料食用原料市场经营秩序，确保香辛料食用原料质量安全，根据《J市人民政府办公室关于印发J市打击制售假劣药品药材和非法加工中药饮片专项整治方案的通知》（J政办〔2012〕21号）的要求，现就进一步加强全市香辛料食用原料市场管理的有关事宜通告如下：

1. 香辛料食用原料经营户请于2012年5月28日至6月18日办理或换发营业执照，工商部门将现场办公。

2. 严禁香辛料食用原料经营户经营中药材，凡经营中药材的要进专业市场内经营。

3. 严禁香辛料食用原料经营户无照经营和超范围经营，一经发现，严肃查处，欢迎群众举报，举报电话：12315。

4. 香辛料食用原料经营户要严把质量关，建立购销台账，并签订质量保证承诺书，保证不经营中药材、不掺杂使假。

5. 香辛料食用原料经营户要守法经营、文明经营和诚信经营。

J市市工商行政管理局
二〇一二年五月八日

华中药市的崛起　——一个发展人类学的个案研究 ▷

香料市场所在的这条街,是在附近几个街区居住的药商们下行回家时的一个必经之地。随着下行人流的到来,宣传台前聚拢的人也越来越多,人们七嘴八舌、议论纷纷,时不时地,还有一些冷笑爆发出来。为什么《一封信》会引发药商们嘲弄、不认可的反应呢?我伺机了解后才知道,原来《一封信》上所列的94种香辛料食用原料经营品种与药商们熟悉的常识相去甚远。一位药商在通读了一遍《一封信》后"笑"着说:"阿胶都进来了,这哪是在规范,简直是越规范越乱。"旁边马上就有药商附和说:"可不么,阿胶都算进来了,那虫草也应该算进来,这不是香料行,这是补品行。"听闻这些,我不解地追问他们:"这上面规定的不都是香辛料吗?你们怎么知道它不属于香辛料呢?"前一个药商马上回应道:"这是常识!我干了十多年的香料了,我能不知道吗?"说完,他又指着另外一个人说:"他都干二十多年了,你问问他。"当我指出,这是根据《药典》确定的品种时,他们表示,国家药典也不完全对,它和市场完全不是一个路子。那个自称干了十多年的药商还当即提笔在手,在一张宣传单上勾画起来,边划边说:"你看,这个、这个,这都不是香料,我这还是保守的看法呢。"

我将其勾画后的结果和《一封信》进行了对比,发现《一封信》中的小蓟、山药、马齿苋、乌梢蛇、乌梅、火麻仁、代代花、白扁豆花、龙眼肉(桂圆)、决明子、余甘子、沙棘、牡蛎、阿胶、鸡内金、麦芽、昆布、金银花、鱼腥草、桑叶、桑葚、莲子、菊花、菊苣、黄芥子、黄精、葛根、槐米、槐花、蒲公英、蜂蜜、榧子、酸枣仁、鲜白茅根、鲜芦根、蝮蛇、覆盆子、藿香、毕拔、千里香、孜然、桂皮、香茅草、香排草、香菜籽,总共竟然有45个品种都不在这位药商的"常识"之列。《一封信》怎么会和药商们的常识发生这么大冲突呢?是不是这药商过于"水平有限"呢?我随即拿着这张被圈点过的《一封信》去求证其他香料行药商们的看法,却发现对于什么是香料,什么不是香料却被列入进来,大家的看法大同小异，例如药商们普遍认为白扣、草果、当归、党参都是香料，却都没写。一个药商戏谑道："这不是香料市场，这是第二个大行。"

此外，我还拿到了一份就在上一周，部分香料行药商们在官方召集的一次讨论会现场，总结出的一份有55个品种的香辛料名单。我同样将之与《一封信》进行了比对，发现55个品种中，只有八角、丁香、砂仁、毕拔、千里香、肉蔻、孜然、罗汉果、花椒、小茴、良姜、干姜、桂皮、山楂、香排草、益智仁、白芷、陈皮、甘草、青果、薏苡仁、香菜籽、木瓜、肉桂、藿香25种被列在94种之列，其余30种都不在94种之列。

如果说，香料行药商们的常识集体不靠谱的话，那么，这周边其他的那些并非从事香料生意的药商们又是如何看待《一封信》的呢？我跑到詹家所在的那条巷子上，把《一封信》拿给詹哥和走药多年的王林看，他们也马上挑出了很多问题，他们剔除出去的品种很多都和香料行药商们的常识不谋而合。这些药商们对于《一封信》也颇有微词。"工商真是笨啊，他就去网上搜一下不就知道香料到底有什么了吗？"詹哥说。

那么，"笨拙"的政府究竟是如何做出94种香辛料食用原料这个规定的呢？一位工商人员告诉我："这里面有87种是国家卫生部规定的，另外7种是香料市场上药商们长期经营的。"我于网上查阅了卫生部《关于进一步规范保健食品原料管理的通知》（卫法监发〔2002〕51号文件）（以下简称《通知》，包括《既是食品又是药品的物品名单》《可用于保健食品的物品名单》《保健食品禁用物品名单》），发现确如这名工商人员所说，《一封信》上的前87种物品与《通知》中的《既是食品又是药品的物品名单》所列一致，顺序都没有改变，这里，我们先不去纠缠既是食品又是药品是否就是香料这件事，问题的关键在于，另外的毕拔、千里香、孜然、桂皮、香茅草、香排草、香菜籽7个品种固然可以算作这个香料市场上药商们长期经营的品种（主营这几样药材的药商其实人数很少），但是

华中药市的崛起 ——一个发展人类学的个案研究 ▷

它们并非是这一带药商们仅有的长期经营的品种。不仅紫草、甘松、当归、党参等这类药商们认可并长期经营的香料没有被包括进 7 种中来，这一带药商们长期经营的诃子肉、重楼、生地、川芎、巴戟天等也不在那 7 种之列，或者可以这么说，西园这一带药商们主营的药材，有很多都不在 94 种之列。

如此一来，西园香料市场的这次整顿似乎就变得非常有趣了。据我了解，这是 J 市地方政府第一次对西园香料市场的经营品种进行明确规定。虽然工商部门给我的回应是西园香料市场已经存续多年，一直处于一种混乱无序的状态，需要整顿，但是他们并未真正回应为什么是在 2012 年这个时候才进行整顿？而当《一封信》的内容不是只与一两个药商的常识相悖，而是几乎与所有药商们的常识都相悖时，这又说明了什么呢？

当我询问药商们如何看待《一封信》事件时，几乎每个被我问到的药商，不管他是否经营香辛料，不管他的店铺位置是否位于西园，都无视此次专项整治活动的"规范"功能，而是将之和 J 市即将进行的大行搬迁联系在一起，并视之为政府为了配合大行搬迁而对药商进行的一种驱赶。"你没看么，这上的（94 种药材）管卖、其他的不管，你卖就是非法，他就查你，想卖你就得去赁摊位，上行里去卖"，一个药商说。而当我问及一位和 M 药业上层有交往的人士时，他称 M 药业因为这件事非常恼火，他觉得政府把这个场外市场合法化了，将来搬迁香料行时，这可能会给 M 药业带来当下小行们这样的麻烦。

对于药商们的看法，我是这样看的：可以说，生活中的每一个事件都不是"突发"性的，我们每日的生活都是处于一个动态的"流"之中，当我们把《一封信》事件放在事件的"流"之中，在历史发展的脉络中对其进行审视时，我会认为《一封信》事件可能确如药商们所说，和"Z 城"项目相关。显然，"Z 城"项目落成后，M 药业要想顺利实现搬迁，必须借助政府的力量，老大行当年

第四章 空间的逼仄

的搬迁困境就证明了这一点。用药商们的话说，没有政府帮忙，M药业什么都做不了。而为了保证搬迁的顺利、保证药市秩序，政府协助 M 药业完成搬迁则是一个必然，问题的关键在于，政府以什么手段进行协助是最为合适的。在我看来，受经济学新自由主义对个人权利至高无上，国家权力的干预必须控制在最小范围内等思想因素的影响，现代国家的社会控制正逐渐变得隐性化、潜在化，努力实践着由"管理"向"治理"的超越，正像福柯所说的，现代社会因而形成了很多表面以减轻痛苦、治疗创伤和给予慰藉为宗旨的控制机制，如医院、学校。这意味着政府不可能用更有利于 M 药业的赤裸裸的暴力驱赶方式来协助搬迁，而要代之以一种更为隐匿的手段，"规范"市场无疑是驱赶药商们的最名正言顺的策略。

"政府说是不撵你，但是这个大行一旦搬走，政府今天下来查药、明天下来查，你就受不了，天天下来查，你就不管开门。再一个，那工商营业执照到年头了不给你批了，你就不合法、就不管继续干，到时候你不搬也得搬"，张老板说。

这样来看，《一封信》的显功能是规范香料市场，然而潜功能则是去除掉了主营 94 种药材以外的其他药材的合法性。对于这个 J 市最大的场外交易市场里的药商们来说，想合理合法地经营，就必须进入指定的空间，不管它是眼下的这个交易中心，还是即将投入使用的"Z 城"。如此一来，《一封信》事件就成了地方政府进行的一场表演，它既驱赶了药商、满足了 M 药业的需要（尽管 M 药业可能并不满意这种协助形式），又满足了国家和社会大众期望整顿市场秩序的需要。在这场并不伤筋动骨的整治中，国家、地方政府、大型外来资本、不知情的社会大众的利益都得到了协调与维护。

《一封信》下发后不久，6 月里的某日上午，J 市市委某领导对

华中药市的崛起 ——一个发展人类学的个案研究 ▷

香料市场进行了视察。视察当天,由于绝大多数药商都关门斗地主去了,香料市场比往日惨淡了许多。透过扩音器,我听到负责引领视察队伍的解说员说道:"西园香料市场是一个自发形成的开放性市场,已经存续多年。由于受历史原因影响,经营品种界定不明确,西园香辛料市场一直处于一种无序混乱的状态。为了改变这种状态,我局(工商局)领导高度重视,按照市委市政府的相关安排,迅速行动、合理部署、明确分工、责任到人,大大强化了对西园香辛料市场的监管力度……"❶ 不久,网站上也挂出了"在西园香料市场监管方面,加强宣传教育,公示94种可经营香料品种,严禁在香料市场经营中药材行为……"的新闻。❷

借《一封信》事件为药商们免费办证的契机,詹哥也打算办个证。我帮詹哥填了表,以"詹××香料行"为名,主营品种写的都是香料行上,詹哥的老表家主营的,我认识的94种以内的药材,如山楂、金银花、砂仁。证照下批需要现场查验,于是,工商下来查验那天,詹哥詹嫂早早地就起床干活,他们把自己一楼主营的大货用塑料布裹得严严实实,在剩下的1/4的空间里,堆满了从老表那儿拉过来的山楂、砂仁、金银花。在门口支起的小方桌上,工商人员很顺利地就签了字,连詹哥奉上的茶水都没喝上一口就辛苦地直奔下一家去了。詹哥一直等到下午确定没事了,这才用板车把这些药材再悉数推回到老表家去,几天后,詹家在进门的显眼处,挂上了和他家主营的药材八竿子打不着的某香料行的营业执照和税务登记证。

巷子里像詹哥这样去办香料行证照的还有数家,因为我有了办理经验,我便荣任他们几家的代理,负责填表、走流程。

---

❶ 根据笔者在视察当天的录音资料进行的整理。
❷ "J市查处假药案件57件、药市专项整治效果初现",载J房网资讯中心,http://a.ahhouse.com/news/。

"为什么要办这个证呢?"我问詹哥。

"办个证又不花钱,就办呗,以后香料行要是搬了,我有了这个证就可以去和 M 谈条件。"詹哥说。

"你为什么不办个证呢?"我问巷子里另外一个拉大货的药商。

"办那干啥,你办了证也不管开门。"这个药商说。

那个药商说得没错,《一封信》事件后,每逢香料市场检查,证照齐全的詹家都和往常一样,需要即刻关门斗地主去,因为他主营的药材并不在94种之列。但是显然,詹哥的眼光更为长远,在药商们不得不撑着大行走,政府又以"规范"市场的名义对他们进行驱赶的今天,这个看似没用的证照说不定真的可以在将来,赋予药商们和大型外来资本谈判的身份。

第四节 坎坷的"撑行"

"撑行"就是跟着大行走,大行搬到哪儿,人们就去哪儿干生意,摊位、店铺都跟着挪。M 药业来势汹汹,政府又和它穿着同一条裤子,药商们只能根据自家的情况琢磨应对之策。退居二线的老爷子也表示,干药材生意不撑着行走不管,政府不叫你在别的地方干。于是,如果用一个词来形容我二人 J 市时的那几个月里药商们的心情,那就是纠结。用报告人高姐的话说,买房子的人纠结,不买房子的人更纠结。

当撑行对于有些人来说,成本较高、不划算了的时候,这些人便琢磨着要退出市场,阿林家对面开店的老两口就有此打算。在阿林和张老板看来,那老两口想退出市场是非常自然的事情,一是他们岁数大了,不需要再去奋斗什么事业;二是他们都是有工资的人,做生意只是图个营生,不干生意也顾得上吃喝;三是老两口的子女

华中药市的崛起 ——一个发展人类学的个案研究 ▷

都有工作，没人想接手老人的生意；四是老两口当下也是在租房子干生意，大行搬迁后还要重新看地段、谈价钱，老人不想再操心情有可原。老两口可以说放手就放手，但阿林和张老板却办不到。张老板认为自己虽然发过誓，宣称他50岁时肯定不干生意了、他干够了，但是他的儿子不着调，欠了100来万元的赌债，他要是再退出了，那张家真就要吃不上喝不上了。"还有两个孙子、孙女要养来"，张老板说。阿林则觉得自己才四十刚出头，正是干事业的好时候，现在谈退出的话着实是早了点。既然对绝大多数的小行药商们来说，这个市场都还退不出去，那就只能撑行，问题是，怎么个撑法呢？

阿林决定买"Z城"的小行，他觉得市场只要稳定下来，小行房价还得涨，租房子干生意，赚多少都是给人家干的，一定要自己买下来。因此，阿林对M药业的抱怨，一点不耽误他对这次药市空间重组的重视，他正把这次搬迁当作一次难得的机遇。

阿林早先是在J市下面的一个村里开卤菜店的。因为阿林好交友、好面子，用阿林老婆的话讲，阿林不仅把自己喝成了胃出血，还把自家饭店给吃黄了。不过，自从阿林的卤菜店破产，阿林被迫改行并意外地走上了药商道路以来，凭借灵活的头脑、谦虚的态度以及不怕吃苦的精神，阿林的药材生意发生了数次质变：从阿林最初给人扛草药包到自己收草药，到进城在习武的师傅家的小行里当学徒、帮工，到从师傅家拿货、进大行蹲摊，再到建立起自己的网络，从大行出来租房子开小行，可以说，阿林的生意一直在腾飞，他也常话里话外地表示自己应该把生意做得再大一点，所以阿林重视药市空间的这次重组也是情理之中的事，他不想再寄人篱下地赁房子干生意了，他想拥有自己的房产，一家真正属于自己的小行。阿林的老婆很支持阿林买房，她觉得她当家的有眼力，加上她是个虔诚的基督徒，常说是上帝指引他们过上了好日子，有上帝照应着，那怕啥！于是，M药业开盘前夕，阿林得了空就去M药业的展厅里看沙盘模型，在"Z城"的"业态分布图"前一站就是许久，反复

第四章 空间的逼仄

权衡着地段。有一次,我们正看着,突然停电了。我见阿林没有走的意思,整个人都贴在了展板上,只好打开手机上的手电筒软件为他照明。阿林为此还准备了一个便签本,专门记录他心仪店铺的代码:H3—102、G2—130……❶写了勾、勾了写。

  阿林家夫唱妇随,张老板那儿可就不这么一团和气了。我有一次正撞见夫妻俩像斗鸡一样地在为这事争吵,弄得我前脚刚进店、后脚就得尴尬地离开。事后问起原委,原来,张老板想买房,"干这生意就得撑行,不然咋干,俺就指这个吃饭呢,这大行真要搬过去了,没房子你还真难看",张老板说。可是张老板的老婆不同意买,她平时虽然以"打理"麻将而非生意为主,但她在和邻居们来牌时也没闲着,从邻居那儿听取了不少坏消息,例如她听人说 M 药业吸完金后可能就会跑,还听说 M 药业和政府的关系处得不如从前了,和她来牌的那几家都不打算买,怕大行一旦挪不过去,那边的投资就打了水漂。张老板的老婆回家后,立即鹦鹉学舌般地把自己听来的和张老板讲,可是张老板不但还惦记买,还想着如果他自家兄弟们也想买的话,他就帮一把。这下,张老板的老婆可受不了了,用张老板的话说,天天跟他打仗。张老板和老婆说不通,就去和三个他一手带起来的也在开小行的弟弟们商量。大弟弟不想买,他觉得一期工程的地理位置太偏远,他想等比较靠近市中心的二期的房子。二弟弟也不想买,他信不着政府,他怕"Z 城"干不上二十年就又得遭遇现在的这个局面,他打算先租着干,小行租金如果太高,他就去租大行里面的精品厅。三弟弟想买,租房子有诸多不便,他已经租够了,可若买房子的话好地段的太贵、差的买了生意不好做,所以他只是有个想法,还没考虑好。弟弟们说什么的都有,听上去还都有道理,这可把张老板愁坏了,他几乎每时每刻都在打听着市场上的最新动静、掂量着大家说的这些理由。最后,用他的话说,

---

❶ 这些代码并不是真实的代码,经过了处理。

华中药市的崛起 ——一个发展人类学的个案研究 ▷

想来想去还得买、想来想去还是得买。为了买房，他还卖了市里商业街上的一套上下两层的门面，我看售房合同上写着，交易金额：380万元。"我不能把手里的钱都拿去买房子啊，那我的生意咋做"，张老板说，"你看我们过得不错，其实做生意说不好听的，就是吃一口蜜、吃一口屎。生意好的时候吃的就是蜜、孬的时候吃的就是屎，你永远都不知道你的下一口是蜜还是屎。"

M药业耀世开盘那天，我挤在阿林夫妇俩中间，跟着这些交过10万块钱认筹金，胸前贴着鲜艳的VIP标识的药商们一起混进了售房现场。M药业安排药商们按摇号顺序分批进大厅里选房，没轮到的人们就在一个露天支起的大棚里等待，M药业还在摇号间歇安排了演出。可是，我发现大家对演出兴致不高、掌声稀稀落落得连主持人都看不下去了，尴尬地说了不下三次现场的情绪不够热烈。当外面开始下起瓢泼大雨时，我听到有药商说："连老天爷都替我们J市人不公，为我们鸣不平了。"公布摇号结果的电子显示屏在雨中坏掉后，人们不等摇号就都挤进了购房现场，我惊讶地发现现场竟然异常火爆：不停地有象征售出的红色标签被贴到一排排的房号上，一溜烟的签约台前不但每张桌前都座无虚席、后面还站着数个排队的，人群嘈杂得厉害，散在人堆里的售楼人员虽然个个都带着麦克，却几乎个个声嘶力竭（参见图4-2）。阿林显然没预料到是这样的一种场面，当他发现他勾画了数次才选定的店铺都被贴上了红标签后，神情顿时紧张起来。他一会儿挤进展台前索要个销控单，再挤出来和老婆以及同来的一个朋友商量剩下的店铺哪个好；一会儿又撕了这张旧的，挤进去索要新的销控单，再挤出来继续商量。这样挤来挤去地折腾了三个小时以后，阿林已是满头大汗了，差不多到了晚上五点半左右，阿林买了一个位置中等的店铺。

我第二天去巷子里找詹哥时，大行已经下行多时。在巷子里拉呱的人堆里，我听说昨天很多买了房子的药商，今天又都跑去退了，大家上行时都在议论这件事。詹哥告诉我，M早先是做房地产的，

第四章 | 空间的逼仄

图 4-2 "Z 城"小行店铺的销售现场

他当然知道怎么把售房现场搞得热烈点，昨天现场买房的人不少都是托儿。不仅市场上的流言如此，一些网络上的新闻也纷纷指出"M 药业这轮房子的销售'注水'""销售数据一再爽约、财务处理疑窦丛生"。按照会计准则规定，上市公司只要收到钱就应该确认收入，并在财务报表上有所体现，即便公司做盈余管理，也应在预收账款等项目上有所体现，但是 M 药业并没有把销售情况反映在公司财务报表中，财务数据上看不出这块收入在哪里。❶ 一些专业人士指出："Z 城"项目不过是商业地产的一种"擦边球"形式，"在单纯住宅房地产遭到打压后，更多企业开始转型做商业地产，一是容易得到当地政府支持，二是可获得更多现金流，M'Z 城'多是在指望销售商铺获得利润。"❷ 正因为 M 药业陆续推出了 J 市 MZ 城、普宁 MZ 城、安国 MZ 城，以及甘肃 MZ 城四个规划，M 药业被一些人

---

❶ "J 市 Z 城迷局、嘴里喊售罄纸上无声息"，载和讯网，http：//www.hexun.com/。
❷ "J 市项目探营、明修 Z 城暗度商业地产"，载腾讯财经网，http：//finance.qq.com/。

华中药市的崛起 ——一个发展人类学的个案研究

士认为正在向地产商转型。❶

"你退房了吗",我跑去问张老板。张老板在开盘前找了 M 药业里的人,他不但买了自己心仪地段的店铺,还资助三弟弟买了房。"我不退",张老板回答得斩钉截铁。他觉得大行养活着这么多人,政府肯定不会轻易让药市垮掉,政府肯定会帮 M 药业促成搬迁,既然大行一定会搬,这房子他就必须得买。张老板的三弟弟也没有退房,因为张老板和他说得很清楚,他这次要是退了房,张老板以后就不管他了。阿林也没有退房,他说他打听了下,他认识的好几家都买了房子,他们不是托儿,既然这几家都买了,他也就买了。

既然还有那么多房子没卖出去,人们便预期 M 药业还会再卖一次房,就在很多人都在翘首观望时,J 市市场却没了动静。直到 2012 年的 4 月底,市场上突然有传言说 M 药业又卖房了,房价最低的只有三千多元,可等很多人都跑去买时,他们被告知房子已经被人买走了,再想买就要每套多加 15 万元。张老板的二弟弟就在那时跑来找他想买房,二弟弟觉得三千多元的价位还是值得考虑的,但是他人际关系不足,不知道找谁能买到。虽然张老板给我分析说,M 药业就月底那几天卖的房,还不公开卖,这里肯定又都是托儿,但是为了帮弟弟,张老板还是去找人买了一套,地段虽然一般,但是每平方米划到六千多元,算便宜了。据药商们讲,M 药业只那一次,就把一期工程所有的房子都卖完了。我本以为这事就算告一段落了,市场会暂时平静下来,却不想此后不久,市场上开始一点一点地,散播出有关 M 药业的各种各样的流言:

"我听说 M 和 J 市政府的关系恶化了,他们已经打官司了,政府给西园香料市场办证就是在承认这个场外市场,就是在和

---

❶ "M 药业新棋局:转型药都地产商?",载东方财富网,http://www.eastmoney.com。

M 对着干,牵制着 M。"

"人说北京同仁堂要进 J 市了,同仁堂还是有接管大行的实力的。"

"听说那边(南部新区)商铺的手续不全,政府肯定不管把手续都给他,他跑了咋办?"

"我听一个朋友讲的,他说他是听药监局的人讲的,这大行现在为啥不搬呢,说的是因为那边的工程质量不合格。咱看不出来,人家懂的一看就说已经是加固过的,不合格。要不他咋迟迟不搬。"

……

大行不只是药材的集散地,还是信息的集散地。每天都有各种信息在大行汇集:好的、坏的、真的、假的,随着人们的下行,这些信息再被四散到 J 市的各个角落里。J 市号称有 1/6 的人在干药材,药市上有一点风吹草动,就能满城风雨,干药材的、不干药材的,大家都能说上那么一点,都愿意在茶余饭后把它拿出来讨论一下。我也是如此。不过我之所以愿意和药商们一起讨论流言,是因为我可以通过流言引出人们的态度和看法;药商们愿意传播流言,则是因为在权力和资本的联手挤压下,弱势的社会只能通过散布流言这种"弱者的武器"来进行抗争,以期抹杀他们不得不参与的这种游戏规划的合法性。当然,因为人们牵涉其中的利益不同、受损程度不同,传播的心态和目的也各有不同。

"你担不担心南部新区的房子打了水漂?"流言下,我问张老板。

"没啥担心的,M 跑了他政府也跑不了啊,M 是他招进来的呀,M 要是跑了,俺就去找政府,当初是他(政府)叫俺们买的呀,俺们不买他不让啊。再说,那么大片地方,你想政府能

华中药市的崛起 ——一个发展人类学的个案研究 ▷

让它空着吗，这和住宅楼烂尾是不一样的。J市除了这么一个大行，你说还有啥了，这个影响面太大了，政府肯定得管。俺跟你讲，有些人也是眼气他没买成房子所以才传这些，他现在想买房子没有了吧，他就是想说'看，你买房子了吧，亏了吧。'"

流言盛行下，阿林有点担心："咋不担心，这房子不买亏了吗？我后来都想去退了，但也没看谁去退啊，反正我的房子也不算太贵，就再等等看吧。"

正如我在本节开头时提到的，那段时间里的J市药市是人心不宁的。买了房子的人心里很纠结，他们怀疑自己是不是买错了房子，纠结手里的房子要不要退掉，他们不知道大行能不能成功地搬过去，不知道自己投出的几百万是不是已经打了水漂？没买房子的人心里也纠结，他们在纠结这房子是不是应该买，不知道大行如果真的搬了他们该怎么办，那边的租金会贵到什么程度？

小行售楼告罄的时候，大行里蹲行的药商们刚完成了登记，摊位号、样品号的政策和价格尚未出台。不过，新大行一楼的精品厅已经开始招租了，我常去拉呱的一个药商表示，因为新摊位行的摊位面积没有当下的这个大，他在行里的药材数量多，需要一个大一点的空间，他便花了105000元的年租价格，租赁了一个四十几个平方米的展厅。据他讲，他租的这个还是便宜的，地段好的租金一年30万元不止。

"你可管给我们曝曝光"，这个药商气呼呼地对我说，"这M心太黑了，他鼻子大压着嘴，说啥就是啥。"

我无奈地摇摇头。

"我可不承认他鼻子大压着嘴，你都不去买他能压着嘴？"

第四章 空间的逼仄

一个在他旁边蹲行的老太太说。

"我的天,你干这行的你不买咋弄?"这个药商无奈地摊开了双手。

"你得一致地去反映!"老太太说。

"我的天,哪有一致的啊!你不赁,管啊,有的是人赁。"那个药商也无奈地低了头,不言语了。

人们确实很难一致。因为他们缺乏可以替代的其他有效生存手段,他们无法退出市场,所以他们只能顺从J市药市的发展规划,撑着行走;因为大行——这个为政府认可的合法空间——资源有限,需要去抢占,所以人们联合抗争的底线被放得很低;因为默认了"胳膊拧不过大腿",害怕被政府登名挂号后,断了一家人的生计,人们不敢抗争,他们想得更多的,都是如何能通过继续寻求合租来最大限度地降低租赁成本。所以,这个由数以万计的个体构成的庞大市场虽然蕴含着巨大的力量,但它当下只能是一团散沙。

"你将来怎么办",我问另一个摊位上的一个年纪很小的二代药商。

"我不知道,我听号头的",二代药商有点羞涩地指着旁边站着的一个人说,"那是我'大哥',我们五个是一个号头(摊位的意思)的,我爸爸那时我们就都在一起干,都干多少年了,我跟着'大哥'走。"

"俺能咋弄","大哥"转过身来,用鼻子哼了一下,"俺不像你有工作可对?俺全家都指这个吃饭呢,继续赁呗,没这个干不成。"

回顾本章上述内容我们可以发现,药商口中的"没这个干不成"虽然表面上是指租赁来的摊位,但是实际上指的却是一个由交易中

华中药市的崛起 ——一个发展人类学的个案研究

心——这个权力建构起来的空间——所赋予的合法身份。显然，空间是一种社会关系，当政府利用空间来谋求发展时，空间就重构了地方政府和药商、大型外来资本两大行动者群体之间的互动模式，药市成了地方政府支配下的权力空间，药商们自组织的社会生活机制被压抑到最低的限度。因此，本书这里所谈的空间绝非是一个空的区域、一个单纯的客观物质性存在，虽然它可能以某种自然科学意义上的物理空间为基础，用德塞图（de Certeau）的话说，"空间（space）指的是被实践了的场所（place）"，它是行动者群体占有的区域，是社会的产物，涉及行动者与行动者之间的相互作用。当人类在一个"场所"内涉入了主观性行动（movement）时，就驱动了"空间"的产生（吴飞，2009）。J市药市的发展以及"Z城"项目暴露出来的药商与大型外来资本和J市地方政府之间的利益冲突，正与这种社会空间的变迁密切相关，它是国家、社会、地方政府和药商之间的关系在药材集散市场这个界面上的重构。

可以说，自分税制改革以来，以谋求地方经济发展为主要职能的地方政府不仅开始尝试与资本结盟、打造"金权城市"（陈东升，2003），还将联手推进城市化视为最重要的发展路径，这引发了来自药市空间的逼仄。随着为权力认可的药市经营空间逐步为大型外来资本所掌控，我们看到J市药市在空间格局上呈现出一种明显的资本分布：经济实力雄厚者逃离了大型外来资本的掌控，围绕在大行周围开小行；绝大多数药商们都需要进入大行，依附于大型外来资本的管理；拒不依附者以及没有经济实力进行依附者只能在资本的领地里偷食。从此，药商们开始承受权力和资本的双重入侵，"Z城"项目只是这种入侵的一种形式，这就是为什么在药商们看来，以药市搬迁为表征的市场发展更像是在进行一场公开的"掠夺"。在一定意义上，中国90年代以来的发展特点即是权力和资本形成的此种结盟，它是造就中国"经济奇迹"的"体制奇迹"，因为高度总体性的国家体制与迅猛发展的市场经济能如此紧密结合、并存共生，这在人类历史上似乎还从未出现过（沈原，2006），这也是为什么我们会看到社会在无奈与妥协的原因。当资本在地方权力的庇护下长驱直入，当社会缺乏对等的博弈条件，当市场远未能发展成一个"受规制的市场"、仍在尽显其野蛮力量的时候，J市药市很难能避免困境重重。在接下来的一章里，我将围绕J市最大饮片产业集群的诞生，说明J市药市困境的另一种构筑经过。

华中药市的崛起
——一个发展人类学的个案研究

第五章
药材里的世界

华中药市的崛起 ——一个发展人类学的个案研究

相传,在厄瓜多尔南部山区的马拉卡托斯,当地的印第安人遇到疟疾时,会用金鸡纳树皮来进行自我医治。因为屡试不爽,金鸡纳树皮被土著们视作神药,世代相传。哥伦布发现美洲后,一位酋长出于友谊,赠送给传教士胡安·洛佩斯一块金鸡纳树皮留作纪念,金鸡纳树皮的秘密由此落入了欧洲人的手中。于是,在西医们先是从金鸡纳树皮中分解出了治疗疟疾的有效成分奎宁和金鸡宁,继而又人工合成了奎宁之后,印第安人手中的金鸡纳树皮由土著本草进化为了现代西药。金鸡纳树皮的故事在成为西方医学的一个发展缩影的同时,也反映了中西医学19世纪以来的分道扬镳。❶

然而,知识和技术从来都不是价值无涉的。20世纪50年代以来,以"正统"自居的西方医学以"科学""标准"的名义,对缺乏量化指标的中医药等本土医学进行了压制、排斥,抹杀它们的合法性,将之边缘化。正如埃斯科瓦尔(Escobar,[1995] 2011:59)指出的:现有的权力形式的运作借助的不是镇压,而是标准化;不是无知,而是被控制了的知识;不是人文关怀,而是官僚化的社会行动。以此来看,"发展"是一种文化之间的碰撞、一种知识政治学,它正在世界上的很多地方,如中药饮片产业领域,就在此时此刻,埋头苦干、专心破坏。在对J市药市的空间扩张进行过讨论之后,这一章,我将从中药饮片产业的运作层面来呈现J市药市的崛起。我将首先对中国传统的个体饮片加工这一经营方式进行介绍,之后,我将透过"非典"引发的中药饮片产业危机,描述发展话语下,中国最大饮片产业集群在J市的诞生。

第一节 切 片 子

我田野期间租住的旅社,是詹哥的老表苏老三帮我联系的,就

---

❶ 参见百度百科"金鸡纳树"词条,http://baike.baidu.com/view/560854.htm。

第五章 药材里的世界

在他家附近,用J市人的话讲,我俩那是挨边的邻居。我因此有幸成了苏老三家中的一个常客,常去他家转悠。苏老三体谅我一个人出门在外不容易,常叫我去他家吃饭。我为了减低自己白吃白喝的愧疚之情,也尽己所能地努力帮他干活,如果用一个字来概括我的工作,那就是推,这当然和苏老三的经营方式密切相关。

苏老三是切片子的。中药包括中药材、中药饮片和中成药三个组成部分,饮片就是药材(药商口中的个子)经过炮制后,可直接用于中医临床或制剂生产使用的处方药品,它也是制备中成药的原料。饮片入药、辨证施治、生熟异治历来是中医的用药原则,也是中药的特色所在。在J市,药商们就把饮片的个体加工者们叫作"切片子的",而不管他使机器切还是使切刀切(参见图5-1)。苏老三虽然自17岁起就跟着父母做生意,至今已有20年,但他切片子的历史却只有9年,这当中的转型过程略微有些曲折。

图 5-1　药商们在手工切制饮片

苏老三上有两个姐姐。因为他是老小,还是个男的,便很得老两口的疼爱。老两口疼苏老三的一个方式,就是想把自己吃饭的衣

华中药市的崛起 ——一个发展人类学的个案研究

钵传给他,让他继承家里的羊肉生意。生意虽然做得不大,但足以让老两口过上相对富足的生活,姐弟三人的房子都是老两口出钱盖的,个个都是独门独院的三层小楼。可是苏老三跟着干了一段羊肉生意后就不想干了,用他的话讲,J市那些有大钱的人没有哪个是靠卖羊肉卖出来的,而是靠卖药材,他理想的生意是去卖药。苏老三的父亲其实也卖过药,和苏老三的舅舅,也就是詹老爷子一起搁过伙计。不过,由于药材生意比较复杂,如得"认药":产地、规格、真伪;还得"知药":产新、滥市、走俏、滞迟,苏老三的父亲掌握不来,两人搁伙计时,都得靠老爷子拿主意,再加上药材涨价时是宝、烂市时是草,苏老三的父亲受不了这种大起大落的刺激,就转行干起了羊肉生意。苏老三既然一门心思地想干药材,老两口也只能由着他去了,苏老三就这样弃羊从药,跟着老爷子和詹哥一起去云南拉大货。

做生意总有赔的时候,拉大货也是一样。苏老三有次没掌握好行情,从云南拉回来的数吨药材一斤不剩,都赔钱卖的,损失惨重。雪上加霜的是,他老婆还把家里仅有的一万块钱拿给她爸进行了一项所谓的投资,一分钱没赚不说,连本钱也都搭进去了。结果那段时间里,苏老三有心东山再起,却心有余而力不足。为了让苏老三收手,以免他将来把房子都赔进去,苏老三的父母和两个姐姐坚决不肯借钱给苏老三,苏老三只好断了继续拉大货的念想。但他并未就此回归到羊肉生意的轨道中来,而是开始"空手套白狼",帮切片子的朋友代卖起片子来。苏老三告诉我,他就是这样走上切片子的道路的,因为他发现既然自己帮人代卖得还不错,那为什么不自己亲自去切片子卖呢?在被苏老三称为是一个真正的朋友的百货店老板的接济下,苏老三令家人"失望"地正式切起了片子。

历史上,饮片生产一直以切片子为形式,即个体经营、手工作业。据J市当地的历史叙事称,这还是J市药市的一个优势所在:早在明清时期,J市中药材的破碎、炮制就已十分兴盛,炮制业还有以

第五章 药材里的世界

南京为代表的"南派",以开封为代表的"北派"和"当地派"三个派别;民国时期,J市还涌现出张俊才、陈子英、许登云等一批炮制高手。80年代初,药材市场开放后,J市的个体加工户竞相开业,至1986年,仅市区加工户就达2931家,乡间自产自加工户多达3万多家。90年代初,J市形成了一批药材加工专业村。1993年,从事药材粗加工的专业村就达到了350个。可以说,饮片不仅是J市药市的一大优势,更是它的生长点,2010年,J市中药材深加工生产总值达74亿元。药商们告诉我,来J市买药的人绝大多数都是买饮片来的,别的药市切不出J市这么好的片子。一个老药商还表示,J市经济活就活在饮片上,饮片垮,J市经济就得垮。所以,苏老三再没更换过经营方式,一直切到了现在。

要切片子,第一步是采购个子药。除非有可靠的产地关系,否则J市切片子的上家通常都是本地拉大货的药商,这样比较方便、也可以保证质量。尽管这些年来,苏老三经常进货的上家也就那么几个,但是每次采购前,他都要开上他的小货车,把拉大货的那几家都转上一遍。苏老三表示,一种个子药的拉大货圈子并不大,只要在样品行里转上几天,就能摸清有几家在批发这种个子。只要质量、价格差得不多,他就还从那几个上家手里拿货,虽然是在做生意,感情因素也是有的。

苏老三采购个子时,对个子的大小、色泽、干度都十分关切。个子大,片子切得就大,大而薄的片子在市场上属上乘,能卖出个好价钱;个子的色泽好,片子颜色才会漂亮,苏老三因而经常奋力掰开个子药,看它的断茬白不白;个子的干度好,买家就不会折秤,而且药材不容易发霉、生虫。苏老三虽然到不了一些药商们口中老道的药商那样,在装有个子药的袋子落地时,借由声音就可判断出个一二,但是通过用手抓握来感知干度还是可以做得到的。所以,价格、大小、色泽、干度,都是苏老三用来和上家讨价还价的法宝,他们之间的对话通常都是这样的:

华中药市的崛起 ——一个发展人类学的个案研究

苏老三："××❶现在啥价？"

上家："二十六。"

苏老三："咋那贵？"

上家："这两天产地涨价，拉到这都合二十五块六七了。"

苏老三："我看看。"

上家："你看呀。"

苏老三："（看××）这回个头倒是不孬。"

上家："这货好得很，个头还大，切出来的片子漂亮得很。"

苏老三（用手掰××）："这货咋这湿呀，这货不干。"

上家："这干度就是够好的了，能达到九成干，湿那都是个别的，新货不可能十成干，十成干就有沤（烂的意思）的了，你看，这茬多白。"

苏老三："这不管，这太湿，你看、你看……价钱不管少了吗？"

上家："不管，少一分俺都不卖。"

……

一旦价格方面谈妥了，苏老三还会爬到两米高的药材垛子上、爬上爬下地亲自挑选药材。他打开某个袋子系着的绳结，用手尽量抓向袋子的深处，掏几个个子出来看，满意了，他就把袋子系好，扔到地上，苏老三一般每次进货时，都要像这样挑上二十几袋，买上大概一吨的药材。所以，你若是在哪个拉大货的药商家里，看到有人不但从多个方面挑剔个子，还会爬到垛子上去挑药材，那必是切片子的无疑。"管！你相中哪包要哪包"，见此情景，拉大货的药商们通常都会这样说。

切片子的第二步是炮制。在中药学上，药材的炮制有烘、炒、

---

❶ 因为苏老三主营的药材圈子较小，相当于是一个容易被指认的小群体，本书此处对药材进行了匿名处理。

第五章 | 药材里的世界

洗、泡、漂、蒸、煮等多种方法。苏老三主营的××需要润透，这些药材个子被苏老三一股脑地倒进自家后院用水泥砌好的一个池子里后，就被苏老三用水管哗哗地浇上了水，扔在那里静置上一段时间，苏老三并不关心润透程度与药效之间的关系，他润透的标准是其否适宜切片子。他表示他是商人，商人关心的是能赚多少钱，有没有药效那是医生的事，要看中医怎么配。

切片子的第三步工作就是打磺，即用硫磺熏一下药材个子，防止霉变。这一步并不是必须要做的。只是在多雨、潮湿的季节里，打磺对于药材的保管来说极为重要，因此，很多药商家里，都有一个下部留有一个开口的，用编织布围成的半米高的圆锥形架子。架子里面用来放硫磺，架子起的是将药材个子和硫磺隔离开的作用（参见图5-2）。人们把燃烧起来的硫磺自圆桶下方的开口处放进圆锥中间，再把开口处封好，大概两天左右，药材就熏好了。自古以来，药材防霉的处理都是打磺，这本无可非议，不过有些药商们当下打磺并不完全是为了防霉。由于被硫磺熏过的药材切成片子后，颜色新鲜、明亮好看，一些药商便在使用硫磺时，加大了用量，这就有害而无益了。我在J市里四处游走时，曾"体验"过过量使用硫磺时的厉害。硫磺燃烧时的味道非常刺激，即使包裹得足够严实，从旁边经过时，人的鼻子还是会感到被什么东西刺了一下。打磺是

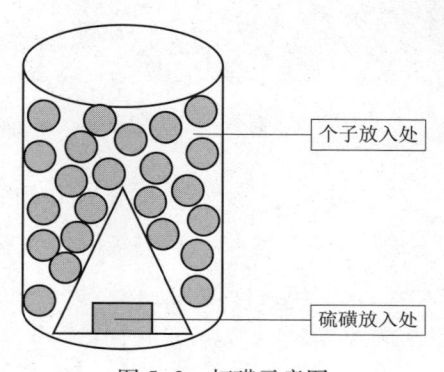

图5-2　打磺示意图

华中药市的崛起 ——一个发展人类学的个案研究

切片子前的最后一道工序。打磺后的个子被装进麻袋堆在仓库里，等待切制。

  目前，对于一些泽泻、川芎这样长相规则的个子，市场上常使机器进行切制，其他的药材则需要使用切刀进行切制。那些在上行期间守在大行门外，身边的自行车上绑着一把大切刀的人，都是等活的手工切片者（见图5-3）。苏老三主营的××就以手工切制为主、机器切制为辅。我负责帮苏老三用机器切制那些碎小的、没法使用切刀的药材：我将这些散碎的药材一把把地抓进切片机器的一个小抽屉中，向里推送这个抽屉，药材就被里面快速旋转的刀片给切成了片子，然后从机器的另一个口掉到地上准备好的簸箕里。"推"就成了我回报苏老三唯一能做的一个工作。

图5-3 等活的手工切片者

  负责给苏老三手工切制饮片的，是4个住在附近一个庄里的农村妇女，她们在苏老三家干了7年，几乎从中年妇女切成了50多岁的大妈。她们每天早上一起骑自行车过来，中午一起出去吃饭（苏老三不负责午饭）、回来稍微休息下就开切，一直到下午五点才收工，然后俩俩一伙地抬着片子去过秤、记账，年底统一结算，一个

第五章 | 药材里的世界

人一天能切 20 公斤左右。据我了解，虽然不同药材的切制费用有所不同，药材越贵细、切制标准越高，手工费也越高，但是一般来说，切一公斤普通草药能拿上 3 块钱。对于苏老三一公斤只给 2 块的报酬，一个大妈表示：价钱给的虽然不高，但是比较稳定。外边活挣得虽多，但是要到处跑，太辛苦了。

大妈们切好片子后的下一个环节是晾晒，这也是有门道的。苏老三告诉我，由于夏季多雨，药材容易发霉、生虫，人们的采购量都有所下降，货走动得迟，夏季就成了 J 市药材集散市场的淡季，其他时间算是旺季。市场旺季时，片子只要晒到八成干就足以了，那时货不够卖，晒得太干了就意味着"亏"；但是淡季时，这片子一定要晒到九成干才管，那时货走得慢，药商们格外挑剔，晒得不干就很难出手。于是，苏老三两口子一个在楼顶的露台上、一个站在天井中，一起配合着用升降机，将片子吊到露台上去进行晾晒。而晒好的片子就可以拿去市场上进行交易了。

切片子的下家通常是走药的药商，也就是专门为 J 市以外的药店、医院、药厂等单位供货的人。由于药材种类繁多、市场变化莫测，很少有单位能有足够多的人员能像走药人那样，既了解药材又熟悉市场，还可以长期驻扎在 J 市随时采购货源。因此不少终端市场上的这类单位，都在靠走药人和 J 市药材集散市场发生着联系。作为 J 市药市的生长点，片子最后就多是经走药人之手，发往全国各地的。J 市药界的一个知名人士曾对我说，J 市有一支其他药市都无法比拟的销售大军，这就是走药人。J 市药市的这个特点是我能看到的，只詹家所在的这条巷子里，十几家住户中就有 5 家在走药，占到了 1/3 强；我在大行里蹲摊、在马路上打游击时，也常能看到手里掐着一张或数张单子的买药人，药商们告诉我，这都是走药的。走药人就像人体内四通发达的毛细血管一样，源源不断地把 J 市的药材药品输送到全国的每一个角落。

到此，这些由个体加工出来的片子开始流向全国各地。这当中

华中药市的崛起 ——一个发展人类学的个案研究

还存在地区差异。据药商们讲,那些挑选出来的片形大而好看的净货,也被称为"选货",通常流向了城市中的那些有名望的、上规模的医院、药店等单位;而那些片形碎小,质量一般的便宜货,则有可能流向了偏远地区的,或城市里不出名的小医院、药店、诊所等单位。巷子里加工饮片的刘哥对此便直言不讳。依据《中国药典》规定,刘哥主营的药材只有根部是用药部位,混有茎、叶的饮片是劣药,于是,每次切完片子后,刘哥都要和他老婆用风机吹、用筛子筛、用手挑,将那些棍子从片子中剔除出去。那些剔除得比较彻底的片子,无疑可以卖得贵一些,而那些混有不同程度茎、叶的饮片,则以不同的价格流向不同层级的市场。这恐怕也是买家询价时,卖家们首先要问对方"你要啥样的"的一个原因。

"××的茎叶就其治病来说,没啥妨碍,都是一个样,可知道?"刘哥说。"只要它真,它就有含量,这些棍子不管卖,但是它比那假的好得太多了,就这沫子都比假的好,就像你吃馍不得掉沫渣子吗?沫渣子不也是馍吗?所以这沫子照样有含量。《药典》是谁规定的,那不都是当官的规定的吗?咱吃面条子能吃饱,当官的吃鱼肉也能吃饱,面条子他管吃他就不吃,就光吃那鱼肉,他消费水平高啊。都是那种高质量的饮片才能卖,那哪能够全国人民吃的?所以说,层次不一样,社会就是这样。有钱的你就吃好的,没钱的你就得吃孬的。"

以苏老三和刘哥等人的经营方式为透镜,我们可以看到中国传统饮片加工模式的特点:它以个体为加工主体,以药商家为加工场所,无论是药材的选购、炮制,还是饮片的质量检验、交易,都缺乏一个量化的参数标准,依赖的都是眼看、手摸等个体的主观经验。饮片销售也以多环节的个体交易为主,一旦出现质量问题,政府难以进行彻底追查。显然,从以现代理性为核心的发展话语的视角来看,这种非标准化的生产方式是不科学的(它确实更容易滋生人们加重、染色等制假售假行为)、不规范的,这种饮片生产方式所蕴含的危机终于在"非典"后,随着央视对 J 市个体饮片加工中的制假售假现象进行的曝光爆发出来,被国家高调地纳入整顿的视野,这使得以饮片加工和集散为生长点的 J 市药市备受冲击,几乎到了被推至生死存亡边缘的地步。

第二节 "非典"的故事

2003 年,中国爆发了一场罕见的疫情,这就是"非典"。对于 J 市的个体药商们来说,"非典"时期的 J 市虽然是壮观的、难忘的,但是"非典"的经历却有点令人痛不欲生;对于 J 市药材集散市场来说,"非典"则是场洗礼,因为央视的一段曝光,J 市药市差点毁于一旦。

"'非典'时候热闹得很!"一次,在我无意间提起时,开小行的张老板说,"咋热闹?卖烧饼的都来卖药,拿着钱就买、买了就管卖。俺这门口堆的都是人,从火车站到××公园,这几条街上都是卖药的,车都开不过去,那真是壮观得很!J 市那时候是不夜城可知道?都是打灯卖,晚上黑了都不收摊子,人都不睡觉了,熬得两眼通红。这一天就可以挣个十万八万的,你可有心情去睡觉?俺嗓子都哑了,卖货啊,说话说得太多了。俺从拉二花(一种药材)的手里买了搁这就卖了。那时候,藿香、苍术、贯众、二花,都好卖得很。当时整个药行都乱了,别的什么药材都卖不动,就围着药方上那几个药卖。银行里的钱都取空了,都取了买药了啊,一开始都赚了。"

资料显示,"非典"疫情出现后,4 月 8 日,《北京晚报》公布

华中药市的崛起　——个发展人类学的个案研究

了专家开出的预防"非典"的中药处方；4月9日，J市药市出现异动。4月11日，国家中医药管理局推出了15个处方（试行），4月21日进行了修订并再次提供了6个处方，上述种种处方主要涉及的中药达到26种。于是，从4月21日开始，药价开始疯涨，药材综合价格上浮4倍，个别药品上涨10倍。❶ 大量外地药材被运往J市以满足J市市场的需求，部分药农也不惜"杀鸡取卵"，将药材早早地就从地里刨出来，运入J市市场。于是，大行及其周边，买卖药材的人员数量激增，其人数在J市历史上堪称空前绝后。据J市药业发展局市场法规科科长韩志军说，J市中药材交易中心里面的经营人员在4月中下旬时的数量，是平时6000户的4倍；J市平时运往外地的药材数量为700吨—800吨/日，那几日能高达2000吨/日；4月17日—4月28日期间，工商银行在J市市区15个营业网点的平均日投放量为3000多万元，最多的一天投放5000万元，而平日正常的投放量仅为400万—500万元，即便是投放量最多的春节期间，每日也不过才1000万元。❷ 不但外地药商源源不断地涌入J市市场，就是本地一些不干药材生意的人也前仆后继地加入进来。用一个出租车司机的话讲，J市那时候都神经了，几乎家家都在买药、卖药。为了保障日常工作正常进行，J市一些单位还临时出台了一些处罚政策，如规定一经发现员工经营药品，将给予下岗处罚，但还是不断有人加入进去。"他有空处罚别人嘛，领导自己还忙着买药卖药来"，一个已经退休的公职人员谈起当年戏谑道。药商们告诉我，当时行里买了药，转个身就管卖出去，"交易的速度就像击鼓传花一样，买卖非常快。"

虽然4月22日，省计委、经贸委、工商局、物价局等六部门下

---

❶ "J市：著名中药集散地经历8天诡谲市场行情"，载百拇医药网，http://www.100md.com/。

❷ "J市：著名中药集散地经历8天诡谲市场行情"，载百拇医药网，http://www.100md.com/。

发《关于严格控制与非典相关商品价格上涨的紧急通知》，要求对与"非典"相关的苍术、金银花、贯众、大青叶、板蓝根等重要的中药材价格，可根据情况适时采取差率控制等临时干预措施，其批发环节购销差率不得突破30%，零售环节批零差率不得突破35%，但这一规定并未奏效。据J市药业总商会初步统计，4月21日—4月28日，贯众由平时每公斤批发价0.8元最高涨到100元，双花从每公斤20元涨到350元，藿香从每公斤3元涨到50元，黄芪从每公斤9元涨到30元……❶

药价飞涨愈发激起了药商们的疯狂，因为舍不得时间睡觉，药商们都是全家上阵、轮流休息。在詹家，"非典"前已然放权、很少再过问生意的老爷子由于"非典"来袭，也从詹庄回到了城里。詹哥直奔了产地，詹姐丈夫就负责行里行外的货物运输，詹姐和詹嫂成了买卖主力，俩人困急了，就由老爷子和老太太顶上去。一家人齐心协力、共抗"非典"，药价疯涨的那几天里，大家又累又紧张。

然而，药材不只涨得快，跌得也快。为制止和打击哄抬物价行为，稳定市场价格秩序，保证非典型肺炎防治工作的顺利进行，根据《中华人民共和国价格法》第30条的规定，一些地方从4月27日起，对部分药材实行价格干预措施、对相关商品的生产企业实行品种利润率控制，规定每种产品的销售利润率不得超过15%，这项干预措施直到6月份才被解除。

于是，从4月29日起，双花从350元/公斤的最高点滑到130元/公斤，佩兰从100元/公斤降至60—70元/公斤，连翘从40元/公斤降到20元/公斤，苍术由110元/公斤跌到55—60元/公斤，贯众从100元/公斤的最高点一下子跌至40元/公斤。❷ 情形逆转之下，

---

❶ "J市：著名中药集散地经历8天诡谲市场行情"，载百拇医药网，http://www.100md.com/。

❷ "J市：著名中药集散地经历8天诡谲市场行情"，载百拇医药网，http://www.100md.com/。

华中药市的崛起 ——一个发展人类学的个案研究

很多人来不及应对。据 J 市药业总商会会长卢景川估计，大概有 60%—70% 的人亏本，赚到"大钱"的只有 10% 左右。

"俺到最后要不买那一车苍术，就不能赔钱"，张老板叹了口气，继续道，"几十块钱一斤的苍术，俺买了四十万块钱的，当时车要别耽误事也管卖完了，早上五点钟回来的话，在大行那卸车就管卖完，包车的不知道路，下午一点了才回来，那货臭得跟狗屎一样（没人要的意思），生意就撒气了。到最后，'非典'不快了，一不快了就卖不掉了，那以后生意就不好了，就没人买了知道吧，以前赚的都添这个赔的了，瞎慌那些天，到最后一点没赚，又都赔进去了。人说那个卖烧饼的都赔完了，万把块的本都进去了。人说还有个卖草药的，从来没见过那么多钱，赚了有几十万，喜欢得神经了，天天说'有钱了！有钱了'！'非典'是啥吧，就是有哭的也有笑的，不过还是哭的多。"

"非典"是药材集散市场上少有的"鬼行情"，"扭头就一个价"，有药商这样形容。所以直至今天，提起"非典"时，人们还是十分感慨。

"'非典'后是什么感觉"，我问开小行的高姐。

"不想做了，那时就不想做这药材生意了，好几天都反应不过来，三五天的时间就亏了四五十万元，你赚到手里的钱又都拿出去了，这心里觉得不舒服。"高姐说。

高家是做参茸的，主营的都是些海马、虫草、人参、鹿茸这样的贵细药材，从来没买卖过双花、藿香这类草药。但是"非典"期间用高姐的话说，不仅是她的弟弟妹妹们都没了理智，就连她这个

第五章 | 药材里的世界

当家的也跟着昏了头："人们当时就要那几种货，大家都出去找，我们便也跟着出去找；低价位买不来，人家高、我们也敢高，明知这东西不值这么多，也情不自禁地跟着买，结果赔了几十万元。"

随着各级价格主管部门对药价的平抑，药市渐趋稳定，人们本以为生活就此可以步入正轨了，不想就在此时，J市药市受到了一记重创。2003年6月1日下午，中央电视台对J市一些不法商贩把辣椒秆、茄子秆切碎后掺进藿香、佩兰等名贵中药材的切片里的事件进行了曝光，此事顿时轰动了全国，胡锦涛总书记和吴仪副总理严令查处J市假药事件。6月13日，由公安部、国家工商总局、国家药监总局、国务院纠风办等部门组成的联合督察组赶赴J市，对药材的制售情况进行全面检查。举国瞩目下，J市市政府迅速行动，对央视曝光中的涉案人员进行抓捕，短期内就高效地批捕了31人、依法起诉了24人，查处失职、渎职国家工作人员6人，并对全市所有的藿香进行查封。J市还召开了制售假劣药材案件的公开处理大会，销毁了查获的189个品种、标值164万元的假劣药品药材。为示打假之决心、换回全国人民对J市的信任，J市市政府还本着"破釜沉舟、背水一战、断臂割腕、先死后生、志夺全胜"的诚意，❶ 在6月17日下发了《关于对中药材交易中心进行停业整顿的通告》，准备将大行闭市1个月。为保证顺利关门，实施这次J市史上，官方语境下最为严厉的整顿，J市市政府印制了5000份通告，在交易中心内及全市交通干道和药商聚集地区广为张贴；并利用广播、电视、报纸等途径播发通告内容。于是，6月20日那天，自打开门就从来没关过门的大行被关闭了，所有场外市场也被勒令歇业、詹家等药商们家家关门闭户、不敢走动药材，直到7月20日，J市药市才重新恢复开市。

"非典"的这次曝光在将J市药市推至生死存亡边缘的同时，还

---

❶ "以变图存——从药都J市透视中药材专业市场发展之路"，载百拇医药网，http://www.100md.com/。

华中药市的崛起 ——一个发展人类学的个案研究

使中药饮片的质量安全问题高调地进入了国人的视野。虽然早在1984年,国家就在《中华人民共和国药品管理法》中明确规定,不具备《药品生产许可证》的,不得生产药品,包括中药饮片,禁止在中药材集散市场——这种农贸性质的交易场所内销售中药饮片,这项规定继而还在2001年的第45号主席令中被再次重申;1999年,国家药品监督管理局发布《药品生产质量管理规范》,开始实施GMP认证(药品生产质量管理规范);2002年10月,科技部、卫生部、药品监管局等单位又联合颁布了《中药现代化发展纲要》(2002—2010年),明确提出要把推行和实施药品生产质量管理规范,提高中药行业的标准化水平作为重点任务,但是可以说,国内上下,没有一个药材集散市场严格执行了此项规定,都不同程度地存在着饮片销售问题。

有鉴于此,2003年7月,国家食品药品监督管理局、公安部、国务院纠风办、国家工商行政管理总局四部局,联合下发了《关于开展中药材专业市场专项整治的紧急通知》(国食药监市〔2003〕155号),决定对全国17个中药材专业市场及其他违法经营中药材的集贸市场立即开展专项整治工作,要求中药材专业市场要严格执行《国务院关于进一步加强药品管理工作的紧急通知》(国发〔1994〕53号)等一系列文件,一再强调"禁止在中药材专业市场内出售中药饮片,违者一律按无《药品经营许可证》或超范围经营药品进行查处。药品生产、经营企业及各级医疗机构从中药材专业市场购入中药饮片的,一律按从无《药品经营许可证》处采购药品进行查处"。2004年11月26日,国家药监局发布了《关于推进中药饮片等类别药品监督实施GMP工作的通知》,规定自2008年1月1日起,所有中药饮片生产企业必须在符合GMP(药品生产质量管理规范标准)的条件下生产,届时,未在规定期限内达到GMP要求的中药饮片生产企业一律不允许生产。以饮片为主的J市药市,一下跌入了低谷。

第五章 药材里的世界

以往包括现在，当货走得迟，甚至走不动时，药商们应对淡季的做法就是尽情地欢娱。苏老三还会抓住这个时机，带上女儿，和几家朋友们一起出门旅游。药商们的反应表征着药商们对药市集散规律的了解和自信：只要有地方政府的大力支持，只要人们还认中药，淡季虽然来了，旺季还会远吗？然而药商们表示，在"非典"曝光后的那一个月里，他们很紧张。他们知道这次曝光造成了十分严重的后果，他们从没见过政府会关闭整个大行来整顿药市，他们开始担心 J 市药市是不是就这么完了？国家会不会因此取消掉 J 市药市的从业资格？当拉大货的、开小行的、走药的、打游击的药商们都关门歇业了以后，J 市的那些旅馆、洗浴中心、饭店、KTV、车行、百货店的生意也都跟着萧条起来。曝光撼动的不是一个药市，而是 J 市的整个经济，以饮片为生长点的 J 市药市就这样迎来了自己的转型。然而，它却又因传统与现代的这场表里相异的结合而遭遇了种种尴尬与困境。

第三节 浴火重生

央视的这次曝光给身为"中华药都"的 J 市带来了重大打击。正所谓"重症下猛药"，J 市地方政府决定以 J 市中药现代化的"三步走"发展战略来挽救药业经济，第一步，就要从中药材交易方面下手，对交易中心实行公司化运营。❶

据老大行当年的那位领导讲，虽然交易中心落成时即宣布是在进行公司化运营，但是在这次市场整顿之前，交易中心里实际上是一种权责不分的情况，管理得非常混乱。

"96、97 那两年，三家合并以后，大行里可以说没有谁负

---

❶ "'现代 Z 城'有望成为 J 市城市新名片"，载东方网，http：//www.eastday.com/。

华中药市的崛起 ——一个发展人类学的个案研究

总责,各人收各人钱、各管各的",这位领导说,"这说起来你可能都不信,当时大行里面有 11 家子单位的办公室:纪检委有办公室,药检所有、林业局、派出所、国税、地税、工商,管委会、还有 J 市国药公司等,各有各的办公室。各家不仅都在行里设办公室,还都积极地去市场上乱查、乱罚、乱收费。那时候派出所的查,派出所搞业绩啊,工商所的也查,税务所的查、药检所的查、国药公司也查,公安局的、检察院的,连居委会的都管查,有职权没职权的都来查,药商没有一天好时候。那不嘛,看这样下去也不管啊,政府后来出台了一个政策,说这市场是重点保护单位,没有纪检委的批准,哪个部门都不管去市场里检查、罚款,药市是这样才逐渐稳定下来的,纪检委之前,谁查谁当家。"

"谁查谁当家"的现状显然不符合国家对市场秩序的规范要求,但是由纪检委来管理大行显然也说不过去,为此,J 市市政府在闭市期间,按照"市场运作、公司管理、规范经营、政府监督"的原则对中药材专业市场进行了公司化改造,实行公司法人治理和市场准入制度,建立了中药材专业市场管理体系。J 市国药有限公司还与市政府签订了责任书,成立了 J 市中药材交易中心管理有限公司,以加强中药材专业市场管理,确保中药材专业市场规范有序经营。从此,J 市国药有限公司开始以开办者的身份负责中药材专业市场物业、摊位的管理、交易场所的维修等;大行也开始实行统一税(费)收取、统一药材包装、统一作息时间等的"十统一"式管理方式。2003 年 7 月 18 日,鉴于 J 市在内的药材集散市场普遍存在混乱问题,国家还下发了《关于开展中药材专业市场专项整治的紧急通知》(国食药监市〔2003〕155 号)(本节以下简称《通知》),明确提出了"要把中药材专业市场纳入企业登记管理范畴,明晰市场开办者的法律责任,健全内部质量与经营管理体系"的要求。

第五章 | 药材里的世界

　　当然，国家提出这样的要求是情有可原的。因为中国的现代化发展之路并未在西方的直接控制下进行，这使得国家可以在一定程度上有效地延续本民族传统，抵制公开的殖民化；但是中国的现代化发展之路毕竟是在西方范例的影响下进行的，所以传统固然得以延续，但免不了会受到发展话语的挑战与冲击。如此一来，如何规范药材市场而非是否淘汰它，自然就成了药市在国家眼中的首要问题。为了迎合国家的《通知》精神，从 2003 年 7 月开始，没出事的其余 16 个大中药材集散市场也不得安稳，它们纷纷开始变革，尝试"公司化运营"，力图转换旧有体制，把市场管理纳入规范之中。

　　除了要求公司化运营，《通知》还严令各中药材专业市场要严格执行《国务院关于进一步加强药品管理工作的紧急通知》（国发〔1994〕53 号）等一系列文件一再明确地规定：中药材专业市场严禁销售各种中药饮片、毒性中药材以及濒危动植物中药材，违者一律按无《药品经营许可证》或超范围经营药品进行查处。J 市地方政府因此勒令中药饮片和野生、毒麻药材全部退出了交易中心。

　　有资料称，J 市的整顿成果受到了国家食品药品放心工程督查组的充分肯定，他们认为 J 市中药材专业市场的整治力度是前所未有的，成果也是空前的，J 市为其他 16 个中药材专业市场的整治做出了榜样。❶ 于是，2004 年 2 月，在 60 名身着唐装的药商集体宣誓，表示商人们一定会"将人民生命健康放在首位，杜绝经营假劣药品药材"之后（参见图 5-4），同仁堂不仅亲自为 J 市敲响了药市开市的钟声，还宣布它与 J 市某中药材公司合资兴建的中药饮片厂正式开业。为庆祝开市，J 市当天特地举行了踩高跷等民俗舞蹈巡游表演。然而在我看来，这种被国家认可了的规范成果只是个表面现象。

---

　　❶ "同仁堂为 J 市药市敲响开市钟声、药商宣誓杜绝假劣"，载新华网，http://www.xinhuanet.com/。

华中药市的崛起 ——一个发展人类学的个案研究

图 5-4　药商们在药市开市仪式上进行宣誓（图片来源于网络）

由于 J 市饮片的市场交易量占总交易量的 70% 左右，饮片的退出使得过去每年每季都能提前售完的大行里的 6000 多个摊位，在"非典"以后的几个季度里仅卖出 2000 个摊位。❶ 大行里是不见了中药饮片的踪迹，但是连药商们的踪迹也看不见了，市场交易额大幅下降，J 市的药业经济开始明显地衰落下去，药材种植也从前几年的 60 多万亩萎缩到 40 万亩以下。对此规范结果，地方政府非常苦恼。J 市工商局副局长李刚的看法直截了当："正常情况下，中药材的利润只有 10%，加工成饮片后能达到 50%。药市整顿后，J 市有 5 亿元的饮片失去了市场通道，被'封存'起来无法处理。"❷ J 市中医药发展局的张亚东局长也表示："从防止饮片掺假、规范市场管理

---

❶ "有待为中药传统饮片正身"，载百拇医药网，http：//www.100md.com。
❷ "疾呼标准：中药饮片夺命生死线"，载大众医药网，http：//www.51qe.cn。

第五章　药材里的世界

来说，禁止药材集散市场销售饮片当然是非常正确的。但是，全国年产中药材大约35万—40万吨，其中一半以上要加工成饮片，加工出来的饮片，大多数就是通过药材交易市场这个渠道销售出去的，如果对中药材专业市场在饮片销售上一刀切，不准销售，肯定会影响J市中药市场的经营乃至整个中药业的发展。"❶

　　考虑到确实有些药材需要在采挖后，趁鲜进行加工，不可避免地会存在个体加工的情况，2006年，国家药监局委托省药监局放开了对茯苓、何首乌、赤茯苓、茯神、葛根、粉葛、岗梅根、虎杖、八角枫根、白芍、白术、桑白皮、牡丹皮、桔梗、白芷、大黄、商陆、乌药、地榆、苦参、雷公藤、白首乌、菝葜、土茯苓、薢黄药子、绵萆、桑枝、川木通、皂角刺、紫苏梗、佛手、干姜、山柰、狗脊、浙贝母、丁公藤、两面针、八角莲、瑞香狼毒、紫葳薢根、菊叶三七、粉草、片姜黄、山楂、十大功劳根、防己、天花粉、木香、土木香、高良姜、檀香、樟木、桂枝、大血藤、青风藤、苏木、降香、钩藤、红木香、桑寄生、槲寄生、锁阳、肉苁蓉、益母草、通草、黄藤、颠茄草、白蔹、木瓜、枳实、枳壳、鸡血藤、香橼73种中药材的管制，允许其初加工产品上市。但是对J市来说，只有73个品种可以上市还远远不够。考虑到个体饮片加工是自古以来的传统，以及J市药材经济正大幅下滑等实际情况，J市地方政府对国家规定进行了本土化，可以上市的饮片种类随时间的推移被逐步放开，这才使得苏老三和刘哥等一大批人加工的73种药材以外的片子可以在大行里光明正大地卖了。不过，放开归放开、该规范时还得规范，查得严时，大行里便出现了一些上着锁头的摊位，你若问起缘由，旁边的摊主就会说"他家有点事忙去了"。我印象特别深的一个场面，是有一天，大概十点钟的光景，我正在大行二楼楼梯口附近出摊的高姐家拉呱时，突然上来了一批人，穿着某部门的制服，

---

❶ "疾呼标准：中药饮片夺命生死线"，载大众医药网，http://www.51qe.cn。

华中药市的崛起 ——一个发展人类学的个案研究 ▷

他们朝向高家的这片区域走来。用高姐妹妹的话说,那时候就是想收摊子也来不及了,就那样吧、他查就查吧,大家便都停了手里的生意抬头张望。但是楼梯另一侧的摊位上可就不是这样了,药商们上板子、盖柜子,叮叮当当的声音此起彼伏。我之所以印象深,是因为药商们集体动作的声音大得连上来的这一行人都开始朝那边张望,他们都禁不住笑了起来:"我来我的,你干你的啊!"但是药商们哪敢继续干,尽管没见到这些人上来后查了谁的药,药商们也还是早早地下行跑了。

交易中心的专项整治告一段落之后,J市开始大踏步地迈出了发展战略的"第二步",即推动中药产业的标准化,提出"以产业结构调整为主线、以中药材加工为抓手、以产业化建设为核心",实施规范化管理、标准化生产、产业化发展战略。可以说,因为涉及饮片的生产问题,这一步是J市政府"三步走"发展战略中最重要的一步。

在饮片生产问题上,资料显示,公私合营后,中国曾在1955年前后,陆续建立过一些饮片厂,但当时的饮片生产一直不很理想。虽然1985年2月,国务院在第62次常委会上特别指出,中药饮片生产要有一个显著的改善,受此激励,中国药材公司决定分期投资,全国重点技术改革44个中药饮片厂,但是总体来看,饮片厂设备、技术落后,饮片业仍以个体加工为主。❶ 在"非典"充分暴露了个体饮片加工的"不科学""不标准"问题后,国家加大了对饮片生产问题的整顿。2004年11月26日,国家药监局发布了《关于推进中药饮片等类别药品监督实施GMP工作的通知》,规定自2008年1月1日起,所有中药饮片生产企业必须在符合GMP(药品生产质量管理规范标准)的条件下生产,届时,未在规定期限内达到GMP要求的中药饮片生产企业一律不允许生产。

---

❶ "中药饮片炮制发展回眸",载馆档网,http://www.guandang.net/。

第五章 | 药材里的世界

　　药商们对国家的规定满腹怨言。例如，苏老三就曾"义正词严"地指出，饮片加工那是老祖宗传下来的，是中国特色，手工切的片子就是比机器切的好，这个传统应该保持下去；退一步说，都由他饮片厂加工，老百姓都不会切了，一旦打起仗来，把你的厂子一炸，那中国人还吃不上中药了呢。詹哥等那些不加工饮片的药商们也认为国家对个体加工饮片的控制是不正确的，虽然他们能理解国家的初衷是为了防止个体制假售假，但他们认为在饮片加工的问题上，国家只要打个假就管了，至于片子是不是个体切的，根本不用问，在中药饮片的加工和销售这个问题上，国家管得太多了。对于药商们的不满，我的一个在药监局工作的朋友也表示理解："怎么讲呢，哪一家不切片子，这市场上的饮片哪里都是饮片厂切的，都是切片子们切的，这市场是啥吧，一出事就查得紧，平时没有事时都随便卖，人家不来曝光，也是啥事没有的。"

　　国家既然三令五申禁止个体加工饮片，为了能做到"啥事没有"，只要市场整顿风起，切片子的便只能从明着切转为偷着切。他们既不能光天化日之下，在街上明目张胆地打磺、切片子，也不可以在路边晾晒切好的片子。不过，切片子的药商们自有对策。詹家的邻居二胖就是切片子的，每到政府"不叫干"时，二胖一家就在早上四五点钟时爬起来干活，那时政府部门都没上班，不会有人来查药；片子切好后，二胖就用升降机，把片子一袋袋地提到楼顶上去晾晒。等我早上七八点钟到巷子上的时候，二胖的片子早就加工完了，我因而看到了一个"游手好闲"的二胖，他不是斗地主，就是抱着他儿子四处溜着玩。

　　切片子被变得需要偷偷摸摸的时候，开办饮片厂的前途却变得无限光明。从 2004 年起，J 市地方政府大刀阔斧地扶持起饮片厂建设来，J 市市里不但成立了药业企业振兴与提升计划领导小组、制定对药业企业帮扶的具体措施；还建立了一对一帮扶机制，对药企实行 1 名市领导牵头、1 家市直单位负责、1 名科技干部具体联系、帮

169

华中药市的崛起 ——一个发展人类学的个案研究

扶1家药业企业的"贴身服务"。针对中小药企资金困难，J市不仅强化银企对接，还积极创立现代中药创业投资基金，鼓励企业联合协作，形成企业融资的互保联盟，同时加快组建企业信贷担保公司，为药业产业发展提供更有力的融资服务。对生产和销售规模达到一定标准的药企，J市还采取一事一议的办法，在资金、政策、土地等方面予以大力扶持。❶ 曾担任J市市长的刘健表示："J市要在中药上有发展，必须走药业工业化的道路，以中药材工业化带动药业产业化发展。以现有企业为依托，规范发展中药饮片加工业，以科技创新为动力，加速中医药现代化进程。"❷

政府的扶持力度确实吸引了不少药商，我的报告人高姐一家就在2009年时，从市交通局手中认购了20亩地，贷1050万款，在2010年左右开始投资建设饮片厂。

"政府当时很支持我们建厂，批给我们地，允许我们边建厂边办手续，一般都是要建完厂才给办手续的。无论地质勘查、设计仓库、办公楼、生产车间，再找监理、建筑公司、消防，我们每一步都是规规矩矩做的、手续齐全，全都是按国标来的"，高姐说。

考虑到并非所有致力于干饮片厂的药商，都能有高家投个两千万元的实力建设饮片厂，尤其是一个全都按国标来的饮片厂，成本较大的实际情况，药商们告诉我，J市某政府部门还牵头推出了一个由110家小型饮片厂组成的J市现代中药产业创业基地规划，宣称只要投个几百万元，就可以建个饮片厂，110家饮片厂统一用地、政府给统一办理手续、共用饮片检测中心和污水处理等公共设施。詹哥当时就很动心干这种小饮片厂，他还专门跑到工业园区去看过。

---

❶ "J市帮扶药企实现产业'三级跳'"，载新民网，http：//www.xinmin.cn/。
❷ "J市中药工业助推中华药都崛起"，载中国工业新闻网，http：//www.cinn.cn。

第五章 药材里的世界

不过，因为后来有朋友告诉他要想干好一个饮片厂，别说一两百万元，五百万元也下不来时，詹哥觉得贵就放弃了。虽然这个 110 家饮片厂计划曾经因为是某部门牵头而一度被叫停过，但是后来仍然得到了实施。我的一位在这类小饮片厂里当会计的朋友告诉我，这种小饮片厂在 J 市有很多，不过它们自己真正加工的饮片数量很少。以朋友工作的那家饮片厂为例，和高家的饮片厂比，这家饮片厂的面积只有三四千平方米、投资不足千万元，生产、销售、质量、行政人员加一块才二十来个人。这家饮片厂去年的销售额是 1.5 亿元。但是实际上，这个饮片厂自身的生产量不足千万，其余的都是走药的药商们以这个厂的名义，用这个厂的发票销售出去的。对此，朋友在酒桌上表示，现在有点资本就能开个厂、能上位，政府把略有实力的都给弄到明面上来，监管容易了、政绩出来了、税收提高了，何乐而不为呢？

当然，药商们愿意开饮片厂不只是因为政府扶持力度大，也因为饮片厂如果经营得好，确实可以产生巨大的效益。常来詹家打麻将的人中有个姓卢的女人，用詹嫂的话说，这条巷子里最有钱的主就是她，卢女士的幸福生活就与她家在"非典"后投资的饮片厂见了效益有关。

"饮片厂是我当家的和他两个韩国客户一起投资建的"，正等着凑手来牌的卢女士说，"我们现在已经干了三个分厂了，他（她当家的）的几个兄弟也进来了，他们在一起干。其实我也没想到他们（她当家的及其兄弟）能干起来，人都说我们家的饮片厂干得特别顺，我也不知道咋那顺呀！那头一开始干饮片厂的时候，我经常睡不着觉，担心呗！你可知道我当家的那时把房子都抵押出去了，不然哪有钱干啊，我咋不担心！生意做起来后，这生活变化真是太大了。过去我拉大货、切片子时我也是大户，那时买辆 20 万块钱的车都觉得怪得了，现在我们家这

华中药市的崛起 ——一个发展人类学的个案研究

几兄弟的车哪个不在一百来万？这生活变化得可真是太大了！"卢女士说完，就忍不住拍着大腿、哈哈大笑起来。

地方政府的扶持效果是引人注目的。2005年时，J市按照GMP标准建设的中药饮片生产厂家就从2003年的9家迅速地发展到了48家，投资规模超过15亿元；❶ 2007年，J市被中国医药保健品进出口商会授予"中国中药饮片出口基地"；到2011年底时，J市享有GMP认证的饮片厂发展到了87家。由于中药饮片是一种劳动密集型和市场密集型产业，加上J市固有的饮片炮制优势，J市饮片产业初具规模后，为了降低交易成本，很多后期建设起来的饮片厂都把建厂地点选在了J市，J市逐渐形成了中国最大的饮片产业集群。J市药界有话称："国内饮片数J市、三分天下有其一"，说的就是J市饮片的产销量所占的市场份额之大。

但是，要让中药产业科学化、现代化，仅仅解决谁来加工饮片的问题还不够，它还需要一个科学的、标准化的质控标准。历史上，中药材药品的质控标准是"道地"，药材只要是道地的，就不用担心质量，如宁夏的枸杞、山西的党参、四川的黄连。药商们主要通过感官来对药材的道地性进行判断，如眼看、手摸、口尝、鼻嗅、耳听等。这种需要经过多年的经验积累才能作出正确判断的质控标准，显然不能满足中药产业科学化、标准化的需要。因此，从1953年的第一部《中华人民共和国药典》（以下简称《药典》）起，国家就开始要求以含量评价法作为药材药品的质控标准，以符合发展话语的要求。在发展话语中，以"正统"自居的西医药就以含量确切、结构清楚、药理明确为特点。

所谓含量评价法，是指判断中药产品合格与否，要看其所含某种成分的含量。以川芎为例，《药典》规定质量合格的川芎需要含阿

---

❶ "J市着力打造现代化'药都'"，载新浪网，http://www.sina.com.cn/。

第五章 药材里的世界

魏酸（$C_{10}H_{10}O_4$）成分，含量不得少于 0.10%；同时，水分，不得超过 12.0%；总灰分，不得超过 6.0%；酸不溶性灰分，不得超过 2.0%。药商们口中常说的某某药材得达到几个点，就是指那种不可或缺的成分是否不少于百分之几。尽管新中国成立以来，国家一直有这样的质控要求，但是老爷子等好些个老药商都肯定地告诉我，他们过去做生意那会儿，含量讲得很少，那时人们买药只要买得不假就管了，根本不像现在这样，还要测含量。

含量检测法也遭到中药界一些人士的批判，他们认为中药成分复杂，找成分、测含量是"不科学"的。为了应对这种批判，避免以单一指标来衡量成分多样的中药，当下的含量检测改进了方法，试图以色谱指纹图谱和特征图谱技术来反映中药内在质量的整体变化情况。但是，这是否就能把握住中药材的有效成分到底是什么，是否因此就能把握住中药材的质量，还是受到了很多人的怀疑。例如，肖小何（2010）等人在研究中指出，每种药材的质控标准指标成分的限量范围，主要是根据数批样品量的大小分布而人为地设定的。如 10 批中药中，有 8 批成分含量超过 1.0%，有 2 批低于 1.0%，那么，指标成分量即是不得少于 1.0% 的规定，成分限量范围与中药安全性和有效性之间，并没有多大关联。药商们也表示，自从讲起了含量，传统的"道地"就变得不那么重要了。一个走药的药商提醒我，《药典》对含量的要求都是在说"不少于"，这就已经把一些非道地的药材也包含了进去："我们进货就看含量能否达标，含量够就管，是不是道地不那么重要"。如此一来，当年《大宅门》中，许先生的那句"这是上好的川东黄连，您看多肥，全都抱着，这种黄是纯姜黄，没加过色，是真正的（鸡）爪连"的台词若是放在当下就得改成："这是上好的川东黄连，绝对够含量。您拿一点样品化验去，含量够了再来拿货。"

当找成分、测含量成了主要质控手段时，"生意难干"也成了一些药商们经常发出的感慨。一个在大行里销售进口砂仁的药商曾愤

华中药市的崛起 ——一个发展人类学的个案研究

恨地对我说:"这两天行里不叫卖进口砂仁了,不够含量,国产的能达到0.9、进口的只有0.3,你说他不叫卖这不坑人吗?以前也没不叫卖啊?你应该边贸上不叫进了,你不达到我国的标准,再好的东西不叫进,这不就行了吗?你光为了那点关税你进过来了,老百姓就要卖,他买到手里了他不带胡吃的啊!老百姓也是花钱买回来的,你这不是害老百姓吗?国家不能坑害老百姓啊!不讲理!"

随着田野的不断深入,我发现数据、指标不仅左右着药商们的药材生意,使他们觉得"难干",还左右着相关部门的工作人员,使他们在监管市场时颇为犯愁。我在和一个M药业工作的朋友、两个在药检所工作的朋友们一起吃饭时,就体会到了他们的"愁苦":

药检所1:"你(指在M药业工作的那个朋友)上次送来的四批羌活,有两批真的、两批假的。"

M:"你的报告已经发出来了?"

药检所1:"我没发!我压着这报告不敢发,我每次发报告,尤其是发不合格的,我心里都害怕。"

我:"为什么?"

药检所1:"我们发报告是要承担责任的,问题是有的药材看不出来啊,有含量不一定是真的,他可以用含这个成分的其他相似的药材充,性状上我们看不出来,我们只认数据,所以我就烦啊,人家要是真的我给人家发成是假的,到时候罚他钱或者是判他刑了,我是要赔偿他损失的!不好干,我都不想干了!这个工作责任太大。"

药检所2:"我们做出的这个数据吧,如果是绝对合格或绝对不合格都好办,就在线的上下飘的那种,最麻烦,这种情况还不少。个人送检的问题还不大,要是抽检的,报告就要发给药监局,他们会根据报告进行处理,要给他判成是假药,就移交到公安部门了。"

第五章 药材里的世界

M扭头对我说:"我们需要他们(药检所)出具报告,我们好进行处理,要是假的,就收了他的药,不叫他卖了。"

药检所2:"你们没有执法权,也不好干。"

M:"那没办法,药监局监督我们,出了问题就我们担责任。他(药商)要是不叫我们没收他的药,就得封他的摊子,不叫他经营。不过,查得严时,有些药材你让他们卖他们都不卖了。"

我:"为什么?"

M:"你像防风就特别搞笑,按《药典》的含量规定,防风的正品是野生品,家种的含量不够就是假的,但野生的防风是林业局认定的好像是三级保护药材,不准用,所以按《药典》卖野生的,你犯法;听林业局的卖家种的,你还犯法,不管怎么卖,都犯法,上面查得紧时,这防风就不能卖了。还有海金沙,本来就挣不了几个钱,谁能给你不停地过筛,所以要是按《药典》那标准查,你只要抽了海金沙,百分之八九十都是不合格的,都不够含量,罚的钱比他们卖的钱还多,你就是让他卖他自己都不卖了。"

药检所2给我解释:"海金沙表面看就像沙子一样,但它是植物的孢子,显微镜下一看才清楚来,什么小石子呀、沙子的,都有,他没办法弄那么好。"

药检所1朝向我:"要严格地按照《药典》看,绝大部分药材都不合格,你说的那种地龙(蚯蚓)就没有合格的,那种细的,土确实剥不掉,像这种,大家也都知道是没办法的事。"

M:"不过国家管制后,现在的药材也确实好多了,我最近在市场上溜达,我才知道桔梗原色是什么样的,现在有卖原色的了,国家虽然没有硫磺使用标准,但是记者老曝光,药商们也不知道国家其实没有硫磺多少才算超标这个标准,就有不敢熏的了,桔梗的断面原色发黑……"

华中药市的崛起 ——一个发展人类学的个案研究

药检所1："发黑？不发黄吗？"

M："发黄的都是硫磺熏的。"

药检所2："你要是现在拿着那种没熏过的桔梗过来，我肯定要给它判假的！我们见了一二十年了都是那种黄的，你突然给我块黑的，我肯定认为这是假的啊。"

M："是啊，所以有的医院用假药用习惯了，你给他送真的他觉得你这是假的，他不要，导致的结果就是你不能卖他真的，你必须给他假的，医生医术再高，药不行，何况医生现在也不怎么地，中医现在的衰落还是很明显的，医不见药、药不见医。"

药检所2："西医可以，中医是一定不能医药分家的，过去的中医自己采、自己切，能达到什么样的药效，他都清楚，但现在医生心里根本没底，他要想有底，这个成本他是负担不起的。"

M："我学药时，黄精按传统的炮制法要九蒸九晒，特别麻烦，现在能给你蒸一遍晒一遍就不错了。按国家现在的这种检测手段，你也检测不出来他是否是按照那些炮制法炮制的，而且如果他真按古法炮制的程序来，这黄精可能就不合格了，你想你蒸九次和你蒸一次，那含量能一样吗？传统的炮制方法是要去掉这药中的一些毒性，但这样就把药典上规定的一些含量给炮制没了，所以导致的结果就是现在药不行了。"

药检所1："中医药跟中国哲学是一脉相承的，都是模棱两可、模模糊糊的东西，用国外提取某种物质这种方法套到中药上不对，含量其实看不出什么，中药成分特别复杂。"

M："曾经有人做过试验，六味地黄丸里面有味药叫山茱萸，有人用山茱萸，含量往往不达标，有人用山楂来代替，含量几倍的超，那药效能一样嘛。"

药检所2："我个人也反对这种含量检测，中药本来就是这

第五章 药材里的世界

一锅菜,我们干检测的就是看有没有它",他夹起一个鱼丸,"这就像一叶障目,有20个丸子就合格,没有就不合格,你其实根本说不好你定的这种有效成分是否就真的有效,中药本来就不是一个单一的东西。"

M:"中药这块现在已经乱了,它本来是个整体的东西被分开了,结果大家都没有一个整体把握,它不像西医,西医从开始就是分开发展的,但中医过去是个整体,现在就是用西方文化强制整合中方文化,你现在把中医这个混元的东西按西方的标准给他划分开,那就导致中医没法做了。"

……

我很赞同他们的看法。如今的J市药市虽然和过去比,因为采纳了含量检测法为质控标准、修建了大量的饮片厂来生产饮片等缘故而显得规范、有序、进步了许多,但是实则上,中国传统的药材集散经济已然变得面目全非,药商们原本成功的实践行为也开始变得非法化。这种进步同时恰恰也是一种不断失序的过程,因为国家一系列的政策规定、地方政府的一系列战略实施,都没能解决传统和现代之间的张力问题。它们促成的,不过是传统和现代之间的一种表里相异的结合。作为现代标准化产业的他者,传统的中药材集散尚未找到自己清晰的位置。由此,药材集散的法律边界开始变得模糊起来。合法与非法行为你中有我、我中有你,互赖共生。

J市药市的"第三步"发展战略,也就是它的远期目标,是要建立现代化中药生产、研究和流通等体系,通过培育具有国际竞争力的中药企业集团和研发能够进入国际市场的中药产品,在国际市场占有一定份额。为此,J市有多家药企和一些高等学校之间开展了合作,成立了中药提取物工程研究中心、中药饮片工程研究中心等研究机构。资料显示,J市全市现有高新技术企业15家,其中,涉药企业12家;全市现有省级以上工程研究(技术)中心18家,其

华中药市的崛起 ——一个发展人类学的个案研究

中,涉药工程研究(技术)中心14个。2007年、2008年,J市药业企业共承担科技部项目9项,项目资金722万元;承担科技厅项目17项,项目资金260万元。❶ 借由"三步走"发展战略,J市药市实现了从产业结构调整层面上的崛起,进一步巩固了其的市场地位。

回顾本章上述内容,本书这里想要指出的,这次曝光给传统饮片加工业以及J市药市造成的冲击并非完全是一场意外,而是中国作为一个主体被发展话语凝视后的结果。凝视本身即是一种知识体系。自启蒙运动以来,人们一直将理性、科学视为人类的救星,发展话语即以理性、科学为核心;凝视更是一种带有权力意志的观看,西方医学借由其成分清楚、含量明确的优势,将自己视为"正统",制造着全球范围内医学领域的均质化和标准化,对中医药等非西方的本土医学的发展进行规训。早从"五四"起,中医药就被污名化为一种腐朽落后的文化,从而备受人们的批判;1929年的"废止中医案"还一度将其推向了生死存亡的边缘(皮国立,2009)。可以说,中国传统饮片加工在当今的遭遇,实则是源于传统饮片作为视觉客体,无法证明其合法性而遭遇的一种尴尬境地。

同样,国家以及地方政府对饮片加工产业需要标准化的自觉也绝非是一种自发的过程,而是中国被西方发展话语凝视后所进行的自我凝视的产物。正如拉康(Jacques Lacan)指出的,凝视是一种看对象和看自我的双重凝视,所以发展话语要想发挥作用离不开视觉客体对自我的重新评估、重新定位。只有这样,我们才能生发出对当下中药材集散以及饮片加工现状的不满,才会产生要想参与国际市场,必须迎合发展话语的要求,跨越其主导者——那些具有技术优势的西方发达国家所设定的技术壁垒,实现饮片加工产业的标准化运作的自觉意识。这样一来,既然"不科学"是中医药的致命问题所在,那么"科学化"中医药就是当务之急,以一系列的量化

---

❶ "X省(J市)现代中药产业(2008—2020年)发展规划",载J市国土资源局网站,http://www.ahagt.gov.cn/default.aspx。

指标为表征的标准化政策开始全面实施,中医药产业就这样遭遇了必须转型,从而与国际接轨的生死境地。当国家认为"不在行业规范化的变革中生存,就在积弊重重的旧有交易模式中出局",中药产业标准化是中药发展的出路时,这恰恰是发展话语的胜利。套用埃斯科瓦尔的话说,发展从来没能成功地解决欠发达的基本问题,但它成功地创造出了一种欠发达的状态,很多第三世界国家的人们开始认为他们自己是低等的、欠发达的、无知的,开始怀疑自身文化的价值,决定效忠于理性与进步的旗帜(Escobar,[1995] 2011:51-59)。

然而,缺乏文化自觉意识的自我凝视既可能会因为无法正确认识传统文化的未来价值而将之随意丢弃,还可能会因为建构了传统与现代之间的对立而引发重重困境。当"浑然一体"的中医药被像西医药那样进行了条块分割;当"找成分、测含量"取代了"道地",成了中药的质控标准;当国家消解了个体在饮片加工中的合法性,使之被饮片厂(尤其是达到 GMP 认证标准的饮片厂)所替代时,我们就不难理解为什么不只是药商,还有政府监管部门等都会在药材集散实践中遭遇种种尴尬,需要精心维系。在下面的一章里,我将说明 J 市地方政府和药商们是如何借由复兴传统养生文化的话语修辞来适时而动,以应对无论是药市空间变迁还是产业结构调整所引发的种种变化。我将此视为 J 市药市自身的"养生"。

华中药市的崛起
——一个发展人类学的个案研究

第六章 "养生"中的药市

华中药市的崛起 ——一个发展人类学的个案研究

透过上面几章的描述我们可以发现，无论是号称"全球最大中药材采购物流中心"的空间制造，还是中国最大饮片产业集群的诞生，J市药市的崛起都是在国家经济发展话语的变迁背景下发生的。但是，仅仅将J市药市的崛起与此背景相联系还是不够的，我们很难想象当20世纪中医药文化备受摧残时，国内可以诞生出一个像J市这样兴隆的药市。J市药市的崛起因而还离不开中医药，尤其是作为一个体系的传统养生文化的复兴。一个药商表示："要不是中药保健热起来，中药材也不会这么火。"考虑到养生的精髓在于"治未病"，《素问》曰："是故圣人不治已病治未病，不治已乱治未乱，此之谓也"，本章谈及养生时，就具有了一种双关的意味：它既指风行的养生观念会影响某种药材的市场走向，也指地方政府和药商们结合时代变化适时而动本身也是在进行养生。说到底，养生是一门关于控制、调节、管理身体的艺术。本章，我将以作为一个文化体系的养生为背景，呈现J市地方上对传统养生文化的经济化，以及他们如何适时而动，以实现自家生意，乃至J市药市的养生。

第一节　作为文化体系的养生

有段时间，苏老三的老婆感冒总不见好、浑身没劲儿，我便陪她一起去看中医。J市药材虽强，中医却很弱，很少能在市井中听人流传哪位医生的名号。市里的某三甲中医院（南院）的院名牌匾更是和某家精神病院的院名牌匾紧紧地挂列在一处，让人有些想入非非。据我的几位报告人讲，虽然身处药都，J市人通常只有在遭遇疑难杂症、慢性病，或是自我感觉身体需要调养的时候才会去看中医。他们提及的一些经历还让我感觉每到需要看中医的时候，人们似乎更信得过那些在药店里坐诊的，或是在某条巷子里开业的个体中医。苏老三老婆去看的那家中医诊所，就坐落在一条七拐八拐地绕上几个弯后才到的巷子里。

第六章 "养生"中的药市

诊所的房间不大，被设置成了两半，一半看病、一半抓药，中间以玻璃窗相隔。我们到的时候，屋里坐着两个医生，一老一少都穿着白大褂。病人只有两个女性在场，后来才陆续有三人前来，包括一个男性。听苏老三的老婆说，若不是当天恰逢初一、十五这样的日子，人们忌讳看病，就诊的人比这多。

桌子有一条边靠墙，轮到苏老三老婆上场的时候，另外三边由左向右分别坐着少中医、苏老三的老婆、老中医，也就是那位少中医的父亲。显然，苏老三的老婆不止一次地来过这里，她直接侧身面向少中医坐着，以至于老中医用手指点她两次，让她把胳膊放上来他要切脉，苏老三的老婆都没"看见"。直到我捅了她一下，示意她那老爷子要给她切脉后，她才把胳膊放上来，但依旧面向少中医坐着，仔细述说着自己的不适。结论很快就出来了："脾胃失养、肺气虚，管调调。"这期间，老中医的脉也切完了，他朝苏老三老婆手里塞了个纸条后，就低头看起了报纸、一言不发。看来苏老三的老婆没什么大碍，我这样想着。

苏老三老婆在那抓药的时候，我又看了几个诊断，都是一样的模式。少中医只需望、闻、问就开始开药；老中医也不仔细端详来者的脸色，就负责沉默地切脉、向来者手里塞纸条、看报纸。回来的路上我才知道，纸条上写的是日期，患者再来时，只需报出日期，少中医就可以快速找到上次开具的药方，就不用再诊断了。至于那个老中医，用苏老三老婆的话说，他已经老得什么都看不出来了。这次陪同看病给我的印象十分深刻，它"打破"了我印象中，中医越老越吃香的认识，还使我"见识"了中医高效门诊的方式。

苏老三的老婆确实来过这里多次，她以自己常感冒的身体经验认同着少中医所谓的脾胃失养、肺气虚的诊断，她觉得自己确实有调养的必要。然而，可以毫不夸张地说，只要坐到中医面前，中国人没有不"虚"的。这一是可能因为现代生活令很多人的身体都处于亚健康状态，总会或多或少地存在一些因各种"虚"而导致的

华中药市的崛起 ——一个发展人类学的个案研究

"证";二是因为中国人用来表达这种亚健康的身体经验的常用词汇,可能就是"虚""没劲儿"等那么几个。正如张珣(2011)在《日常生活中"虚"的身体经验》中所指出的,"虚"尽管可能不是一个明确的范畴类别,但它绝对是一个已知的范畴,是民众时常用来形容身体感觉的词汇。"虚"的表达,就是一种 Margaret Lock(1993)所谓的"在地生物学"(local biology)(张珣,2011)。

那么,什么是虚呢?在《黄帝内经·素问》第二十八篇中,"黄帝问曰:何谓虚实?岐伯对曰:邪气盛则实,精气夺则虚。"简单地说,中医把能抵御病邪、适应自然环境的能力谓之为"正气",正气不足时,生理机能的减退即为"虚",如气虚、血虚、阴虚、阳虚等。中医认为先天禀赋、人体自然虚衰,以及后天的诸多因素,如六淫、时行疫毒、情志、饮食、外力伤损等,都会引发虚(李正全,1983)。可以说,虚是中医药文化建构出来的一种身体感,它并非是一种超越文化界限的普世现象(张珣,2011)。

中医关切虚,是因为虚和疾病密切相关。在中医看来,正气不足就容易卫外无能,引发各种疾病,邪气只能侵入虚空的身体:"邪之所凑,其气必虚。"要避免邪气盈聚,就要避免身体虚空,这就涉及"补",《素问·三部九候论》曰:"虚则补之"。和"虚"是一种"文化症候群"(cultural bound syndromes)一样,"补"也是一种中国特有的文化表达。例如,栗山茂久([1954] 2009:212)在《身体的语言》中就对中国和希腊的两种文化症候群进行了对比,指出"'满'是希腊人的身体感,即认为血液过剩会腐败、引发炎症,治疗疾病就是要'泄'。所以中国医学要是和希腊医学比较起来,就是'耗竭'之病理学和'腐败'之病理学的差异:一个恐惧流失、一个恐惧囤积,一个要'补'、一个要'泄',一个用针灸来'补不足'、一个会实行放血术。"因此,正是"虚"的身体感,促成了人们"补"的意识,由于中医上有"气虚""血虚""阴虚""阳虚"四大虚,便相应地有了"补气""补血""补阴""补阳"四大补。

第六章 "养生"中的药市

无论哪种补法,由于"虚"是一类慢性虚衰性病症,以病情缠绵难愈为特点,这就意味着"补"是一种长时间的补养、是一种慢慢的调理,这个过程,即是养生。

作为中国的传统文化,"养生"观念渊源深远,与远古的自然崇拜、春秋战国时代的黄老之学等都有关联。蒋力生(2007)表示:中医养生学是中医关于人体生命养护的理论、原则及经验、方法的知识体系,它构建的是一套独特的藏象生命理论系统。正是这套藏象生命理论,将五脏、六腑、经络、气血、阴阳、五行等统合在一起,并衍生出以脏腑养生、以形体养生、以饮食养生等思想理念。

养生的要义在《黄帝内经》中表述得十分清楚:"上古之人,其知道者,法于阴阳,和于术数,食饮有节,起居有常,不妄作劳,故能形与神俱,而尽终其天年,度百岁乃去。"也就是说,中国养生观的特点在于它强调"形与神俱",它不仅仅有西方强调保健时,指涉的保养身体、防御疾病的意思,还含有"保健"等词所不强调的提高生命质量、提升心灵境界的精神追求之意,养生因而有静神、动形、调气、食养、药饵等多种方法。❶

不过,不管使用什么方法,可以说,养生的精髓都在于"治未病"。《素问·四气调神大论》曰:"夫病已成而后药之,乱已成而后治之,譬犹渴而穿井,斗而铸锥,不亦晚乎!"因此,防病之道,养生为要。这一是指要未病先防,即在人体健康时,无病自调、养正气,《素问·遗篇法论》中称:"正气内存,邪不可干";同时,因为七情变化会直接干扰到人体气机的协调功能,此时的养生当然也要养性,《素问·上古天真论》曰:"恬淡虚无,真气从之,精神内守,病安从来。"治未病二是要既病防变,不管是疾病隐而未发,还是到了孙思邈所谓的"已病"状态,养生重在见微知著、防微杜

---

❶ 有关中西方养生观念的差异,可以参见沈艺的硕士论文:"中西方养生观的调查与文献研究",2006年。

华中药市的崛起 ——一个发展人类学的个案研究

渐,阻止疾病的发展和蔓延。在中医看来,疾病之所以发生是邪正斗争的结果,只有通过养生才能"扶正"。

由此可见,中国的养生观是以一种文化体系的形式存在的,它与黄老之学等中国传统文化一脉相承,以藏象生命理论为基础,与"虚"等中国特有的身体感相应,有强调"形与神俱"的多种方法,是为一种文化性的终极关怀。

改革开放后,中国传统的养生文化❶实现了复兴,这当中固然有一些诸如来自经济方面这样的现实原因,例如人们生活水平改善后对健康的额外关切,商人在经济利益驱动下对养生产品的开发与炒作等,但若从社会发展的大背景来看,传统养生文化的复兴还和中国的全球化进程密切相关。全球化的核心内容是资本、人员、信息等的跨国界流动,所以当中国迈着改革开放的步伐大踏步地卷入世界市场的同时,全球化也加剧了风险——这种具有威胁性的现代化力量——对地理空间的跨越,加深了中国卷入全球风险社会的程度。正像德国社会学家卢曼(N. Luhmann)所说的,我们生活在一个"除了冒险别无选择的社会"中(转引自杨雪冬,2004)。如今,人类身处风险社会时代已经成为绝大多数国人都能意识到的一个共识,不管是来自技术引发的风险、制度引发的风险,还是个人造成的风险,不安感都是个体在风险社会中的主观体验。从全球化与风险社会的角度出发,我们就能理解为什么养生会有一种全球萌发的发展趋势,尽管"养生"只是中国特有的词汇。也就是说,个体在应对风险社会时,常会不可避免地去寻求某种安定感,而当个体以借助所谓科学的标准凝视自己的身体的方式来构建这种安定感时,就会诞生"养生"。在这个意义上,中国传统养生文化的复兴就是中国遭遇到全球化后,个体借助传统养生文化对身体进行自我凝视,以构筑安定感的一个结果,是一种中国化的在地话语。然而对于J市来

---

❶ 此处加上传统二字是为了与"文革"时期的"打鸡血"等养生运动相区别。

说，这种作为混杂产物的传统养生文化的复兴，却恰好可以给它的药市发展带来前所未有的机遇。

第二节 "中华药都·养生J市"

可能很少有某个地方上的人会像J市人那样，有妇孺皆知的自己专用形象宣传语。如果让J市人用一句话概括他们自己，那绝对是"J市人不薄"。在初来乍到的外地人面前，J市人介绍家乡时，常把两句话挂在嘴边，一个是"J市人杰地灵"，一个就是这"J市人不薄"。据J市前文联主席佘树民先生解释：因为"薄"有三种读音（bò、bó、báo），其中厚薄的"薄"与J市名称首字同音，与外地朋友初交时，不知J市名首字为何字的外地人有不少听其音而以为是"薄"字。可能J市人对此大为忌讳的缘故："我们J市这么出名你竟不知，好吧，薄就薄，但我们对朋友不薄！"就这样，"J市人不薄"成了J市男女老少都熟知且认同的对外形象宣传语。作为一个外地人，我最能体会"J市人不薄"的场合就是在酒桌上。可能是因为J市是酒乡的缘故，J市人喜欢以酒会友。外地人如果滴酒不沾，或者很矜持地喝酒，会被他们认为在"装假"，难以取得他们的认可与信任；而有朋自远方来时，为了尽显"不薄"之盛情，让对方喝好，不胜酒力的主人还会叫上数个外援前来助阵。在J市人的观念里，把对方喝倒，到医院精心伺候你吊水，这样的招待才叫"得劲儿"。❶

当J市人有了自己言简意赅、特色分明的专用形象宣传语时，他们的家乡J市便显得有些落后了，尚未树立自己的品牌形象。虽然自改革开放以来，尤其是1995年，江泽民主席给J市做了"药材之乡"的题词后，J市市委、市政府始终以建设"中华药都"为己

---

❶ "J市人不薄"，载新浪博客，http://blog.sina.com.cn/s/blog_59ee094d0100-ano0.html。

华中药市的崛起 ——一个发展人类学的个案研究

任,把药业经济作为主攻方向,但在城市定位这个问题上却总是绕来绕去,始终没找到一个政府感觉既有文化内涵,又能把城市的一、二、三类产业有机统一起来的定位。在专门组织专家进行论证之后,政府认识到有一个词,能把J市"盛产"的道家文化、药文化、酒文化结合起来,这个结合点就是养生。养生不仅有文化内涵,还可以通过把三类产业和养生相结合,使它们样样都不脱离养生文化,从而有机统一而非只是单纯地组合在一起。❶

于是,J市市委、市政府在广泛调研和征求各方意见的基础上,结合J市实际,把J市定位为了"中华药都、养生J市"。2009年7月20日上午,齐聚在J市某广场露天剧场的近2000名社会各界人士,在J市市长的讲话中,共同见证了"中华药都·养生J市"行动计划暨中药特色产业基地建设的启动。市长在讲话中称,这是J市经济发展中的一件大事,标志着J市药业经济发展进入了一个新阶段。❷ J市未来就要围绕中药的种植、生产、加工、销售、流通,以及观光、购物、养生、体验、旅游,做完整、周全的计划,要把中药的上、下游产业都"吃干榨尽"。从此,J市终于和它的人民一样,有了自己专用的形象宣传语。

J市药市能大打养生牌当然和它确有可资利用的历史资源有关。例如,以推崇静养柔气为特点的老子,写作《养生主》的庄子,著有《养生论》的嵇康、提出"盈缩之期,不但在天;养怡之福,可得永年"养生理念的曹操、创练五禽戏养生操的华佗、以睡功养生著称的陈抟老祖,这些中国历史上的养生名人都与J市密切相关,这可能是其他任何一个地区都少有的养生资源。不过,若非养生文化的复兴,这些历史资源可能仍是一堆"历史垃圾",是没办法利用

---

❶ "养生J市讲稿",详情见道客巴巴网,http://www.doc88.com/p-904965787062.html。

❷ "'中华药都·养生J市'行动计划正式启动,中共J市市委网站",载sw.a.gov.cn。

的。所以，养生J市的城市定位还有赖于养生文化的复兴。

　　说起来，自20世纪20年代以来就一直低迷的养生文化不仅在新中国成立初期有过复兴，而且复兴的形式还可谓是五花八门。例如，1967—1968年，中国盛行打鸡血，即把新鲜的鸡血注射到人的身体中，据称此种疗法有治疗偏瘫、气管炎、脑中风、脚气、妇科病、痔疮等神奇疗效。一时间，鸡血成了养生佳品，公鸡也变得紧俏起来。打鸡血运动销声匿迹后，"文革"中后期时，中国又流行起红茶菌疗法来。红茶菌俗称"海宝"，是一种生物，用红茶水加糖泡养，就会慢慢长粗长厚，治病就是喝海宝泡水。而随着"文革"临近尾声，红茶菌等各种"神奇物质"逐渐退出了全民养生浪潮，那些更加安全、简便甚至无添加物的疗法，开始成为人们选择的主流（朱大可，2007），例如甩手疗法和气功。其中，甩手疗法的基本思想是甩动两手，能够健身，有助于疏通经络、刺激脑细胞等。一时间，人们纷纷不停地甩手，一些单位还推出了甩手操。而气功疗法则早在50年代时就得到过官方的重视，例如刘少奇不仅曾对气功工作亲自过问，还批示北戴河气功疗养院的建设。

　　之所以新中国成立以来，举国上下会有这些全民养生运动，可能是由于当时国内的医疗卫生水平极差，远远不能满足人们的就医需求之故。于是，那些便捷、廉价的中医疗法、民间疗法、草医草药等便都被重视了起来。不过，也许正如朱大可（2007）指出的，这些五花八门的疗法可能正是对一个朝不保夕的年代的奇妙诠释。一方面是养生闹剧引致的死亡，一方面是民众强烈的养生欲望，这种严重的精神分裂正是"文革"最真切的图景。直至"文革"后，随着邓小平的要为中医创造良好的发展和提高的物质条件的批示，国家中医药管理局的成立，加之受改革开放引致的全球化的推动，以食饵、药养等方式为主的传统养生文化才在中医药整体复兴之下，蓬勃发展起来。

　　显然，风行的养生观念会对某种药材的市场走向产生影响。例

华中药市的崛起 ——一个发展人类学的个案研究

如，当魏晋时期风行"服石"❶时，石药用量大增，直到毒死了数位皇帝，服石之风逐渐退去时，石药才回归到只是用于治疗疾病的状态中。当明嘉靖年间开始风行"以人补人"时，不仅红铅（女子的初次月经）、蟠桃酒（人乳）等毫无药用价值（李时珍对此进行了批判）的人体排泄物变身成了药材，紫河车还从一种普通药材晋身成了壮阳长寿的仙药，扮演了与其药用价值不相称的角色（甄雪燕，2004）。在现代社会，从80年代兴起的养生风潮在经过90年代的高潮发展后，因国家的规范治理跌入了低谷，直到"非典"爆发，才在2006年左右再度风行起来。❷ 当此之时，受其影响最大的药材，就莫过于虫草了。

有资料称，虫草身价的暴涨出现在2003年"非典"期间。利用人们的恐慌心理，加上对虫草有提高免疫力的作用、既补阴又补阳、甚至能包治百病的宣传，虫草当年的价格就由90年代中期，终端市场上的每公斤2000元，迅速攀升至了每公斤1.6万元，几乎只是一夜间，虫草就变成了"神草"。❸ 因为虫草利润较厚、市场走动好，我的好几个开小行的报告人家里都进了虫草，高姐家为了抓人眼球，还将一个不知从哪进的足有30厘米长的黄颜色虫草模型装饰品摆在店里的显眼处。"漂亮吧！好多人想买我都没卖"，高姐说。就是现在，虽然虫草因举国上下的反腐倡廉行动而价格大跌、走动迟滞，但是据药商们讲，虫草作为养生保健品中的老大（价格最高）地位依然不倒。

养生风潮自2006年以来的蓬勃发展态势以及虫草价格的疯涨，自然也引起了J市地方政府的关注，加上有专家组们的权威论证，J市地方政府逐渐将目光锁定在了养生上。J市药业发展局生产科科长

---

❶ 服用一种由石钟乳、紫石英、白石英、石硫磺、赤石脂五种矿物及一些辅料组成的名叫五石散的中药散剂。

❷ "保健品市场复苏、药企应声而动"，载医源世界网，http://www.21tcm.com。

❸ "冬虫夏草过去30年狂涨上千倍、被质疑无多大功效"，载百度贴吧，http://tieba.baidu.com/p/2365706650。

第六章 "养生"中的药市

韩志军表示，他们希望说到小商品大家会想到义乌、说到购买冬虫夏草大家就会想到 J 市。于是，在"中华药都·养生 J 市"行动计划的启动仪式上，J 市市长指出："21 世纪是以养生保健为时尚的时代，中医药养生保健产业发展正面临着前所未有的历史性机遇，J 市市委、市政府要牢牢把握这一重大历史机遇，着力做好药、酒、养生结合的大文章，努力把 J 市打造成特色鲜明、文化厚重、产业发达的养生之都。"自此，J 市开始了新一轮大刀阔斧的规划发展，计划围绕药、酒、文化三大板块，中药产业、养生文化旅游产业、中医医疗保健服务三大体系进行规划建设。

可以说，自 2009 年的行动计划实施以来，J 市确实取得了不小的成果。❶ 例如，在中药产业体系方面，截至 2011 年 6 月底，开发区和南部新区在建药业项目 31 个、总投资 46.5 亿元，市直新谋划养生文化产业项目 115 个、总投资 195 亿元，CQ 区共谋划"养生 J 市"行动计划项目 297 个、总投资 412.38 亿元。中成药制造方面，2011 年新增了 4 家饮片厂，全市投资 2000 万元以上的在建药业项目有 50 多个。

在养生文化旅游产业方面，中药材观光旅游示范区建设已完成土地治理面积 1.7 万亩，目前已有 10 家药业龙头企业在示范区内流转土地 1.2 万亩。某养生广场已签订拆迁安置协议 530 户，占总户数的 96% 以上，已拆面积 65000 平方米。药膳、药浴、中药养颜美容、中药旅游产品四条专业街初具雏形。中华药都养生园已完成科研报告和立项，并与北京达沃斯旅游规划公司达成共识，三口温泉井开始钻探。

为了更好地推介 J 市的养生文化，J 市还培养了某健身操辅导员 800 名，创设教学点 100 个，成功申报为省级该健身操的培训基地；8 集专题片《走遍中国·走进 J 市》也制作成功并在央视播放；J 市

---

❶ "盘点'养生 J 市'行动计划项目"，详情见 J 市委员会网站，http://sw.a.gov.cn/。

华中药市的崛起 ——一个发展人类学的个案研究

还创办了养生报刊、养生保健文摘杂志,开办了养生电视频道;"中医药,让人类更健康"更是成为 J 市 2012 年药博会的主题。

在中医医疗保健服务体系方面,J 市申请并被国家老龄学会授予"中国长寿之乡"的称号,制定完善了某健身操的健身工程 2011 年工作方案,成立了 J 市全民健身指导中心。

……

J 市的养生工程建设得可谓是风生水起,但是 J 市人自己又是如何看待这种由地方政府生产出来的"养生"呢?

一日,我在高姐家的小行里和高姐妹夫拉呱。当问及他们是否吃自己店里销售的虫草时,妹夫笑着摇头。他先是声称虫草贵,他们吃不起,继而表示虫草不过是作为一种"礼物"在流动,而非养生品。

"虫草是咋回事吧,你送礼、你来买我的,你送给他了,他又拿到礼品回收店去卖了,礼品回收店的再卖给我们",妹夫说。当我问及他们日常生活中如何养生时,妹夫说:"我给你讲,养生和 J 市没关系,我们没那习惯,我们 J 市人养生就是吃肉。你不能说我们 J 市人,北方人都知道吃肉,枫斗、虫草没有肉传统可知道?J 市人什么都不知道吃,连党参、黄芪都不吃,枸杞我们都不吃,就往南方去他们搞这套,北边没有养生的。你家哈尔滨那才不讲养生来,你们也是讲吃肉。南方人弄一点肉炖好几样药,咱北方人不吃那,都不吃,不是说哪一家不吃,你说谁家炖个汤、搡个枸杞,吃着还别扭呢,事实就这样的。"

显然,和 J 市本没有必然关系的养生文化能在 J 市轰轰烈烈地发展起来,在某种程度上要归功于地方政府的再造。改革开放以来,很多地方政府都在"文化搭台、经济唱戏",将再造传统文化演变成

第六章 "养生"中的药市

经济发展链条上的一环,使之成为"资本之诱饵"(Lures for Capital)(兰世辉,2004)。地方政府之所以热衷于此,和中国日益卷入全球化的客观实际密切相关。正如范可(2008)指出的,地方政府在利用作为现代性的"他者"的地方传统再现,"有意识"地和全球化发生互构,借此显示自我,达到"出售"地方的目的。

因此,如果说改革开放后,国家经济话语的改变,为J市地方政府介入一个原本自发运作的药市提供了一个合法身份的话,那么,传统养生文化的复兴,则为政府在药市发展中进一步大刀阔斧地推动提供了一个合理的理由。无论是政府继续进行土地财政、推动土地流转,还是申请"长寿之乡"、成立全民健身指导中心,养生都为政府行为披上了一件既合情合理又时髦的外衣。本书这里当然不是要否认这些行为的积极作用,在全球化的语境下,J市地方政府以复兴传统养生文化的话语修辞适时而动,能进一步推动地方经济的发展,这是J市的药商们、百姓们、地方政府和国家都希望的。但是,不难想象,当养生文化为文化工业过滤后,随着文化的目标与价值屈从于生产过程与市场的逻辑,交换价值对人们对文化的接受的主宰,养生文化也将成为一种"无深度文化"(费瑟斯通,2000:20)。

此外,如果从国家与社会关系(the state-society relation)的角度来看我们还可以发现,地方政府在制定再造传统等很多重要决策上都缺乏与民众之间的沟通,"再地方化"体现出某种程度的"专断"(arbitrariness)(范可,2005)。因此,我们必须以历史的、批判的眼光来审视当下的这些政府制造行为,我们需要反思它可能会造成的后果,以及它和地方的可持续发展之间的关系,我们更需要关切在这些制造中,谁是最大的获益者,谁是可能的利益受损者。

华中药市的崛起 ——一个发展人类学的个案研究

第三节 药商们的"治未病"

参与将养生文化经济化的主体不只是 J 市地方政府自己,还有药商们。用一些药商们的话说,哪个好卖卖哪个。不过,药商们看的不只是某种药材的走动情况,作为弱势群体,他们也在揣摩着 J 市药市近些年来发生的变化、在审时度势。他们的一个共同的判断就是这个市场会越来越规范,而这个越来越规范的市场对他们来说,也是越来越不利的。作为个体经营者,他们发现自己的生存空间越来越小、生意越来越难干。但是因为还无法承受转型的风险,绝大多数药商们都在随波逐流,干一天算一天。只有一些睿智者、一些实在混不下去了的人,以及少数资本雄厚者,才在进行着转型的摸索。他们当中有人成功、有人失败,有人还无法看到结果。

一、从药材到包装

因为我常去张老板的小行里坐,一来二去的,我就和张老板的一个租客张超混熟了。张老板把自家的小行兼并出了一个插间,张超就在里面卖枸杞。我每次离开 J 市时,都会买上一些张超的枸杞,回来送给家人和朋友。张超是个给人感觉非常实在的青年,用张老板的话说,这样的人才叫"精",做生意管经(适合的意思)。他们往往表现得为人诚恳、说话实在,容易得到别人的信任,因而拉得住生意。张老板每次夸张超时,必不忘捎带着骂两声自己的亲弟弟:"他没种,你看他嘴巴巴的就是撒气得很(不中用的意思),他说得再好人都不相信他,几十岁了说话还是不着调!你信不?俺说假话人都相信是真的,他说真话人都认为是假的,他还管做生意吗?"

张超是宁夏人。1997 年,张超爸的工程出了事故,赔了个倾家荡产,张超家便在 1997 年后,借了点钱,跟张超的一个舅舅当学徒，干起了枸杞生意。开始时，张家是小商，挨家挨户地从农户手里收枸杞；后来，张家干起了大商，把从小商那儿收来的枸杞加工后再卖出去。枸杞的加工一是指选等级，大商们用筛分机给枸杞过筛，每过一种筛子就出来一种等级，比如 220 粒、250 粒、280 粒、300 粒等；❶ 除了选等级，大商还要用价值 20 多万元的色选机把那些颜色不好的枸杞挑拣出去。不过，张超说他爸爸还算不上是真正的大商，自己买设备成本太高，张超爸都是在租用大商的机器进行加工。张超在 J 市市场上卖的，就是这样加工后打好包装的成品，一件 20 公斤。我陪张超去物流那儿取货时，看到张超爸发来的枸杞不仅每件的包装盒上都印有"中宁枸杞"字样，上面还有发货人手写的枸杞等级如 220，以及作为记号的一个大大的"超"字。

枸杞在五六十年代时的购销量还不大。80 年代以来，尤其是 2002 年，枸杞被列入卫生部公布的第一批药食两用中药材后，随着枸杞久服有延年益寿、延缓衰老之效果的保健宣传为普通百姓们逐渐认可，枸杞的购销量逐渐增加，价格也是节节攀升，从 2000 年至 2003 年每公斤 12 元左右，飙升至了当下每公斤 70 元左右。人们用枸杞泡水、煲汤、熬粥，枸杞还被开发出了干果、冷冻鲜果、全粉、果汁、杞酒等多种产品。

不过在中宁，枸杞销路再好，也只有产新时才是旺季，其他时间都是淡季，很是清闲。张超爸便想趁这个时间去外面做点什么。之所以决定来 J 市闯荡，据张超说，是因为安国市场已经成了河北枸杞的天下，宁夏枸杞卖得一般，已经有几个他爸爸认识的老乡陆续从安国撤回了中宁；广州市场的枸杞销量不错，但是路途太远，生活、语言等方面都不好适应；昆明的市场他去看过，多是在零售，很少走大货；其他药市的地理位置又相对偏远，父子俩就这样来了 J 市。

---

❶ 例如，220 粒就是指 50 克枸杞有 220 粒，这种枸杞个大、饱满，价格也较高。

华中药市的崛起 ——一个发展人类学的个案研究 ▷

J市的枸杞生意多以七八个人合租一家小行的方式进行，经营者中以河北人、河南人、J市人、宁夏人居多。张超和父亲在行里打听摊位时，只有老乡在热情接待他们，其他人都冷眼观之。"毕竟这市场上又多了一家竞争对手嘛"，张超说。几个老乡各自所在的店铺都已经摆了七八家不等的摊位、没有空间了，老乡们便承诺帮着继续打听。不久，一个老乡告知说他的店里有个河北人不想干了，张家可以租他的摊位。不过，张家最后并没租成那个摊位。这是因为当张超爸听老乡说那个摊位旁边的摊主不好相处、好抢别人的生意时，他就果断放弃了。张超告诉我，合租一个店铺干生意若是遇上个不守规矩的同行，生意是没法干的。所谓规矩是指客户到访时，他看谁的货，谁才可以招呼客户，其他人不可以在客户看对方货时给客户名片、和客户搭话，或干脆将之拉过来做生意。除非对方生意失败，客户不看他的货了，别的人才可以进行招呼。合租因而容易出现纷争，而一旦纠纷出现时，一般不是房东就是同行们在进行协调。

张家要在J市市场上开局，碰上一个好抢生意的邻居自然是有害无利的，父子俩只能另寻他路。就在这时，他们看到了张老板在小行窗户上贴出来的出租广告。一个不到6平方米的插间需要5万元的年租，这个价格让张超爸犹豫了好几天。他最后决定还是要租下来是因为这个空间大小正好、地段也好，既可以单干又离同行们不远，非常合适开局。于是，双方签了合同，张家交了一年的租金，到期日为2013年5月。从那以后，张超在J市卖货、张超爸在产地供货，张家在J市的生意正式开张。张超也和左手边的高老板、右手边的张老板，还有常年在张老板家门口摆摊卖药的小肖成了邻居。

张超表示，在外地租店干生意，能遇上一个好房东是非常重要的。好房东不仅不会在房租价格上欺诈你，一旦有个什么事，房东作为本地人，还可以帮上很大的忙。张超的体会主要缘于他和小肖的经历。我时常能看到张老板在他们去吃饭时，给他们看个摊子、帮忙卖个货，吃西瓜时，也不忘切上几块给他们。但是这些都还在

第六章 "养生"中的药市

其次。最重要的是,张老板在生意上也很庇护他们。例如,张超和小肖从来没办过工商营业执照和税务登记证,每逢药市检查时,证照齐全的张老板都说他俩的货是他家的。这还不算。一次,小肖的二花(一种药材)被药监局抓了一把拿去抽检了,检验结果是水分达53%,被认定为劣药、罚款4600元。若不是张老板出面找了人,小肖不仅不会被少罚了2000元,还有被送交公安部门的风险。可以说,张老板就像棵大树一样荫蔽着张超和蹲在他门口卖货的小肖。难怪我泡在张老板家田野时,每逢张老板收摊,张超他们两个都来主动帮忙;张老板的狗丢了以后,我只是象征性地在门口转转,张超比我走得远的多,小肖更是开上三轮车,几乎把交易中心里的每条巷子都转了个遍。

有个好邻居固然是好,但有个"差"邻居也未必就是件坏事。在张超看来,他左手边的那位高老板也"帮"了他不少。他之所以能在生意上不断改进,而且是如此快速的进步,动力就"得益"于这位高老板。

高是阜阳人,2011年来到J市,租了张老板的另一间小行干生意。早先,高跨省贩猪,后来开了一家农资店;来J市插足药材生意前,高在北京开店,专门倒卖回收礼品。听张老板讲,高就是干礼品回收店干发起来的:"值二百的他给人家一百、值两千的他给人家一千。"张老板告诉我,高后来是不敢继续在北京干了才跑J市来干的药材。"俺看不好他这个人",张老板说,"他不缺人家都不会干生意了,人家买一斤,他只给人家八两。俺以前嘲过他,俺们J市这边没有这么做生意的,但他不改。那不今年3月份的时候,他缺人家叫人家抓住了嘛,大清早地人家就站在他门口骂。等合同一到期,俺就不租给他房子了。"

高是有缺点,但他也有优点。张老板觉得高胆子大、头脑特别灵活,他能及时地观察到这个市场上什么货走得快,然后立即进货。这是值得肯定的,因为商人们都这样。当年,当虫草价格持续飙升

华中药市的崛起　——一个发展人类学的个案研究

时，张老板就进了一些虫草放在店里卖；当铁皮石斛在众养生节目的鼓下走动得快起来后，张老板又进了好几个档次的石斛；因为常有买货的人在他店里问起紫河车，张老板就又进了少量的紫河车。看紫河车卖得还不错，这些年他也一直在卖着。所以，张老板经营的虽然是家以虫草、燕窝等贵细药材为主的参茸行，但像红花、紫河车、板蓝根这样的药材他也卖，用他的话说，卖得好的都管卖。

这样来看，高善于观察市场，这自然是好的，但是问题在于，高善于观察的那个市场，范围只限于挨边的这几家邻居；高所谓的观察，就是死盯着这几家邻居的生意看。看张老板的灵芝最近卖得好，高就从市场上位置偏远的灵芝商那里进了一批灵芝在店里放着；看张超的枸杞卖得好了，高也从其他枸杞商那进了一批枸杞放到店铺里。张老板和张超都觉得虽然只要是赚钱的生意大家都可以去做，但走得快的药材也不只是这几样，高完全有很多选择。但是高只跟这几个邻居学，不是同行却成了同行，这就多少有点不厚道了。

"有一次，张叔卖货时，他就站在张叔家门那，眼睛死盯着人家看，看了半天，连我都看不下去了"，张超说，"闹禽流感那阵，二花涨价，一下从七八十一公斤涨到一百多一公斤。张叔都没行动，他看小肖的二花卖得好了，又进了二花。他130买的，最后100卖的，这回好，亏了八九千。"张超说到这时笑出了声，颇有些幸灾乐祸。自从高进了枸杞，和张超肩并肩地同时摆在店铺门口进行销售以后，张超的生意就没有开始时那么好做了。

插间里没有空调，天气特别热的时候，张超有时会来张老板的店里凉快下。一次，一个客户来张老板店里买海狗肾。选完了货，那人问张老板有没有盒子，张老板就拿了几个海狗肾专用的礼盒给他看。那人一个一个地包装海狗肾时，张超突然受了启发，他觉得

第六章 "养生"中的药市

他也可以像卖海狗肾那样把自己的枸杞包装起来卖。于是,张超给家里的爸爸打电话,让他发来了一批专门用于包装枸杞的铁质礼盒。收到盒子后,张超把插间墙上的两层架子进行了一番布置,摆放的都是这种质地的各种图案的礼盒。因为在张超以前,J市市场上从来没有谁会把枸杞装在盒子里面卖,没有人想过包装这个问题,礼盒上市后,很多人为漂亮的礼盒,更为盒子里几克一包装的精美袋子所吸引,销路顿时大开。一些客户在选完枸杞后跟着指定了某种礼盒,让张超包装好后再来拿货。从2012年10月以来至过年前,张超卖了1万多个盒子,生意好的时候,张超接的一个单子就能要上价值1万块钱左右的枸杞。

"你知道我那时的利润能达到多少吗",张超有一次美滋滋地问我,"我的利润能达到40%。我们单纯做枸杞生意的话,利润也就能达到10%,去年不是这些礼盒,我连房租都赚不出来。"

自从给枸杞配备了包装,把这种人们喜爱的养生食品做成了礼品,张超开始赚钱了,但是张超的工作量也比其他枸杞商加大了许多。因为要货的多,张超几乎每天都在忙着称重、封口,进行小包装,有一次,张超竟然加班到凌晨四点。

张超生意上的飞跃自然逃不过高的眼睛,我常能见到高在张超和张老板的小行门口晃悠。显然,高已经明白了张超忙得晕头转向的原因所在,但是他并不知道张超从哪里搞来这些盒子,便在来店里和张超拉呱时,拿下架子上的一个盒子前后翻看着。几天后,因为高记下了礼盒上的厂家电话,高的店铺大门入口处的架子上,也摆上了一批礼盒。

"这当时给我的打击还是挺大的",张超对我说,"我看到

华中药市的崛起 ——一个发展人类学的个案研究

他的架子上也摆了一些盒子后都要气死了。同行跟我学这没什么说的，大家都是干这个生意的，我也会向同行学，但你说他又不是干我们这行的，总跟我学什么呢？他就不能换点别的花样？这市场上好卖的东西多了，他总跟我们这几个邻居抢生意，还有没有节操了！但我又没法讲他！张叔也看不好他这个人，他总眼红别人的生意。"

张超转型后，一个在某地干连锁养生超市的客户找上了张超。当时，这位客户来J市考察礼品行业，有枸杞礼盒的商家在当时只有张超和高两家。虽然客户最后可能是因为用张超的话说，报价既相对合适，他这个人看上去又比较实在的缘故，最后让张超拿下了这单生意，但高的模仿和带来的竞争压力，还是让张超的心里非常恼火。不久，这种铁制的礼盒在J市市场上的其他枸杞商那也推行开来。市场上的礼盒一多，张超渐渐地，就又没有多少生意可做了。

"抱怨也没有用"，张超说，"我唯一能做的就是要想想怎么才能超越他们，走到他们前面。"

这时候的张超，已经品尝到了走包装战略的甜头，开始把重心放在了包装上。学工科的他还去网上搜索包装机器，看能不能在盒子上做点什么花样出来。很快，张超花2000多块买回了一个收缩机，又花700多块买回了一个分装机，开始在自己的仓库里加工。不过，因为张超当时对这两个机器究竟能产生什么效益心里并没有把握，买机器的事，他没敢和他爸爸提。

用上收缩机后，张超发现被一层塑料膜包裹后的盒子，显得既正规又上档次。在摊位的显眼处摆放上几个后，效益又出来了，这个新鲜事物同样再次吸引了一些枸杞客商的注意。张超收缩一个礼盒的成本只有1毛钱，但他在总价中增加了1块钱。即便如此，一

第六章 "养生"中的药市

些来买枸杞礼盒的客户还是点名要他做成这种包装，张超的销量再次提了上来。当有一个订单一下就赚回了机器钱时，张超这才和他爸爸讲了这件事。"我觉得特别开心，很有成就感"，张超说。

虽然高和其他同行没有继续仿效张超买收缩机来进一步包装（这不是一般的麻烦），但是高抄电话号码这件事还是让张超反思了很多。他觉得高能这么做，别人肯定也能这么做，他手头可能已经有一些客户略过他，直接去厂家要货了。所以，这又给了张超一个启发：他想到可以去做印有自己电话、彰显自己风格的包装盒。

趁中宁家里生意到了淡季这个时机，张超把爸爸叫来了J市后，自己出发考察盒子去了。他先后跑了浙江金华、温州、东莞、深圳等几个地方。用张超的话说，这一趟虽然花了不少钱，但开阔了不少视野。在深圳的一家做木艺礼盒的工厂，张超看中了一款该厂家曾给香港的一个珠宝公司设计的木质礼盒，装500克枸杞的盒子成本价只有4块钱，比起13块一个的铁质礼盒，这个盒子堪称物美价廉。而且，因为木盒的制作只需要尺寸，不需要模板，这意味着张超在盒子的设计上，还可以依据不同类型客户的需求进行灵活变化。张超从销售药材到销售包装的战略转型得到了张超爸的充分认可。

"别人不会想到去做自己的包装盒吗"，我有些怀疑地问张超。

"别人也能想到这点，但他们并不确定这个想法的收效会如何？我和他们不一样。我从无到有，把包装盒带到了这个市场上，我见证了这个产品的受欢迎过程，所以我有信心，但是他们却未必。"

我三入J市时，张超已经联系好厂家，开始设计他的包装盒了。

华中药市的崛起 ——一个发展人类学的个案研究

"我觉得来 J 市的这段时间我非常有收获",张超总结说,"我觉得自己的思路开阔了不少。开始时,我就傻愣愣地像别人一样卖枸杞,但我很难和他们(J 市的同行)从原材料(枸杞)上抢生意。我来的时间短,也没有价格优势,我手里可以用来周转的钱也不多。有些大客户的生意要两三个月后才能拿到钱,人家可以做这些客户,但是我不行,这些大客户就是走到我店里了我都接不住,真是接不住他们。出了高老板那件事后,我才穷则思变,我这也是被逼无奈。"

无独有偶,我发现阿林也在尝试从药材到包装的战略转型。因为阿林经商的年头久、资本相对雄厚,他比张超行动得还要快一些。阿林不但注册了商标,给自己的某味养生药材做了三个档次的包装:大包的实惠装、铁盒、精致的手提礼盒,他还在积极联系一家连锁超市的代理商,试图打进超市。阿林的老婆每周回乡下老家参加基督教友的聚会时,也会带上一个实惠装过去和姐妹们分享,顺便给自家产品做个宣传。阿林说这只是个开始,他下一步要上五个品种,每个品种都搞他三至五个档次,以迎合人们的不同需求。对于为什么想到要把养生药材包装起来送进超市,用阿林的话说,因为网络购物越来越发达,未来开小行等于是在守株待兔,到店里来买东西的人会越来越少,所以要做自己的品牌,把它打出去,那才能扩大生意网络,才有钱赚。

从药材到包装的转型无疑能迎合当下消费社会的需求。消费社会里,人们早已不再仅是购买商品的使用价值,还关切商品的包装形象、购买它的符号价值。对布迪厄(Bourdieu,1984)来说,品味具有分类作用。道格拉斯(Douglas, M.)和伊舍伍德(Isherwood. B.)也都指出,我们对商品的享用只是部分地与其物质消费有关,关键的还是人们将其用作一种标签(费瑟斯通,2000:25)。当过去稳定的身份系统受到来自商品数量与商品可获得性大量涌现的威胁的时候，商品的购买行为便起到了再生产人的身份系统的作用。有无包装以及包装差异均能传递购买者自身属于、认同于哪个群体，不属于哪个群体的信息。张超和阿林的包装战略无疑既能满足消费者的需求，同时还在引导着消费。

二、从场外到场内

2013年9月，就在我准备离开J市之际，"Z城"一楼的精品厅开始招租，詹家以每年8万块的价格承租了一间只有三十几平方米的展厅，他们打算在这里销售的药材，不是他和老爷子拉了几十年的大货××，而是一种市场上号称比冬虫夏草还好的滋补食品——玛咖。詹家为此做了足有一年多的筹谋和准备。

玛咖（Maca）原产于秘鲁中部胡宁及帕斯科附近海拔4000米以上的安第斯山区，是山上唯一的十字花科植物，色泽黄中带紫、根茎肥大、形似萝卜。因为这个地区生态条件恶劣，不适宜作物生长，玛咖便成了印加人的食物来源之一；而因为玛咖不仅营养丰富，还对人的，尤其男性性能力有所帮助，甚至有人认为玛咖和古印加帝国的诞生关系密切。玛咖有明黄色、深紫色、深粉色、浅粉色等各种颜色，其中以深紫色最为珍贵，药商们俗称其为"黑咖"。几个J市朋友告诉我，J市市场上当下最风行的养生药材，不是虫草、枫斗，而是玛咖。玛咖在我国虽然没有自然分布（佘金龙，金文闻2003），但是由于玛咖原产地的自然环境和栽培条件与我国云南省丽江市非常相似，目前，玛咖在国内的大面积种植主要集中在此。据称，云南栽培的玛咖与秘鲁栽培的玛咖，成分种类基本相同（兰玉倩、王玲、张之会，2013）。詹家之所以在拉大货的同时又准备租赁精品厅卖玛咖，和詹家对药材集散市场走向的判断相关。

"非典"之后，国家不仅实行药品生产企业的GMP强行认证，还进一步加强了中药材的标准化种植（GAP）工作，加大中药材的

华中药市的崛起 ——一个发展人类学的个案研究 ▷

区域化、规模化生产，即立足"道地药材"的概念，按照中药材生长习性和适宜性，实行统一供种、集中育苗。这种 GAP 种植模式被认为有助于规避药农零散种植和自产自销而产生的问题，适应中药材种植产业化、现代化的发展需求。随着一些药材的 GAP 种植基地的陆续形成，一些药厂为了从源头上做到药品生产的标准化，也为了降低成本，开始略过集散市场这个环节，和种植基地建立了直接的联系。作为集散市场上的一个拉大货药商，詹哥对此深感焦虑。他虽然认为有些药厂说自己有产地那都是假话，不过是和产地那边串通好，一起应付国家的检查，他不认为所有药厂都有那个实力能直奔产地，但他也承认随着药材集散流程的日益规范化，药厂等客户会略过集散市场这一环节的风险，在他这类拉大货的药商群体中还是存在的，尤其像他主营的这种产地非常集中的药材，危险更大。詹哥称安国现在就已经有很多拉大货药商的生意不好做了，所以他担心手上的那些药厂的客户，保不准哪天也直奔了产地，再不买他的货了。

另外，詹哥表示这个市场和过去比，已经严格规范了很多，而且他相信市场只能是越来越严、越来越规范。当下，他在家里拉大货、搞经营已经要经常关门了，以后的生意只会越来越难干。因此，总在场外拉大货是靠不住的，只有想办法把生意做进场内，才能名正言顺、长治久安。"我得考虑转型了"，詹哥说。他打算在自己被逼出市场之前，为自己在场内找条后路。

转型对拉大货药商来说，意味着开拓新的主营产品或摸索新的经营方式，其中的风险成本是可以想见的。詹家若非已经具有了一定的经济实力，能够承担一定程度的损失，是很难说出考虑转型的话来的。

这确实足够詹哥的了。我离开 J 市的时候，詹哥压的货已由每公斤 56 元涨到了 70 多元，因为信息可靠，詹哥会压上手里所有的闲钱。老爷子对此看不惯："他们（詹哥这一代）做生意和我们这些老的不一样了。我做生意，从来只投赚的那部分，不动本。投出去 100 块要是赚了 50 块，我再投就投 50 块，它赔完我都不怕，我手里还有 100 块的本来。他们不是，他们投 150 块，赚了没啥说的，赔了呢？不管那么干啊。"

百般思考后，詹哥决定把后路确定为开小行。在詹哥看来，J 市当下药材生意的个体经营中，打游击、切片子都是违法的，它们没办法成为后路；走药的利润虽高，但是要把走药的单位像财神爷一样地孝敬着、伺候着，詹哥表示他又干不来。"当不成孙子就走不成药"，詹哥说。詹哥也曾想过干个饮片厂，但是因为觉得会投入太大就放弃了。詹家商量来商量去，觉得只有去买"Z 城"的房子开小行最适合。无论从经营空间还是从经营方式上来说，小行都享有合法身份，这正符合詹家想从场外进入到场内从事经营的要求。詹家因此决定像当年老爷子那样，趁"Z 城"项目的搬迁机会，买家小行商铺。

然而，詹家没想到"Z 城"的房价会这么高，他们决定在等二期房子期间，先租赁大行一楼的精品厅干干，毕竟开精品厅和开小行差不多，都符合詹家的需要。詹哥便在云南采购药材时，在和产地朋友们交流、考察后，将目标锁定在了当下风头最劲的玛咖身上。"J 市有好多家不也在做养生保健嘛，他那步是做对了，咱得跟人家学。以前人们只想到吃饱，现在想保健；以前都是有病的人吃，现在都是健康的人吃，咱当然也得改进"，詹哥说。

在云南搞药材的人，没有谁会不知道玛咖。资料显示，国外从 20 世纪 60 年代起就开始关注玛咖。1961 年，生物学家首次公布了玛咖的研究成果，证实其与抗疲劳、抗抑郁、提高生育能力有关；1994 年，意大利科学家对玛咖的功效作了首次系统性的报道，表示玛咖对人体有全面的保健作用。❶ 玛咖登陆中国是在 2002 年，中国

---

❶ "流行欧美的玛咖"，载养生论坛网站，http://bbs.39yst.com/thread-271593-1-1.html。

华中药市的崛起 ——一个发展人类学的个案研究

卫生部正式批准玛咖进入国内，在新疆、西藏、青海和云南等地试种，但只有云南丽江最先驯化引种成功。当此之时，玛咖的名字、功效等都还鲜为国人所知，直到长达9年的种植和探索后，2011年，中华人民共和国卫生部第13号公告批准玛咖为"新资源食品"，建立了玛咖规范化育种、育苗、大规模种植、采收、初加工、质量评价和控制技术体系，玛咖的市场才就此打开。截至目前，玛咖有干片、粉、酒、精片等10多个食品类产品被投放到了国内市场上。2012年，随着多家企业的积极推广和宣传以及努力把玛咖产业做大做强，作为一个新兴的保健品，玛咖产业开始在云南形成规模并引起了社会各界的高度关注。2013年CCTV"科技苑"专题报道了中国玛咖产业化的10年艰辛历程；《健康365》还为介绍玛咖专门做了一次节目。如今，这个被誉为"南美人参"的植物，已经成了一个引领云南丽江冷凉山区脱贫致富的新产业。为促进玛咖产业健康有序发展，2011年，丽江还下发了《丽江市人民政府关于加快推进玛咖产业发展的通知》，成立了全市玛咖产业发展工作领导小组，进一步明确加快推进玛咖产业发展。❶ 按照云南的产业规划，2020年，云南省玛咖种植面积将发展到20万亩，干品年产量达2万余吨，农业产值超过25亿元，预计加工销售收入500亿元。❷

于是，顶着秘鲁"国宝""南美人参"等响亮名头的玛咖，在中央"新资源食品"的认可，在云南省各级政府政策、资金方面的重点倾斜，在众家企业的积极推广，在CCTV、《健康365》等媒体的大肆宣传等因素的推波助澜下，晋身成了中国当下最火爆的养生产品，它被药商们认定是继虫草后的又一股养生热潮，终有一日会与虫草一样，占领中国消费市场。

---

❶ "玛咖让丽江山区农民脱贫致富"，载云南科协网，http://www.yunast.cn/default.aspx。

❷ "国家新资源玛咖（玛卡）市场前景胜过人参西洋参"，载康美中药网，http://www.Mzyw.com.cn/。

第六章 "养生"中的药市

至此，也许人们会注意到一个事实，即不管是虫草、枫斗，还是玛咖，这些养生佳品无不来自几千米以上的高山地区。对此，与梁雅茜（2012）指出的，西方出于对现代性的焦虑，长期存在着一种对"遗失"了的过去的想象情况一样，中国对玛咖、虫草等的认同同样存在这样的想象，因为这些药材的生长方式都是去技术化的，甚至是去现代化的；它们生长的那片沃土是古老的，尚未被现代文明所践踏。人们大量消费这些药材的同时，也是在消费生产它们的那个"地方"。换句话说，决定玛咖等药材作为一种养生佳品身份的主要原因，恐怕并不完全是基于它的功效问题，还要看它的生长环境和方式是否符合了这种现代性下的怀旧想象。从这个角度上来看，那种认为虫草等养生佳品谱写的并不是中药的神话而是科学的笑话的看法，自然是有一定道理的。

精品厅招租后，詹哥找了 M 方面的关系，以一年 8 万元的价格租了一间地段还不错的毛坯门面。我去詹庄问老爷子对此事的看法，老爷子回答我："他给我说过租门面的事，我那时候嫌贵，不想叫他租，一年 8 万块，你租它哪？但他说这他还找人来，不找人都摸不着，没这个生意干不成。我说随你，那你需要你就得租。"

"没这个生意干不成"，"这"指的就是交易中心、"Z 城"这样的场内空间。自从权力介入市场后，它们是唯一的一个被权力认可的经营空间，药商们也只有在此才能获得一个合法的商人身份。于是，人们被迫进入到这个空间中来，再依据自身的经济实力去选择开小行、租赁精品厅，或是去普通摊位上蹲摊，被区隔到这个空间的不同位置上去。

"以后你会吃你卖的玛咖吗？"我问詹哥。

"这个不一定，到时看吧，有需要就吃呗。"詹哥说。

显然，养生是种意识，更是一种惯习，与人的经济水平、人的

华中药市的崛起 ——一个发展人类学的个案研究

生存状态等因素密切相关。尽管药商们表示他们相信玛咖、虫草、枸杞等养生药材有一定的功效，但是很明显，他们的信仰绝大多数都来源于专家系统的宣传，很少来自于自己的切身体验。养生风潮中的药商们只是在积极地参与复兴养生文化的话语修辞，他们没有习惯用他们出售的各种药材药饵养生，没有时间精心地在家食补；他们每天必看的是国家财经等方面的新闻而非养生栏目；他们经常要去赶场、应酬，充实自己的社会资本。商场如战场，对他们来说，养生不是调养自己的身体以治未病，而是如何能让自己的家人过得更好，能让自家的生意在这个愈发艰难的市场上一直"生"下去。

三、从商贩到企业家

2012年5月7日起，J市又掀起一次打击制售假劣药品药材和非法加工中药饮片的专项整治工作。J市晚报、J市广播电视台等主流媒体纷纷开辟专栏，宣传打假决心，营造舆论氛围。药监局也加强了监管力度，大行、小行里每日都有人巡查，药材、药品被频繁抽检，我的那几个在药检所工作的朋友忙得焦头烂额，每天都在抢机器、做试验。当詹哥告诉我国家药监局和卫生部的领导都已经到了省城的时候，连我这个外人都觉得紧张了。整顿再加上交易的淡季，那段时间的J市药市，放眼望去一片萧条。我在高姐家的小行里坐了大半个上午，才看到3个人来买货。

"现在生意不好干"，高姐的妹夫擦了把汗，从兜里摸出烟来，点上了一根。"政府把简单的事情搞复杂掉了，查假该不该查？肯定该查！但是不能一刀切啊，假的不让卖，真的也不让卖了。这市场你看，都没人了。"

第六章 "养生"中的药市

市场整顿时,詹哥等一些走真货的药商也都关了家里的店门,市场确实冷清了不少。

"你看吧,这个市场会越来越严,我们当时就是因为觉得市场正逐渐规范起来才想着干的饮片厂,这个市场的变化是大家都看得到的。"高姐的妹夫说。

高家共有兄妹 4 人。因为高爸爸身体不好,不能工作,高家过去一直都是妈妈挣钱养家。1987 年,因为老大行生意火爆,高妈妈就默许高姐和哥哥一起买卖起了药材。开始时,高家的生意就是小打小闹,兄妹俩从那些住在大行周边小旅馆里的外地药商们那儿拉上一点药材去老大行里倒卖。高姐说她记得很清楚,有一次,他们拉来货后转手就在大行里卖到了 100 块。"我当时就觉得药材生意真是赚钱",高姐说。看药材生意赚钱,高妈妈后来也索性弃了卖包子和粥的生意,跟亲戚一起搁伙计、跑产地。高家这才像詹家一样,逐渐确立了自己的经营方式,交下了自己的主顾,原本小打小闹的生意也渐渐有了规模。我经开小行的张老板推荐认识高家时,高家四个家庭绑在一起做生意已有 20 余年。他们既开小行,也在大行里赁有摊位。因为大哥脑筋转得慢,高家的生意都由高姐主事,平日里,她主要负责照看小行;大哥一家照看仓库、冷冻、送货,他们很少来行里;二妹妹一家负责蹲行,下行后再回小行里帮忙;小弟一家负责进货,必要时,他常带上老婆一起奔赴产地。可以说,高家悠久的合作历史让我惊叹不已。

在 J 市,很多子嗣较多的家庭都有着雷同的生意发展模式,即在生意成熟稳定之后,老人把资产均分给子女(有的只给儿子),让他们以小家庭的方式各做经营。张老板家就是如此,他和他的几个兄弟们各干各的,然后每家再以子女分家的方式继续家庭的再生产,分家就像细胞分裂一样,促成了 J 市药市规模的壮大。分家后,各

华中药市的崛起 ——一个发展人类学的个案研究

家庭虽然经济独立,但彼此间仍是一个联盟。他们不只是共享同样的进货渠道,在遭遇如张老板家存货不足的情况时,张老板还会让客户出门左转,去哪家找他兄弟,这在其他关系的联盟之间是不可能存在的。詹哥曾经给我讲过,他也有几个同行关系处得不错、成了联盟,但是当詹哥货源不足时,他宁可一分钱不赚地从联盟手里拿货再卖给客户,也不会介绍客户去联盟那里。"关系户就是这样,你有货,他就买,你没有,他去别人家了,可能就和别人建立了关系,你的生意就被抢走了。所以货不够时,就是从几家凑,最后也是凑到你这来,从你这发给关系户,就是不赚钱也得这么干!这就是联盟!照顾了他的生意,但是各有各的道。"詹哥说。

因此,当我对高家的合作表现出惊讶时,高姐表示说,其他家庭分开了,不好合伙,是因为他们把钱看得太重了,老想着把这个钱占为己有,装在自己的口袋里,那就合伙不了。反之,如果一个家庭的成员都认为钱没有感情重要,挣钱就是为了生活得好一点,大家都能在一起,那就没事了。怕我不理解,高姐还给我举例:"我弟弟去产地,我都让他带着弟媳,为什么呢?我想做生意应该高高兴兴的,我不在乎多花一个人的路费。你带她去,孩子我们带着,你去二十天我们都不担心。我们少挣点,但是你们是在一起的、是高兴的,挣钱不就是为了家人吗?你把钱看得太重了你就会生气,要以家庭为重。我们的钱都是放在一起的,做生意、买房子、吃饭、孩子学习都从这里出,钥匙每人都有,你用你就去拿呗。我们一起做生意当然也有矛盾,做生意哪能意见都一致,但我们大的方向都是一致的,买房、投资、进货,这都是大方向。我们家也不是谁说了算,但是要有个主心骨,能主持下来。可能我们家也是幸运,我妹夫、弟媳都很好,他们如果和我们不融洽,我们也不能合伙、也得分开。"

"他们生意干得挺大",张老板告诉我,"他们人多啊,兄

第六章 "养生"中的药市

弟姐妹四个一起干。我和我兄弟之间是分开了,要是在一起,也管干得大。"

当四个家庭劲往一处使时,他们的生意就确实干得大了,我二入J市时,高家的小行墙面上,赫然挂起了一张某饮片厂的业态图。"咱们想发展,只能走这一步",面对我的疑问高姐说。"就像你都有工作了为啥还读博,我们这些年生意做得再好,说起来也是个二道贩子,想再进一步发展,那就是当个企业家了。我们也是想着以后,这个药吃到病人嘴里,就知道药是哪里买来的、从哪里生产的,我们现有的小行这种经营方式就会慢慢淡掉。再加上当时手里正好有点闲钱、政府又支持,我们全家一商量,就都同意做这个饮片厂了。"高姐在说话间,不觉抬头看了看墙上的业态图。这幅业态图制作得非常显眼,不仅色彩亮丽,面积也占了几乎整个墙面。那是高家正在建设的投资两千多万元的饮片厂,那是他们从"药贩子"到企业家的转型梦想。高姐表示,人家都能做,他们一家人团结起来也不会比别人差。如果这个饮片厂做好了,能给他们创造利润,他们会更好。然而,当我三入J市再去拜访高家时,却惊讶地听说他们把建好的厂房出租了。

"一做才知道难",高姐的妹夫和我诉苦道,"我们想着自己收点地产药材,加工下就可以卖,结果根本不是那样。国家验收时,你的场地、仓库、机械、人员就都要到位,我们认证过GSP后就是首营企业了,要有交易。我们有两次交易,但是我们外面主顾不多,我们主要是对内,饮片厂每天都得装药才能活,不然牙都要饿掉了。你想一个饮片厂开门就要30多个人,外面主顾少,你能挣多少钱?我们还有贷款呢?贷了1000多万块!再说当时建厂时,也没有大行要搬迁这回事啊,南部新区的店铺还花了200多万块的首付,现在每月不算工人开支

华中药市的崛起 ——一个发展人类学的个案研究

就至少得还银行 8 万块的利息，我们后悔得要命。"

原来，饮片厂虽然在"非典"之后，成了最有前途的发展方向，但是要真想脚踏实地地运作起来，不仅要有经济实力，还要在 J 市外面有足够多的客户。用药商们的话说，饮片厂主要是向外交货，得天天装货，每天都有向外交的才行。例如，J 市最著名的一家饮片厂，据药商们讲，它外面有不下 200 多个客户才会生意兴隆。这也是为什么很多药商生意做得不错，也有那个经济实力投资，但他们却不想开饮片厂的原因。张老板告诉我，十几年前就有个和他一般大的朋友找他合伙干饮片厂，但是张老板没干。他觉得饮片厂要雇用很多人、太操心，再加上他外面的客户并不多。"我就管干我这生意，能吃饱不就齐了吗？撑不着，饿不死就管了"，张老板说。

高家没能按预期计划实现向企业家的转型还不只是因为这些。2012 年，曾有一批销售染色、加重饮片的生产企业被曝光，J 市有数家饮片厂榜上有名。其中，8 家企业被责令停产整顿，6 家企业被收回 GMP 证书，这给高家的这种新兴饮片厂造成了极大的冲击。2012 年 4 月时，高家曾经试图去进行 GMP 认证，但是没有通过，当时被告知过几个月再来。然而几个月后，数家饮片厂被曝光，高家的饮片厂便直到 2013 年 8 月我三入 J 市时，还没认证上。谈到此，高姐无奈地摇摇头："现在查得这么严，谁还给你批啊，老的企业都做不好，都吊销执照了，我们做首营的呢？我们做不好，没法干了。办厂时哪有这些事，多少年都没有像今年这样一年就吊销多少家。我们也没再去认证，现在已经赔本干了，认证了得赔毁。国家现在搞的，简单事情搞复杂掉了。"

于是，高家将饮片厂的部分厂房、仓库等，以一年 50 万元的租金出租了。高姐说，承租的是个走药的、交厂子的，他在家（J 市）里面不行，高家是在外面不行。高姐表示虽然高家的这次转型暂时还无法成功，但也不能说他们真的就特别后悔做这件事。他们对饮片厂的考虑确实有些简单了,但是只要这个市场越来越规范,企业家应该就是他们未来的发展道路。

然而,药商们为迎合政府规划发展而实施的这些"治未病"举措真的会有用吗?与人体养生相似,一个药商家庭的生意以及整个市场生命的延续都离不开"肌体"自身的健康成长,以及"肌体"与环境之间的和谐共生。但是透过 J 市药市当下的发展现状我们可以发现,J 市药市整个肌体可能还存在很多问题。改革开放以来,培育市场、规范市场一直是各级政府的主要发展任务(周志忍,2001)。但在实践中,由于后发国家的发展动力来源于社会外部的刺激与压力,被迫启动的现代化不可避免地会带有跳跃性赶超的特点(刘祖云,2006:12);国内实行的又是自上而下的经济目标责任制,政府因而不仅常会采取种种与市场化背道而驰的手段推动地区经济发展,政府推行的发展政策或战略也往往难以保证稳定性和持续性。可以说,在中国这样的党建国家中,由于国家在放权让利的同时,以掌控地方官员的任命权这一方式维持着高度集权,实行"向上负责、量化考核、淘汰晋升"的治理与激励机制,用周雪光(2005)的话说,地方政府虽然励精图治,但却躁动不安。他们关切的更多的是何以能在短期内,创造出更多的可供实际测量的政绩;他们规划发展的最终目标,不过是期冀能借此从政治锦标赛中脱颖而出,谋求到更好的政治前途。所以,地方政府当下进行的规划发展,遵从的多是一些站台式的阶段性目标,它们有些还很难说是一种长远规划。这样一来,我们便很难说药商们的未雨绸缪会具有真正的效用。因为随着官员们的换届、政府政策的改变,一切绸缪都可能会子虚乌有。

华中药市的崛起
——一个发展人类学的个案研究

第七章 结论

华中药市的崛起 ——一个发展人类学的个案研究

毫无疑问,"发展"已经广泛而又错综复杂地影响着人们的日常生活。对人类学家们来说,被规划发展的世界充满了国家干预的善与恶、原始生活方式的代价和获益、主动介入或被动脱离所引发的道德与政治困境等令人痛苦的矛盾(A. F. Robertson,1984:293)。在 J 市,我遗憾地发现事实确实如此。回应本书在研究缘起中提出的问题——J 市药市的繁荣与困境究竟是如何生成的,本书基于交织的社会逻辑视角认为:J 市药市繁荣的生成,首先离不开"发展"这一历史背景因素的推动,J 市历史以来的饮片加工优势使其迎合了发展话语下的标准化进程要求,从而异军突起。在某种意义上,这种繁荣的生成是一场知识政治学的结果。其次,J 市药市繁荣的生成,与地方政府改革开放后,力图通过发展药市来带动地方经济时,国家、地方政府、药商以及大型外来资本的参与与交织互动有关;而 J 市药市的发展困境,则是在这场传统与现代的交锋中,上述四个行动者群体在互动中达致的一种博弈格局。这里,作为总结性的一章,我将首先对本书采用的 Olivier de Sardan 的"交织的社会逻辑"视角(the entangled social logic approach)的审视特点进行说明;其次,我将在对 J 市药市发展模式变迁的总结中,对本书结论的得出进行讨论。我希望能借助交织的社会逻辑视角这个透镜,向人们清晰地展示为什么 J 市药市会规划发展出今天这个局面。

一、交织的社会逻辑:方法论上的交互作用论

在 Sardan 看来,目前,发展工作的人类学研究和发展工作实践之间存在知识的鸿沟,为了尝试建立发展工作研究者和实践者之间的对话,Sardan 写作了《人类学与发展:对当代社会变迁的认识》(2005)。他表示:要实现对话、跨越鸿沟,发展工作研究者与实践者必须对发展工作的知识基础达成共识,特别是发展工作的本体论(陆德泉、朱健刚,2013:代序 16)。为此,Sardan(2005:8)特别

第七章 结　论

强调要对"意识形态的民粹主义"（ideological populism）和"方法论的民粹主义"（methodological populism）进行区分，认为意识形态的民粹主义应该被抛弃，因为它将基层民众的能动性和知识的优势作为发展工作的假设和目标，对民众的知识带有罗曼蒂克的想象、涂有梦想的色彩，无视民众固有的局限；而方法论的民粹主义对于人类学来说则是基本的，因为它关切基层民众与其他发展行动者之间的互动形态，它承认民众具有应该被挖掘的知识和策略，但它并不预设这种知识和策略具有优势。

从方法论的民粹主义的关切点出发，Sardan（2005：12）称交织的社会逻辑视角是一种"方法论上的交互作用论"（methodological interactionism），它视互动为最优的实证研究途径，认为发展工作的社会事实（the social fact of development）会生发互动，尤其是一些享有不同的地位、资源与目标的行动者之间的互动。所以，与对发展的一般性看法不同，Sardan 眼中的发展并不是一个实体性的存在，而是因为有行动者把它作为了一个可以为之贡献时间、金钱以及专业技能的对象才存在的。"发展是由那些唯意志论者们的旨在改变社会环境的行动，以及由那些并不属于这个环境，却试图改变这个环境以移植资源、技术或知识的行动者们的唆使行动，所引起的一些社会过程的总和"（Olivier de Sardan, 2005：24）。这样一来，人类学者审视发展时，就该关切当"发展者"（developers）试图在"被发展者"（develoopees）中间引发一场发展实践时，究竟发生了什么？而那个借由众多行动者直接或间接地参与所引发的社会过程，究竟是什么样子的（Olivier de Sardan, 2005：24-26）。

当 Sardan 把发展工作看成发展行动者与发展构造形态（development configurations）的互动过程时，他就在结合了以朗（Norman Long）为代表的行动者视角的同时，试图超越以弗格森和埃斯科瓦尔为代表的后发展视角，因为 Sardan 不是在简单地否定发展话语衍生的制度，而是把这种制度作为起点，分析发展的构造形

华中药市的崛起 ——一个发展人类学的个案研究

态如何打造了各种发展行动者的权力关系以及它们之间的互动（陆德泉、朱健刚，2013：代序16）。因此，Sardan（2005：138）提倡社会嵌入逻辑（entangled social logic）的进路，他表示：一个发展行动不可避免地会导致属于不同世界（例如发展者和被发展者）的社会行动者之间的互动，尽管在现实的发展工作中，个体有着多种多样的行动或反应方式，但是行为模式（behaviour patterns）的数量是有限的，Sardan 称这种行为模式为"逻辑"（logics）或"战略"（strategies），它们都嵌入在历时与共时交织的社会变迁过程中。研究发展工作的过程，必须分析这些不同行动者在逻辑交汇点上的互动和因此产生的冲突、抗拒、适应以及改变的形态。

由此，在我看来，以交织的社会逻辑视角审视发展有四个相互关联的特点：第一，我们要把发展视为行动者之间的互动，这绝不是一个发展者主动干预，被发展者被动接受的单向度过程。第二，尽管行动者们的反应是碎片化的个体行为，但是它们具有组合效应，从而能够成为各行动者群体的行为模式。也就是说，行动者群体都有自己的行为模式，也即是 Sardan 所谓的逻辑。第三，因为行动者群体都有自己的逻辑，所以发展结果必定是一种逻辑交织下的结果，我们应将它理解为是各发展行动者群体之间达致的一种博弈格局，它并不意味着某一方的绝对主导。第四，要理解这种博弈格局的形成，必须将之嵌入在共时与历时交织的社会变迁过程中，也就是发展构造形态中。接下来，我将在对 J 市药市发展模式变迁过程的总结中，说明参与 J 市药市发展的四个行动者群体之间的互动如何生成了 J 市药市的繁荣与乱象。

二、J 市药市发展模式的变迁

从前面几个章节的描述中我们可以发现，在 J 市药市的发展过程中，国家、药商、地方政府以及大型外来资本四个行动者群体的

第七章 结 论

能动作用非常突出。首先，国家是J市药市在发展方式与方向上的宏观调控力量，操纵着其他几个行动者群体的主体地位，我们透过J市药市改革开放前后的巨大反差，就可以看出国家的这种能动作用。其次，药商们是药市发展的基础。从改革开放前的投机倒把，到政策放宽后的明买明卖，不管药商们是在拉大货、切片子，还是在走药、打游击，他们都是这个市场得以存在、壮大的基本力量。再次，J市地方政府（以下会和政府交替使用）是改革开放后，J市药市发展的主导力量。不管是药市空间的扩张，还是饮片产业集群的形成，J市药市翻天覆地的变化，都离不开政府规划的促成。最后，大型外来资本的能动作用虽然发挥于90年代政府招商引资之后，但它们无疑是药市发展最强劲的推动力量。它们为J市药市注入了大量的资金，打造了"交易中心""Z城"两个一个比一个规模宏大的发展项目，J市药市借此从空间上脱颖而出。

可以说，上述四者不但能动作用突出，而且已经互为关联，构成了一个功能整体，是我讲述J市药市"崛起"故事的结构要素。但是只有当我们将视野拉回到J市药市自新中国成立以来的发展模式的历史变迁中，关切这是一个怎样的过程时，我们才能真正理解四个行动者群体的行为模式，以及它们之间生发出了一种怎样的博弈格局。

新中国成立以来，中国的现代化发展模式几经调整，在70年代末以前的相当长的一段时期里，中国实行的都是"国家引导的发展"模式，它以中央高度集权，进行集中干预，减少市场的运行范围为特点，是一种相对孤立于世界市场的现代化模式（黄琪轩，2010）。这种发展模式的形成在当时有其历史原因。从国际形势看，由于"工业主义的传播是以国家为单位进行的"（Gellner，1964：40），即依靠国家来有效地动员民众，从社会汲取足够的经济资源以配合国家的发展任务，民族国家便成了社会学者Saskia Sassen所言的承载社会过程的"容器"（刘绍华，2013：19），由国家主导的"规划发

华中药市的崛起 ——一个发展人类学的个案研究

展"（planned development）就此应运而生。例如，Robertson（1984：7-9）在对规划的历史进行梳理后指出，尽管国家对国民经济进行干预由来已久，但是由国家来制定发展规划却是20世纪以来才有的发明。国家政要们进行规划发展的主要目的，是要组织工业发展以保护或增强民族国家的力量和独立（Kitching 1982：3-4）。从国内形势看，集权则是各种计划体制中的一个普遍现象。在以前苏联为代表的计划体制中，国民经济和社会发展是以"五年计划"为中心的整体规划安排（周飞舟，2012：17）。由此，以国家对资源进行统一配置和调拨的"国家发展运动"（朱晓阳，2010）不仅吞没了经济，也吞没了社会。国家一枝独秀，地方政府的能动作用仅限于"忠诚"地执行中央的计划，它没有多少可以自由处置的权限；大型私人资本不复存在，而个体经营者们除了顺从以外，只能在国家掌控的夹缝处挣扎，这在J市即是如此。

正如前文所述，J市自古以来，一直以其"南北通衢、中州锁钥"的地理优势扮演着商业重镇的角色。历史上直到新中国成立初期，J市商业一直以北关为中心，呈现出一物一街、一品一巷的自发聚集样态。然而，当J市执行"国家引导的发展模式"进行公私合营，剥夺了地方政府和个体药商们在药材生意中的自主经营权时，我们看到的不仅是自发聚集的商业样态的破坏，还有J市私营药市的衰落，用J市老人们的话说，昔日红火的北关药市就是在那个时候衰落下去的。然而，国家高度集权的计划经济体制不仅没能使J市地方更为发展、药商们的生活更加富裕，滞后的计划调节反而还造成了白芍的严重滞销、民众生活的日渐贫穷。当"金芍"渐变成"野草"时，迫于生存的压力，药商们只能以"一个人的经济"形式去外地偷买偷卖、投机倒把。这表明国家虽然是个庞然大物，但它也无法总能按照自身意志改造社会。当国家用以维系其主导地位的意识形态教育和动员手段渐渐失去效力时，中国只能以改变发展模式的方式来谋求新的出路，中国继而进入了旨在加快融入世界市

第七章 结　论

场进程的"市场导向的发展"模式阶段（黄琪轩，2010）。

市场导向的发展模式的推行除了与国内"短缺经济"的实际情况有关外，还与 70 年代末到 80 年代期间的时代背景相关。其时，受社会主义计划经济体制的崩溃、英国保守主义的上台、华盛顿共识等因素的影响，全球社会经济秩序出现了一次逆转，凯恩斯主义宣告破产，崇尚市场逻辑的新自由主义开始登台并撼动世界经济。自此，"发展"在中国的同义词就变成了全球化，意思是"参与世界市场"（刘绍华，2013：19）。放权（devolution）、简政（streamline administration）、去中心化（decentralization）、"分散经营"（deconcentration）等来自市场体制的要求给中国的指导思想带来了巨大的冲击。套用托马斯·海贝勒（Heberer，2005）的话说，政治的经济化使中国的目标已经不再是遥不可及的"共产主义"，而是一个比较实际的"和谐社会"；政权的合法性基础也不再是立基于意识形态之上，而是对现代化、增强国力、维护安定、建立社会主义民主等的承诺。

于是，国家开始分权让利，以主动退出部分经济和社会领域的方式，来谋求更快的发展速度和更高的经济效益，这不仅影响了 J 市地方政府、大型外来资本和药商们的能动地位，使它们以不同角色投身到发展中，还改变了国家与它们之间，以及它们彼此之间的互动关系。我们看到地方政府开始在地区经济发展中扮演积极的角色，为有效利用 J 市的历史与文化条件，政府决定以发展药市的方式来带动经济，并从 80 年代中期起，如火如荼地扶持着自己的药业经济。它不仅许可药商们交上 200 元钱就可以领回"奖状"，"合法"地买卖药材，许可煤建公司这样的单位插手药业、在它自家的后院建市场，还亲力亲为地建设大行、打造药材街。有鉴于 J 县❶政府当时对地方经济的推动成就，管辖它的上一级行署部门还曾经专

---

❶　J 市 1912 年改县，1986 年撤县设市（县级），2000 年改为地级 J 市。

华中药市的崛起 ——一个发展人类学的个案研究

门在J县召开了集市贸易建设现场会，向全地区推广J县的经验。我们看到药商们也参与到有利可图的药市中。他们积极响应，不但一改往日"一个人的经济"形式，以"搁伙计"的方式将昔日手里的两个提包换成了数个麻袋，进行大宗交易；还开始亲戚带亲戚、朋友带朋友，扩充着J市药市的规模。我们还看到当改革持续向纵深发展，尤其是90年代分税制改革以后，大型外来资本也在J市地方政府的招商引资和"双轮驱动"下投入进来。H置业、江苏TDL集团，以及M药业三者不但走马灯似的，在J市地方政府的"招、拍、挂"中，进驻了J市药市，还先后开发了"交易中心"和"Z城"两个大项目。J市药市的空间规模就在国家的分权让利、地方政府的规划扶持、药商们的积极参与，以及大型外来资本的大兴土木下急速扩张了起来，并发展成了当下最大的一站式中药材采购物流中心。

当然，J市药市的繁荣不仅有赖于国家经济话语，以及执行的现代化发展模式的改变，还离不开起步于七八十年代的中医药文化的复兴（祝世讷，1993）。我们很难能想象当中医药文化被推至生死边缘的时候，当时的中国社会能有一个当下J市这样红火的药材集散市场。中医药文化复兴对药市的一个重要作用，就在于药材不仅是用来治病救人的，还可以用来养生保健，借由人们的养生需求衍生出来的养生市场直接导致了"养生经济"的诞生。"要不是中药保健热起来，中药材也不会这么火"，很多药商这样表示。可以说，J市药市的繁荣离不开行动者群体对复兴后的养生文化进行的经济化，不仅药商们在跟随养生风潮适时而动，身体力行地将养生文化经济化，J市地方政府也参与其中。"中华药都·养生J市"的城市定位，充分说明在地方政府的规划发展中，养生已经成为J市重要的"地方再造"手段，使之可以借此名头去进行任何有关药市形象问题的建设。借由政府对"地方"进行的这种个性化塑造，J市从养生方面强化了自己的外界形象，用阿帕杜莱（A. Appadurai）的话讲，J市药市的规划发展就进行了"地方性"的生产（production of

第七章 结　论

locality)（范可，2005），这无疑会为J市药市的进一步繁荣积聚起一种象征资本。

这样一来，我们看到发展模式改变后，四个行动者群体各自的能动地位、行为模式，以及它们彼此之间的互动关系、整个药市样态都发生了变化。例如，药市空间的扩张不仅是物理空间规模的扩张，更是一种药市生态的改变和社会空间的复杂化。如果说，政府对药市运作的介入、大行的设立，不仅将J市药市由原来的自发聚集状态，转变为政府"集中管理"；还将原本同质的药市空间划分为了合法经营空间（大行以及后来的交易中心）和非法经营空间（药商们的家里）两个部分，去除了"家里"在传统药材集散中的合法身份。而当大型外来资本进入后，J市药市则不仅具有合法和非法两种经营空间之别，还开始明显地存在了一个资本的空间分布：没钱的药商想进入大行合法地干生意却进不去，只能在资本掌控的领地里打游击、偷食；有钱的药商进得起大行但是不想进，他们要逃离其外、不受束缚地开小行；绝大多数药商都只能进入大行，他们不想被政府和大型外来资本围追堵截地打游击，又不具备充足的逃离资本，只能依附于它的控制，J市药市的生态愈发多样化。此外，J市地方政府不仅借由对物理空间的运用，重新分配社会资源，还在其招商引资战略的实施中，通过和大型外来资本共谋，维持了其在经济和社会中的地位，完成了它作为地方精英的再生产，[1]这显然加深了J市药市作为一个社会空间的复杂化程度。

需要指出的是，共谋的谋求并非从开始时就进行得一帆风顺。谈起1994年，第一个进驻J市的大型外来资本——H置业的下场，一位政府某部门的退休人士私下里给我讲："LJY（H置业的老总）

---

[1] 20世纪80年代末兴起的"市场过渡"（Market Transition）研究是海外中国研究学界最主要的研究流派。在讨论社会主义国家转型过程中，新社会精英的构成和形成过程时，形成了两种对立的假设，即"精英替代理论"和"精英再生产理论"。详情见周飞舟：《以利为利：财政关系与地方政府行为》，上海三联书店2012年版，第4-5页。

华中药市的崛起 ——一个发展人类学的个案研究

来J市投资时只带了1400万元，其余都是贷款，都是J市的钱。怕他还不上钱啊，他卖摊位号时，都是建行亲自来收的钱：你开票、我收钱，根本不叫他摸着钱。没有费用开支了咋办？二期工程时，他开始卖地，一开始是建房子卖，后来不建了，直接卖地，然后你再按他设计的图纸盖。当时90个平方米他好像卖7万元，那不么，叫政府给剋着（抓住的意思）了，LJY还进去蹲了几年。"

在我看来，LJY的下场或许确实诚如药商们所言，是他个人不善经营、不会和政府搞关系所致，但是从更广一点的层面上看，也是资本和权力谋求共谋之初，相互试探且尚未磨合成功的产物。此外，虽然国内不乏资本在磨合成功后，会出于对市场规律的遵循，"挑衅"权力的情况（任剑涛，2011），但是在J市，我们能看到占主流的始终是相对和谐的共谋。用药商们的话说，没有政府帮着，它们（大型外来资本）什么都做不了。

那么，大型外来资本的行为模式为什么要以与权力共谋为姿态呢？周飞舟（2012：1）指出，中国改革的"渐进"特色就在于市场经济的发展始终是政府放权的结果，市场对于经济资源的配置和调节，始终以政府放权为前提条件。所以资本要依赖权力，因为没有权力授权，资本就没有从事经济活动的基本资源、组织配置和活动空间，离开了权力的庇护，资本就难以保证其获得的市场垄断地位（任剑涛，2011）。

如此一来，当资本与权力不但都投身发展而且还达成了共谋时，药商们觉得生意越来越难做了。他们一是觉得资本的参与令蹲行的成本越来越高，例如药商们表示，80年代老大行那会儿，蹲摊的费用并不高，一个季度也就百十来块。然而自从90年代大型外来资本执掌大行以来，大行的摊位费就再没便宜过，和同期的物价水平相比，都比老大行时代贵上了很多，药商们开始心有不满。1995年大行第一次搬迁时，数千人拒绝入驻大行，在J市城里打游击、四处流窜就是因为这个原因。"大行卖一次摊位费涨一点，大行已经不是

第七章 结　论

我们 J 市人的大行了"，我常能听到药商们这样慨叹。二是他们觉得国家管得越来越多。例如，据药商们讲，以往干药材这一行，只要经验丰富就可以了，用詹老爷子的话说，这药只要买得不假就管了。可是现在，药商们不能只讲产地、大小、干度、色泽等这些经验的东西，还要看它的成分能达到"几个点"，是否够含量。只这药材质控标准一项，就能令权力在如今的药材集散链条的各个环节上都在场。三是他们觉得政府和大型外来资本的关系越来越好。用药商们的话说，80 年代的老大行那会儿，政府还是不错的，向着他们这些个药商，有事找它，它管给你解决，但是现在不粘了。90 年代以来，政府不仅把 J 市仅有的两个"孩子"（指药和酒两大 J 市特色）都卖给了大型外来资本，还在 M 药业以"Z 城"项目吸 J 市人钱时向着 M 药业说话，以香料市场只能经营 94 种药材的规定，帮着 M 药业把他们往"Z 城"里面赶。药商们表示：政府和 M 药业穿了同一条裤子。

不过，地方政府也有和药商们串通一气的时候。政府不仅会在药市大型整顿前夕，以短信或会议的形式对药商们进行公开提醒；当国家禁止个体加工和销售饮片的法律规定与 J 市的实际情况出现冲突时，地方政府还会以体谅民情、理解传统为由庇护药商们的非法行径，在充当国家代理人的同时、又演变成国家的"敌人"。药商们对此深表理解，一个药商对我说："哪个地方的政府都是地方保护主义式的，查假应不应该查，肯定应该，但是查假都是形式。说查药，工商的坐车过来喊'关门啦、关门啦！这两天不管开门哈'，这都是保护的。这也是没办法，你不管叫天天关门吧，那老百姓吃啥去、喝啥去？"

那么，J 市地方政府的行为模式为什么会在 90 年代后，表现出愈来愈强的"公司化"般的逐利性特征呢？政府为什么在监管药商的同时还会充当国家的"敌人"，庇护药商们的非法行径呢？在我看来，这与中国特殊的中央—地方关系有关，它具体表现在地方官员

华中药市的崛起 ——一个发展人类学的个案研究

的晋升方式和中央与地方的财政分配格局两方面。

从地方官员的晋升方式来说，虽然实行市场导向的发展模式后，中央和地方的关系不再是命令与服从的关系，而是倾向于协商，但是由于中国是一个党建国家（林尚立，2009），地方官员晋升与否始终是中央说了算，中央以牢牢地掌握着地方官员的任命权为方式，保证在高度分权的同时，也能做到高度集权。市场导向的发展模式的实行使现行的干部晋升制度转变成了一场以 GDP 增长为考核标准的有限年限的淘汰赛，上级政府的"撒手锏"，就是将各项指标的考评结果进行排名，并在媒体上公布，先进者被表彰、晋升，落后者挨批（陈潭、刘兴云，2011）。地方官员的经济业绩，主要是地方经济总量（如 GDP 和财政收入），对于地方官员的晋升或留任有着显著的解释力（周黎安，2004）。

如此一来，地方官员不得不想方设法地提升指标以示政绩。他们躁动不安，想方设法地寻找新的可供测量的发展目标，作为政绩的发送信号（周雪光，2005）；他们关切短期绩效，那些无助于任期内经济增长的发展项目根本没有意义。借由政治锦标赛，中央和地方在实现经济高速增长的这个问题上实现了共谋。地方政府以世界范围内都罕见的"寻求一切可能的投资来源、推动地方经济发展的热情"展开横向竞争，创造了很多享誉国际的"中国奇迹"（周黎安，2008：2），J 市药市的繁荣也离不开地方政府在此背景下的经济发展驱动。不管是从一个药商们自发聚集而成的自为空间，到一个为政府、继而为大型外来资本掌控的他为空间；从个体经营、手工切制，到中国最大饮片产业集群的诞生；还是从没有自我特点的城市形象，到"中华药都·养生 J 市"的城市定位，J 市药市上存在的这些翻天覆地的变化都与地方政府在政治锦标赛中的"励精图治"相关。在我看来，这是施坚雅的理性经济功能模式所无法揭示出的中国社会的关系。周黎安（2008：前言 2）表示，中国当今地方官员的激励和治理模式的一些重要特征一直蕴含在两千多年以来中国

第七章 结　论

传统的官僚体制中。无论是毛泽东还是邓小平，他们的施政理念都是最大限度地激活和发展这些特征，以推动中国的经济发展。

从财政分配格局上来说，由于地方政府缺少决定税种、税率等权限，地方政府的收入在很大程度上取决于财政分配体制，中央政府便可以通过改变财权分配体制的办法来改变中央和地方间的财政分配格局（周飞舟，2012：2）。分税制以后，地方政府在财政上出现了事权和财权的不匹配，分税制这种集权改革给地方政府造成了巨大的财政压力（黄佩华，2001）。地方政府既然无法再从上级获取预算外资源（软预算约束），就只能靠摊派、乱收费等途径，从社会中攫取，出现"逆向软预算约束"（周雪光，2005）。这便是为什么自90年代以来到现在，地方政府不但始终坚持招商引资——这种药商们眼中引狼入室的做法；而且还支持外来大型资本对药市空间屡屡扩建，以至于药商们觉得"也还够用"的大行，会在20年不到的时间里遭到了两次搬迁的原因。我们也不难理解为什么药商们会发现90年代以后，政府不但不再向着他们了，还发现政府在"尅他们"、和M药业穿了同一条裤子。由此，以药市空间的持续扩张为表征的药市"崛起"在药商们看来，简直是在进行一场公开的掠夺。此外，我们还可以透过走药的王林给我算过的一笔账，理解为什么J市地方政府在"非典"后，因应国家要求所扶持出的这个国内最大的饮片产业集群，在一定程度上也是地方政府进行的逆向软预算约束现象。

王林举例说，假设我要给东北某家药店走1吨的饮片，购买该饮片的成本若是1公斤10元钱，那么，算上运费、包装费、差旅费、感谢费，1公斤饮片的成本可能就要变成12元。因为国家禁止药店、医院、药厂等单位从个体手中收购饮片，走药人要以饮片厂的名义供货，他要缴纳5%的税钱给饮片厂。其中，2%要上交国家、饮片厂净赚3%，所以还要加上0.6元的税钱，成本就成了12.6元。给药店报价时，12.6元成本的药材，可以加上2元的净利润，不宜

华中药市的崛起 ——一个发展人类学的个案研究

再多、也无须再少,这样,走 1 公斤药所需的费用就是 14.6 元,同时还要这么说:"这次就算是给你帮忙,我根本不赚钱,下次要的数量多些的话,再给适当加一点!"

王林算的这笔账揭示出两个问题:第一,走药的确如药商们所说,是药材集散链条上利润最高的环节,一种草药,批发个子的拉大货药商每公斤只有几毛钱的利润,把个子加工成饮片的药商每公斤能有 1—2 元的利润,而走药人每公斤的净利润可以赚上 2—3 元,而且药材的成本价越高,可加的净利润就越高,例如,如果成本价在 80 元,走药的可以加 20—30 元不等的净利润。走一种药材的利润就能至此,就不要说走多种药材的情况了。当然,当药品被从医院、药店等地方售出时,其身价还会飞增。第二,由于走药人需要开具饮片厂的发票,按其交易额报税,这在某种程度上就增加了地方政府的财政收入。也就是说,在个体尚可以公开买卖饮片的时候,政府只能以个体的摊位、工商营业执照以及税务登记证为依据来获取收益。这种收益是固定的,例如每个季度收 100 元的摊位费。但是,当走药人需要出具饮片厂的资质供货、需要开具发票时,政府则可以经由实际发生的交易额而获取效益。显然,后者在数额上将明显大于前者。每有一公斤饮片在流动,就会产生一公斤饮片的收益(参见图 7-1)。

由此,扶持饮片集群对于以饮片为经济生长点的 J 市地方政府来说,可谓是名利双收的好事。政府不仅可以借此在国家面前显示其药市治理的规范化、标准化、现代化,还可以借由饮片厂建设,使它本来就占据着绝对优势的走药大军们得以"合法"地为 J 市以外的终端市场们供货,政府从而摸到很多它过去根本摸不到的钱,将它原本控制之外的资源转变为能为它支配的财政能力。我们因而可以理解为什么 J 市地方政府会从税收、土地、政策等多方面为饮片厂建设提供便利支持;为什么会是在 J 市而不是其他地方,诞生出中国最大的饮片产业集群;为什么 J 市诞生出的这个最大饮片产

第七章 结　论

业集群中，有些饮片厂是个空壳；为什么J市地方政府会庇护个体饮片加工，药商们的这种个体加工行径会屡禁不止。我们不排除说J市监管部门是出于对中国传统文化的认同，而"好心"庇护着药商们个体切制饮片的行为，但是在某种程度上，政府也需要从社会上攫取更多的资源。

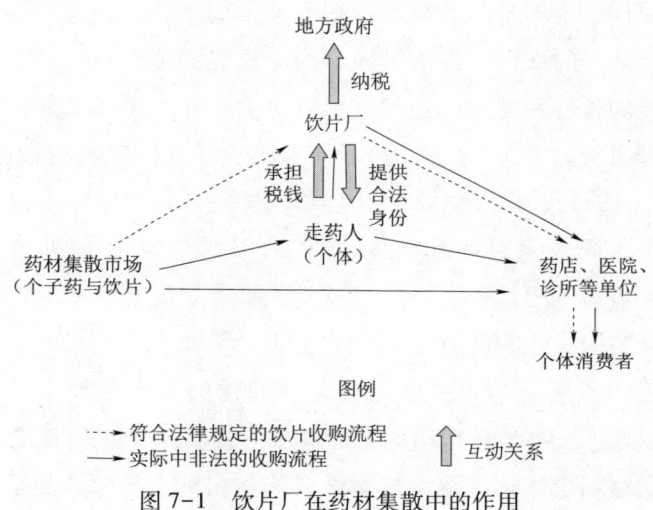

图 7-1　饮片厂在药材集散中的作用

那么，这个由药商们组成的社会又为什么会以"甘心"为资本和权力"掠夺"为其行为模式呢？他们为什么要进行着潜流中的"配合"博弈，不能发起卡尔·波兰尼（Karl Polanyi）在《大转型》中提出的来自社会的保护性反向运动呢？在我看来，这更要回到中国传统文化语境中才能得以解释，我称之为家庭主义，意即药商们在以家庭为中心经营生活。

毫无疑问，在中国，"家"是一个十分重要的概念，家庭不仅是中国社会最基本的经济单元、个体身份的基本表征，更是中国人生活的重心。郝瑞（Stevan Harrell）教授就曾深刻地揭示了家庭对于个体勤奋工作的意义。长久以来，中国人给从事中国研究的海外学者们留下的印象特点都是突出的勤奋，但是郝瑞（1985）指出，要

华中药市的崛起 ——一个发展人类学的个案研究

对中国人为什么会如此勤奋地努力工作进行理解，应对其背后的目标予以关切。在他看来，中国人的勤奋精神是以群体为取向的，即个体不是在为了获取个人利益，而是在为了谋求那个个体归属的家庭的长远利益而努力工作。所以，中国人努力工作"不是因为他们认为勤奋是人类的一种自然本性，就像阿瑟·史密斯（Smith, 1894）认为的那样；也不是因为只要给钱就会努力工作，就像一些物质激励理论者认为的那样。当中国人认为工作能为他们认同的那个群体实现可能的长远利益时，他们就愿意努力工作。中国人的社会化不仅在强调要努力工作，还强调努力工作是为了整个家庭的长远利益"（Harrell, 1985）。而在费孝通（1998：27）看来，家庭不仅是个体处理微观人际关系时的起点，以"家庭"为中心，向外"愈推愈远、愈推愈薄"，呈现出一种"差序格局"；家庭还是中国社会的活力所在，中国文化的活力就在世代之间（费孝通，1998）。

虽然闫云翔（2006）透过东北下岬村的人类学研究，发现了"个体的崛起"，文军（2012）等学者也表示，个体化社会正在来临，但是这场个体化进程不仅像学者们指出的，与西方的个体化进程不同，同时，就是在中国社会内部，进程的发生也是不同步的。改革开放以来，个体确实在国家的鼓励下，从家族、单位中脱嵌出来，然后根据个体选择，进行了重新入嵌——即个体化（沈奕斐，2010），但是在J市，这种脱嵌后形成的"个体生产者"并不是个人，而是家庭。在前文对詹家、苏老三家、张老板家、高姐家、阿林家等几个家庭的描写中，我们都可以一再地发现家庭的地位。例如，我们一是可以看到家庭依然是药商们从事药材经济的基本单位，没有家庭成员的互相支持、分工合作，个体的药材生意难以运作；而当一个家庭的生意小有规模时，他们常会通过分家来实现家庭的再生产。二是可以发现家庭是药商生活中最小的利益单位，不能细分到"个人"，这以高姐一家为典型，我们很难想象总计四个家庭的成员会一边算计个人利益，一边连续十几年地绑在一起做生意。同

第七章 结 论

时，个体药商们奋斗的目标也并非是要追寻个人自己的社会声望和地位，而是为了让家人过得更好、为了整个家庭的利益，家庭利益就是个体药商们在生意上不断奋斗的生活意义。三是我们可以看到药商们在以家庭为单位进行社会交往、人情往来。例如，他们经常会全家出动去给朋友往礼，跟报告人一起往礼"吃大桌"去也因而也成了我田野的一部分。

所以，虽然中国出现了个体化，但是在 J 市的药材集散领域，药商们仍然在围绕着家庭来经营他们的生活。正如孔迈隆（Cohen, 1992）所言，新的（市场）经济形势并没有使家庭失去它作为财产和经济实体的传统地位，这就是我将文化逻辑称为家庭主义的原因。然而，正是由于药商们日常生活中的行为，要以整个家庭的利益为取向，这就使得药商们在和国家、地方政府、大型外来资本这些强势力量博弈时，往往会格外谨慎，因为这是牵扯一家老小的唯一生计。于是，安全、低风险，是他们的生存原则；而"能吃饱不就齐了嘛，没想一定要挣多少钱"是他们的生存观念，他们只想普普通通地过日子。对于绝大多数的药商们来说，他们的药材生意都像是一种生存经济。加之权力在药材集散过程中的处处在场加剧了药商们对权力的依赖，这就是为什么绝大多数药商都不敢公开抗争政府规划的原因所在。即便有人去政府门前游行抗议，他们也会采取花钱雇人扯条幅，或是叫自己不干药材生意的亲戚抛头露脸的策略来降低风险；而稍微受到来自政府的震慑，他们就会草木皆兵、快速销声匿迹。用药商们的话说，干药材生意的，最怕在政府那里登名挂号。政府要是查你，怎么都是错。

于是，为了整个家庭的"安全"考虑，药商们在与国家和地方政府互动时，主动放弃了自己沟通、抗议的权利，逃避自己应该承担的义务。思考政府的规划是否合理、自己有什么权利、如何维护自己的权利，远不如琢磨用什么途径，或说把戏，来缓解自己的损失来得实际。在他们的观念里，霸道就是王道、谁强就敬畏谁、谁

华中药市的崛起 ——一个发展人类学的个案研究

弱就欺负谁，始终具有合法性。

当然，四个行动者群体的交织互动生成了一些成果，这不应该被否认。例如，政府的许可与支持、大行的建立，改变了太多人的生活，他们中的很多人不仅当起了药商，还通过药材生意过上了好日子；药市空间的扩张使J市从众药市中脱颖而出，成为中国"天下第一药市"，在J市做药材生意意味着资源多、门路多、机会多；中国最大饮片产业集群的形成则可以以其集群效应，为J市带来可观的经济效益，帮助J市摆脱贫穷落后的局面；"中华药都·养生J市"的城市定位为J市进行了地方性的生产，使其独具个性地参与着经济全球化；红火的药市还带动了J市汽车销售、洗浴、饭店、KTV、酒店等服务行业的兴盛；众多工业园区的落成推进了J市的城市化，笔直宽阔的道路、一栋栋高楼拔地而起、大型商业服务中心开始纷纷落户，J市在城市建设上日益具有现代都市的气质……无疑，J市享受到了发展带来的种种好处。但是，发展同时也将J市药市推入了困境。

第一，中药材集散自古以来就以个体经营、手工切制为方式，以"道地"这种质性准则为质控标准，然而，这种产业特色在今天早已面目全非。政府不仅去除了"家里"在传统药材集散链条中的合法身份；借由饮片产业的标准化运作，去除了个体在传统药材集散链条中的合法身份；还以找成分、测含量为主的"含量"法，替代了"道地"成为药材药品的质控标准。这些变化都因为融合了西医药的某些元素，而使传统的中药材集散变得有些不伦不类，用人们公认的一句话说，那就是"中药已经乱了"。不仅药商们对此不认可，他们原本成功的实践行为如今都遭到了非法化，人们认为国家管得过多；就连一些监管部门的工作人员也因为难以彻底落实国家的法律规定，只能在实际操作中睁一只眼闭一只眼。

第二，灰色的市场秩序。J市药市是一个合法行为与非法行为混杂交错，你中有我、我中有你的灰色局面。这一是表现在药商方面，

第七章 结 论

他们是大行里赁有摊位的合法药商,但他们常在家里进行饮片的切制与药材的交易。二是表现在饮片产业集群方面。J市有中国最大的饮片产业集群,但这个集群中不仅有还无法达到GMP标准、根本不进行生产的小饮片厂,就是一些符合GMP标准的饮片厂也在从个体手中收购饮片而非完全由自己进行加工。我们与其说是因为药材集散的传统特点使得"家里"和个体还无法退出药材集散市场,不如说是地方政府在一定程度上需要药商们在家里从事个体经营。监管部门既监管药商、处罚他们,又保护他们、和他们串通一气。

第三,被挤压的社会。在J市,市场力量的强势性已经充分显现,以空间扩张为表征的药市发展在药商们看来,就是在进行着一场公开的掠夺。但是,我们还尚未看到来自社会的保护性反向运动。这一是因为权力以监控市场秩序的名义在整个药材集散链条上处处在场,这加深了以家庭利益为取向的药商们的依赖和妥协;二是因为游走在市场和社会中间的国家依然坚定地站在市场的一侧,在谋求发展的道路上狂奔。所以,J市药市中的社会自组织性极低,它还是无法凝聚起来发挥力量的一团散沙。

可见,国家实行市场导向的发展模式后,借由主导权的下放,国家重构了中国经济、社会发展的动力机制,激发了地方政府、个体药商和大型外来资本的能动作用,使他们都投身于有利可图的"发展"中,J市药市逐渐繁荣。然而,规划发展蕴含的矛盾也开始因行动者群体的行为模式的变化而出现激化,如国家制定的法律规范与药商的经营方式之间的矛盾、国家利益与J市地方的经济效益之间的矛盾,以及由政府和资本携手推进的药市发展进程与药商个体利益之间的矛盾等。我们看到的重重困境,不过是行动者群体间暂时达致的一个博弈格局(见图7-2)。其中,政府行为尤其不容低估,当"发展"不仅是一种方略,更是国家用来维护体制合法性的手段,是治理术的重要组成部分时,"发展"往往会因其为各级官员带来了寻租机会而广为人们诟病(范可,2014)。

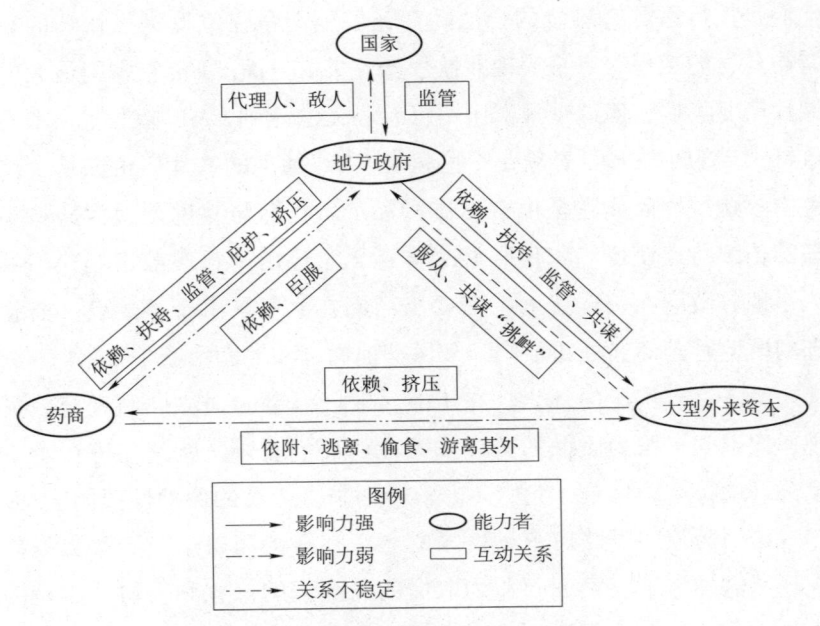

华中药市的崛起 ——一个发展人类学的个案研究

图 7-2 J市药市崛起中的互动关系

需要指出的是,我们也不该一味地苛责地方政府向社会伸出的"掠夺之手"。流行的文献认为,当财政分权建立起有效的财政激励时,地方政府伸出的将是"扶持之手"。然而在当下中国,从中央开始,每一个上级政府都在尽可能地占有更大比重的财政收入,而将财政支出的责任推给下级政府(傅勇,2007),支出责任的下放必然会导致下级政府要想办法获取预算外财政收入,以费代税、乱收费、变相借贷等机会行为,其实也是地方政府的自保行为。所以改变政府异化行为的关键,是要改变现有财政上的纵向不均等局面(张恒龙、康艺凡,2007)。

当下,J市药市的发展虽然还称不上是一种刘绍华(2013)所谓的"现代性的悲剧",地方政府的规划发展虽然还没到张和清(2011)所谓的撕裂了生命之网的程度,但是透过J市药市规划发展的这个个案,我们已然可以体会到一个国家、一个地方政府,采取

第七章 结 论

何种发展理念，出于何种发展动机地去进行发展实践是多么的重要。在当下，恰是后发国家普遍认同的、单纯以西方为参照而忽视本国传统的发展主义理念"制造"了 J 市药市的繁荣与乱象。因为它仍在把"发展"等同于经济增长，继而等同于 GDP 增长或人均收入的提高；它不关注"人的发展"（经常用来指教育、医疗保健和人类生活其他条件的扩展过程），甚至视其为仅仅是只有富国才付得起的某种"奢侈品"（森，[1998] 2012：33）。然而，一个好的发展应该能够回答沃勒斯坦（Immanuel Wallerstein，[1991] 2000）提出的"究竟为了谁或为什么要发展"的问题，一个好的发展更应该如阿玛蒂亚·森（Amartya Sen，1998）所说，视人的实质自由为发展的最终目的，即追寻人们可以去做他们有理由珍视的事情的可行能力以及去享受他们有理由珍视的生活的自由。它意味着"消除贫困、人身束缚、各种歧视压迫、缺乏法治权利和社会保障的状况，从而提高人们按照自己的意愿来生活的能力"。换句话说，一个好的发展的目的就在于"人"本身。作为一种意识形态，发展主义之所以需要被反思甚至是抛弃，是因为它恰恰在忽视着人的发展，它压制着人的自由、限制着人的能力，而对自由的限制，也是对发展的限制。因此，一个不以人为中心的发展虽然旨在"为了整个社会的发展"，但它常常会要求一些弱势社会成员在表征着"国家利益""国家的进步""现代化国家"等宏大字眼的规划设计面前，放弃他们"微不足道"的个人利益。人类学深深关切着的普通人的命运，就在这样的发展实践中被改变着、索取着，为那个比他们个体命运宏大太多的叙事名正言顺地压抑着、放弃着，即使已经付出够多，也仍无法得到拥有阿玛蒂亚·森所谓的"享受人们有理由珍视的那种生活的可行能力"这样的回报。

至此，我忽然意识到那首与阿玛蒂亚·森的理念酷似的泰戈尔的诗，也极其符合本书当下想要表达的意境。所以，我想用它来结束本书的写作，因为诗中描绘的那个美好的彼岸世界不只是森的梦

华中药市的崛起 ——一个发展人类学的个案研究 ▷

想、每个人类学者的梦想,更是我们每个人的追求。

在那里,心是无畏的,头也抬得高昂;
在那里,知识是自由的;
在那里,世界还没有被狭小的家国的墙隔成片段;
在那里,话是从真理的深处说出;
在那里,不懈的努力向着"完美"伸臂;
在那里,理智的清泉没有沉没在积习的荒漠之中;
在那里,心灵是受你的指引,走向那不断放宽的思想与行为——
进入那自由的天国,我的父呵,让我的国家觉醒起来吧。

——泰戈尔《吉檀迦利》诗 35

参 考 文 献

一、中文著作

阿玛蒂亚·森（Amartya Sen）
 2012，《以自由看待发展》，任赜、于真译，北京：中国人民大学出版社。

埃斯科瓦尔（Arturo Escobar）
 2011，《遭遇发展——第三世界的形成与瓦解》，汪淳玉译，北京：社会科学文献出版社。

巴利（Nigel Barley）
 2003，《天真的人类学家——小泥屋笔记》，何颖怡译，上海：上海人民出版社。

保罗·拉比诺（Paul Rabinow）
 2008，《摩洛哥田野作业反思》，高丙中、康敏译，北京：商务印书馆。

贝特森（Gregory Bateson）
 2008，《纳文》，李霞译，北京：商务印书馆。

陈东升
 2003，《金权城市———地方派系、财团与台北都会发展的社会学分析》，台北：巨流图书公司。

陈庆德
 2001，《发展人类学引论》，昆明：云南大学出版社。

费孝通
 1998，《乡土中国 生育制度》，北京：北京大学出版社。

弗朗索瓦·佩鲁（Francois Perroux）
 1987，《新发展观》，张宁、丰子义译，北京：华夏出版社。

费瑟斯通（Featherstone, M.）
 2000，"消费文化与后现代主义"，刘精明译，南京：译林出版社。

赫茨菲尔德（Michael Herzfeld）

2013，《人类学：文化和社会领域中的理论实践》，刘珩等译，北京：华夏出版社。

黑格尔（Georg Wilhelm Friedrich Hegel）

1999，《历史哲学》，王造时译，上海：上海书店出版社。

黄佩华

2001，"费改税：中国预算外资金和政府间财政关系的改革"，伯德、埃贝尔等：《社会主义国家的分权化》，北京：中央编译出版社。

简·雅各布斯（Jacobs, Jane）

2006，《美国大城市的死与生》，金衡山译，南京：译林出版社。

卡尔·波兰尼（Karl Polanyi）

2007，《大转型：我们时代的政治与经济起源》，冯钢、刘阳译，杭州：浙江人民出版社。

卡西勒（Ernst Cassirer）

1988，《启蒙哲学》，顾伟铭、杨光仲、郑楚宣译，济南：山东人民出版社。

凯蒂·加德纳（Katy Gardner）、大卫·刘易斯（David Lewis）

2008，《人类学、发展与后现代挑战》，张有春译，北京：中国人民大学出版社。

克利福德·格尔兹（Clifford Geertz）

2008，《文化的解释》，韩莉译，南京：译林出版社。

兰世辉

2004，《文江寺庙重建》，中央民族大学硕士学位论文。

栗山茂久（Shigehisa Kuriyama）

2009，《身体的语言——古希腊医学和中医之比较》，陈信宏、张轩辞译，上海：上海书店出版社。

李亦园

1999，《田野图像：我的人类学研究生涯》，济南：山东画报出版社。

林尚立

2009，《中国共产党与国家建设》，天津：天津人民出版社。

林耀华

2000,《义序的宗族研究》,北京:生活·读书·新知三联书店。

刘绍华

2013,《我的凉山兄弟——毒品、艾滋与流动青年》,台北:群学出版有限公司。

刘祖云

2006,《发展社会学》,北京:高等教育出版社。

陆德泉、朱健刚

2013,《反思参与式发展——发展人类学前沿》,北京:社会科学文献出版社。

罗荣渠

2006,《现代化新论——中国的现代化之路》,上海:华东师范大学出版社。

罗斯托(Walt Whitman Rostow)

2001,《经济增长的阶段:非共产党宣言》,北京:中国社会科学出版社。

马俊亚

2011,《被牺牲的"局部":淮北社会生态变迁研究:1680—1949》,北京大学出版社。

米歇尔·福柯(Michel Foucault)

2003,《规训与惩罚:监狱的诞生》,刘北成、杨远婴译,北京:生活·读书·新知三联书店。

欧文·戈夫曼(Erring Goffman)

1989,《日常生活中的自我呈现》,黄爱华、冯钢译,杭州:浙江人民出版社。

潘天舒

2009,《发展人类学概论》,上海:华东理工大学出版社。

乔尔·S. 米格代尔(Joel S. Migdal)

2012,《强社会与弱国家》,张长东译,南京:江苏人民出版社。

施坚雅(G. William Skinner)

1998,《中国农村的市场和社会结构》,史建云、徐秀丽译,北京:中国社会科学出版社。

华中药市的崛起 ——一个发展人类学的个案研究

许宝强、汪晖
   2000，《发展的幻象》，北京：中央编译出版社。
王铭铭
   2008，《20世纪西方人类学主要著作指南》，北京：世界图书出版公司。
沃尔夫（Eric R. Wolf）
   2006，《欧洲与没有历史的人民》，赵丙祥译，上海：上海人民出版社。
沃勒斯坦（Immanuel Maurice Wallerstein）
   2000，《发展是指路明灯还是幻象？》，黄燕堃译，许宝强、汪晖：《发展的幻象》，北京：中央编译出版社。
吴宁
   2007，《日常生活批判：列斐伏尔哲学思想研究》，北京：人民出版社。
吴晓波
   2007，《激荡三十年——中国企业1978—2008（上）》，北京：中信出版社，杭州：浙江人民出版社。
西敏司（Sidney W. Mintz）
   2010，《甜与权力：糖在近代历史上的地位》，王超、朱健刚译，北京：商务印书馆。
亚诺什·科尔内（Janos, Kornai）
   1986，《短缺经济学》，张晓光、李振宁、黄卫平、潘左红、靳平、戴国庆译，北京：经济科学出版社。
闫云翔
   2006，《私人生活的变革：一个中国村庄里的爱情、家庭与亲密关系（1949—1999）》，龚晓夏译，上海：上海书店出版社。
杨小柳、谭宗慧
   2013，《良美村的桑蚕种养业：基于微观家庭生计的人类学分析》，陆德泉、朱健刚：《反思参与式发展——发展人类学前沿》，北京：社会科学文献出版社。
赵一凡、张中载、李德恩
   2006，《西方文论关键词》，北京：外语教学与研究出版社。
张宁
   1998，《阜阳通史》，合肥：黄山书社。

周飞舟

2012，《以利为利：财政关系与地方政府行为》，上海：上海三联书店。

周黎安

2008，《转型中的地方政府：官员激励与治理》，上海：上海人民出版社。

周立群、谢思全

2008，《中国经济改革 30 年（民营经济卷）》，重庆：重庆大学出版社。

二、中文论文

阿图罗·埃斯科瓦尔（Arturo Escobar）

1998，"人类学与发展"，黄觉译，《国际社会科学（中文版）》，第 4 期。

白小虎

2004，"专业市场集群的范围经济与规模经济——义乌小商品市场的实证分析"，《财贸经济》，第 2 期。

——2012，"本地社会网络、分工网络与市场扩张的边界——桥头纽扣市场的经济史研究"，《浙江社会科学》，第 12 期。

边燕杰、丘海雄

2000，"企业的社会资本及其功效"，《中国社会科学》，第 2 期。

曹正汉、史晋川

2009，"中国地方政府应对市场化改革的策略：抓住经济发展的主动权——理论假说与案例研究"，《社会学研究》，第 4 期。

陈镜颖

2007，"四川药材贸易研究——以 1891 年至 1949 年为主的考察"，四川大学硕士学位论文。

陈潭、刘兴云

2011，"锦标赛体制、晋升博弈与地方剧场政治"，《公共管理学报》，第 2 期。

陈锡宝

1990，"南京国民政府裁厘平议"，《安徽师范大学学报（哲学社会科学版）》，第 4 期。

陈新谦

    1987，"鸦片战争以前的药店和药市"，《中国药学杂志》，第3期。

陈业新

    2011，"明清时期皖北地区灾害环境与社会变迁——以文武举士的变化为例"，《江汉论坛》，第1期。

——2008，"明清时期皖北地区健讼风习探析"，《安徽史学》，第3期。

范可

    2005，"'再地方化'与象征资本——一个闽南回族社区近年来的若干建筑表现"，《开放时代》，第2期。

——2008，"'申遗'：传统与地方的全球化再现"，《广西民族大学学报（哲学社会科学版）》，第5期。

——2011，"'边疆发展'献疑"，《中南民族大学学报（人文社会科学版）》，第1期。

——2011，"'自我的他者化'——关于本土田野实践的思考"，《云南民族大学学报（哲学社会科学版）》，第6期。

——2014，"全球化与转基因问题的政治想象"，《江苏行政学院学报》，第4期。

费瑟斯通

    2000，《消费文化与后现代主义》，刘精明译，南京：译林出版社。

费孝通、李亦园

    1998，"中国文化与新世纪的社会学人类学"，《北京大学学报（哲学社会科学版）》，第6期。

傅勇

    2007，"中国式分权、地方财政模式与公共物品供给：理论与实证研究"，复旦大学博士学位论文。

顾朝林

    2004，"改革开放以来中国城市化与经济社会发展关系研究"，《人文地理》，第2期。

洪蕾、冼华

    2007，"中医'治未病'的理论研究"，《中国中医基础医学杂志》，第2期。

胡鞍钢

2003,"城市化是今后中国经济发展的主要推动力",《中国人口科学》,第 6 期。

黄琪轩

2010,"国家安全与中国发展模式的变迁",《上海行政学院学报》,第 9 期。

蒋力生

2007,"中医养生学释义",《江西中医学院学报》,第 1 期。

靳琦、王琦

2007,"中医'治未病'说略",《北京中医药大学学报》,第 11 期。

兰玉倩、王玲、张之会

2013,"玛咖研究进展",《北京农业》,第 30 期。

冷滨

2008,"90 后的价值观、族群分类与消费行为——以运动休闲服装市场为例",《广告大观》(理论版),第 3 期。

李三谋

1996,"清代安徽农业发展的不平衡性",《安徽师范大学学报(哲学社会科学版)》,第 3 期。

李文

2001,"城市化滞后的经济后果分析",《中国社会科学》,第 4 期。

李正全

1983,"中医虚损学说及其临床应用",重庆:科学技术文献出版社重庆分社。

梁雅茜

2012,"虫草、藏药与西藏的全球化",《文化纵横》,第 2 期。

柳建文

2007,"中国区域差距问题的政治逻辑",《珠江经济》,第 5 期。

刘茂松

2011,"经济发展方式转变的'集约化、集群化、集聚化;战略",《湖湘论坛》,第 1 期。

卢华语

2011,"唐宋时期武陵山区药材贸易初探",《中国社会经济史研究》,第4期。

陆立君、俞航东

2009,"论专业市场对产业集群的带动和提升——基于浙江省义乌市的调查与分析",《华东经济管理》,第2期。

陆立军

2004,"集聚发展 高端攀升——义乌产业发展新战略",《浙江经济》,第4期。

吕璐

2005,"城市化水平和经济发展——对我国的实证分析",《天府新论》,第4期。

牛贯杰

2001,"十九世纪中期皖北的圩寨",《清史研究》,第4期。

皮国立

2009,"所谓'国医'的内涵——略论中国医学之近代转型与再造",《中山大学学报(社会科学版)》,第1期。

任剑涛

2011,"市场巨无霸挑战政治巨无霸:'社会主义市场经济'中的政企关系",《社会科学论坛》,第7期。

邵京

2011,"田野无界——关于人类学田野方法的思考",《云南民族大学学报(哲学社会科学版)》,第6期。

沈艺

2006,"中西方养生观的调查与文献研究",北京中医药大学硕士论文。

沈奕斐

2010,"个体化与家庭结构关系的重构",复旦大学博士论文。

沈原

2006,"'强干预'与'弱干预':社会学干预方法的两条途径",《社会学研究》,第5期。

——2007,"社会的生产",《社会》,第2期。

——2008,"又一个三十年——转型社会学视野下的社会建设",《社会》,

第 3 期。

宋杰

　　1999，"春秋战争之地域分析与列国的争霸方略（下）"，《首都师范大学学报（社会科学版）》，第 3 期。

孙立平、王汉生、王思斌、林彬、杨善华

　　1994，"改革以来中国社会结构的变迁"，《中国社会科学》，第 2 期。

孙文生

　　1997，"中国城市化水平与经济发展水平研究"，《河北农业大学学报》，第 3 期。

托马斯·海贝勒（Thomas Heberer）

　　2005，"关于中国模式若干问题的研究"，《当代世界与社会主义》，第 5 期。

汪丁丁、贾拥民

　　2007，"一个嵌入社会网络的市场经济：义乌案例"，《社会科学战线》，第 1 期。

王绍光

　　2008，"大转型：1980 年代以来中国的双向运动"，《中国社会科学》，第 1 期。

汪堂家

　　2010，"对'进步'概念的哲学重审——兼评建构主义的'进步'观念"，《复旦学报（社会科学版）》，第 1 期。

王炜、战子玉

　　2002，"专业化市场与产业集群模式"，《市场周刊（财经论坛）》，第 11 期。

文军

　　2012，"个体化社会的来临与包容性社会政策的建构"，《社会科学》，第 1 期。

吴飞

　　2009，"'空间实践'与诗意的抵抗——解读米歇尔·德赛图的日常生活实践理论"，《社会学研究》，第 2 期。

吴海涛

2005，"元明之际淮北地区的社会变迁"，《阜阳师范学院学报（社会科学版）》，第1期。

肖小河、金城、鄢丹、王伽伯、袁海龙、赵艳玲

2010，"中药大质量观及实践"，《中草药》，第4期。

杨二兰

2008，"祁州药市的历史考察"，苏州大学硕士学位论文。

杨念群

2004，"'地方性知识'、'地方感'与'跨区域研究'的前景"，《天津社会科学》，第6期。

杨小柳

2007，"发展研究：人类学的历程"，《社会学研究》，第4期。

杨雪冬

2004，"全球化、风险社会与复合治理，马克思主义与现实"，第4期。

杨治、杜朝晖

2000，"经济结构的进化与城市化"，《中国人民大学学报》，第6期。

余龙江、金文闻、李为、程华

2003，"南美植物玛咖的研究进展"，《中草药》，第2期。

赵晋

2006，"药王崇拜与安国药都的形成和发展——对一种商业神崇拜现象的宗教社会学分析"，《昆明大学学报》，第1期。

张和清

2011，"灾难的社会根源与灾难社会工作"，《开放时代》，第10期。

张恒龙、康艺凡

2007，"财政分权与地方政府行为异化"，《中南财经政法大学学报》，第6期。

张明

2011，"'自己人'视野下农民工的社会支持与行为选择"，《江汉论坛》，第11期。

张珣

2011，"日常生活中'虚'的身体经验"，《考古人类学刊》，第74期。

张燕妮

2006，"试谈清代中药业的发展"，《成都教育学院学报》，第2期。

赵旭东

2008，"从发展人类学到发展的人类学"，《中国图书商报》。

——2009，"以国家的名义重新书写乡村文化：以河北两庙会为例"，《河南社会科学》，第6期。

甄雪燕

2004，"明末'以人补人'用药风气兴衰的研究"，《中华医史杂志》，第1期。

周飞舟

2010，"大兴土木：土地财政与地方政府行为"，《经济社会体制比较》，第3期。

周黎安

2004，"晋升博弈中政府官员的激励与合作——兼论我国地方保护主义和重复建设问题长期存在的原因"，《经济研究》，第6期。

周穗明

2003，"西方新发展主义理论述评"，《国外社会科学》，第5期。

周晓虹

2012，"'中国经验'与'中国体验'"，《学习与探索》，第3期。

周雪光

2005，"'逆向软预算约束'：一个政府行为的组织分析"，《中国社会科学》，第2期。

周志忍

2001，"政府行为规范化与公共政策"，《国家行政学院学报》，第4期。

朱大可

2007，"1967年的鸡血传奇"，《领导文萃》，第2期。

祝世讷

1993，"中医文化的复兴"，《山东中医学院学报》，第5期。

朱晓阳、谭颖

2010，"对中国'发展'和'发展干预'研究的反思"，《社会学研究》，第4期。

朱玉茹

2006,"论发展的人文价值内涵",中国石油大学硕士论文。

英文文献

A. Escobar

1984, *Discourse and Power in Development: Michel Foucault and the Relevance of His Work to the Third World*, Alternatives 10, no. 3 (1984): 377-400.

A. F. Robertson

1984, *People and the State: An Anthropology of Planned Development*. New York: Cambridge University Press.

Alan Hoben

1982, *Anthropologists and Development*, in Annual Review of Anthropology, Vol. 11: 349-375 (Volume publication date October).

Appadurai, Arjun. ed.

1986, *The Social Life of Things: Commodities in Cultural Perspective*. Cambridge: Cambridge University Press.

Arndt, H.W.

1978, *The Rise and Fall of Economic Growth*. Chicago: University of Chicago Press.

——1981. *Economic Development: A Semantic History*. Economic Development and Cultural Change 29(3): 457-466.

Bailey, F.G.

1958, *Caste and the Economic Frontier: A Village in Highland Orissa*. Manchester: Manchester Universtiy Press.

Bourdieu. P.

1984, *Distinction: A Social Critique of the Judgement of Taste*. R. Nice translate. London, Routledge and Kegan Paul.

Brandt et al.

1980, *North-South: A Programme for Survival*. The Report of the Independent Commission on International Development Issues. London: Pan.

Chenery, H.B., Duloy, J. and Jolly, R. eds.

1974, *Redistribution with Growth: An Approach to Policy*. Washington, DC: World Bank.

Cochrane. G.

1970, *Big Men and Cargo Cults*, Oxford: Clarendon.

Cohen, Myron.L.

1976, *House United, House Divided: The Chinese Family in Taiwan*. NewYork: Colulmbia University Press.

Cohen, Myron L.

1992, *Family Management and Family Division in Contemporary Rural Chilla* [J]. The China Quarterly, No.130(Jun.,1992), pp.357-377.

Conway, G.R. and Barbier, Edward B.

1988, *After the Green Revolution: Sustainable and Equitable Agricultural Development*, Futures. Vol. 20 Issue 6.

Cooper, Frederick, and Randall Packard.

1997, *Introduction*. In *International Development and the Social Sciences: Essays on the History and Politics of Knowledge*, Frederick Cooper and Randall Packard, eds., pp. 1-41. Berkeley: University of California Press.

Cowen, M. P. and Shenton, R. W.

1996, *Doctrines of Development*. London: Routledge.

Crush, J.

1995, *Imaging Development*. In Jonathan Crush(ed.) *Power of Development*. London: Routledge.

David I. Kertzer

1984, *Anthropology and Family History*, Journal of Family History.

Doyle, Leonard A.

1958, *Reducing the Barriers to Private Foreign Investment in Underdeveloped Countries*. California Management Review, Vol. 1 Issue 1, pp. 20-29.

Epstein, T. S.

1973, *South India: Yesterday, Today and Tomorrow: Mysore Villages Revisited* London: Macmillan.

Fei. Xiao-tong

1933, *Peasant Life in China*. London: Routledge & Kegan Paul Ltd.

Ferguson, J.

1990, *The Anti-politics Machine*: "*Development*", *Depoliticization and Bureaucratic Power in Lesotho*. Cambridge: Cambridge University Press.

Firth. R.

1969, *Social Structure and Peasant Economy*: *The Influence of Social Structure upon Peasant Economies*. See Ref 113, 23-37.

Geertz, C.

1963, *Agricultural Innovation*: *The Process of Change in Indonesia*. Berkeley: University of California Press.

——1983, *Local Knowledge*: *Further Essays In Interpretive Anthropology*. Basic Books, Inc.

Gellner, E.

1964, *Thought and Change*. London. 1978 Notes towards a Theory of Ideology. L'Homme, vol 43, nos 3/4, pp. 69-82.

George, Susan.

1986, *More Food, More Hunger*: *Development*. Seeds of Change 1986(1/2): 53-63.

Goody, J.

1971, *Technology, Tradition, and the State in Africa*, London: Oxford Univ. pr.

Griffin, K.

1974, *The Political Economy of Agrarian Change*: *An Essay on the Green Revolution*, London: Macmillan publ.

Griffin, K. B. and Enos, J. L.

1970, *Foreign Assistance*: *Objectives and Consequences*, Economic Development and Cultural Change, Vol.18, Issue 3, pp. 313-327.

Hazell, P.B.R.

1991, *The Green Revolution Reconsidered*: *The Impact of High-Yielding Rice Varieties in South India* / Peter B.R. Hazell, C. Ramsamy; with contributions by P.K. Aiyasamy ... [et al.].

Hill. P.

1970, *A Plea for Indigenous Economics*: *The West African Example*, The

Sociology of Eonomic Development: A Reader, pp. 89-103.

Hopkins. A G.

1973, *An Economic History of West Africa*, London: Longman.

Houghton, D.

1960, *Men of Two Worlds*, South African Journal of Economics; Sep 1960, Vol, 28 Issue 3, pp. 177-190.

Immanuel Wallerstein

1974, *The Modern World-System*, Vol. I: Capitalist Agriculture and the Origins of the European World-Economy in the Sixteen the Century, New York/London: Academic Press.

Jean-Pierre, Olivier de Sardan

2005, *Anthropology and Development: Understanding Contemporary Social Change*. London & New York: ZED Books.

John T. Friedman

2006, *Beyond the Post-Structural Impasse in the Anthropology of Development*. Dialectical Anthropology (2006) 30: 201-225.

Larrain, J.

1989, *Theories of Development: Capitalism, Colonialism and Dependency*. Cambridge, UK: Polity Press.

Lock, Margaret and P. Kaufert

2001, *Menopause, Local Biologies, and Cultures of Aging*. American Journal of Human Biology 13: 494-504.

Long, N.

1992, *From Paradigm Lost to Paradigm Regained? The Case for an Actor-oriented Sociology of Development*, in Long and Long (eds). *Battlefields of Knowledge: The Interlocking of Theory and Practice in Social Research and Development*, London: Routledge.

Mann, Susan

2000, *Work in Chinese Culture: Historical Perspectives*, in Barbara Entwisle and Gail E. Henderson (eds.), *Redrawing Boundaries: Work, Househoolds, and Gender in China*. Berkeley: University of California Press, pp. 15-32.

Maquet. J. J.

    1964, *Objectivity in Anthropoiogy*, Current Anthropology, pp. 47-55.

Marc Edelman and Angelique Haugerud

    2005, *The Anthropology of Development and Globalization: From Classical Political Economy to Contemporary Neoliberalism*. Malden: Blackwell Publishing Ltd.

Marcus

    1998, *Ethnography Through Thick and Thin*, Princeton, NJ: Princeton University Press.

Miracle, M.P. And Berry, S.

    1970, *Migrant Labour and Economic Development*, Oxford Economic Papers, Vol,22, Issue 1, pp. 86-108.

Moerman. M.

    1968, *Agriculture Change and Peasant Choice in a That Village*, Berkeley: University of California Press.

Murdock.G.P.

    1975, *Social Structure*, New York: The Free Press.

Ortiz, S.

    1973, *Uncertainties in Peasant Farming*, *A Colombian Case*, New York: Athlone Press.

Pitt, D.

    1970, *Tradition and Economic Progress in Samoa, A Case Study of the Role of Traditional Social Institutions in Economic Devetopment*, Oxford: Clarendon.

Richards, Audrey I.

    1939, *Land, Labour and Diet in Northern Rhodesia*. Oxford: Oxford University Press.

Robert Nisbet

    1994, *History of the Idea of Progress*, N.Y.: Transaction Publishers.

Sachs, W.

    1992, *The Development Dictionary: A Guide to Knowledge as Power*. London & New York: ZED Books.

Salisbury, R. F.

1970, *Vunamami Economic Transformation in a Traditional Society*, Berkeley: University of California Press.

Schapera, I.

1947, *Migration and Tribal Life*. Oxford: Oxford University Press.

Schneider, Harold K.

1975, *Economic Development and Anthropology*, Annual Review of Anthropology, Vol.4, pp.271-292.

Shiva, Vandana

1991, *The Green Revolution in the Punjab*, the Ecologist, March-April, Vol. 21. Issue 2.

Simone Abram and Jacqueline Waldren

2004, *Anthropological Perspectives on Local Development*, New York: Routledge.

Smith, Arthur H.

1894, *Chinese Characteristics*. New York: Fleming H. Revell.

Stevan Harrell

1985, *Why Do the Chinese Work So Hard?: Reflections on an Entrepreneurial Ethic*, Modern China, Vol. 11 No. 2, April 1985 203-226.

Thayer Scudder

1973, *The Human Ecology of Big Projects: River Basin Development and Resettlement*, Annual Review of Anthropology, Vol. 2.

索 引

A

阿恩特（Arndt, H. W.） 13

阿玛蒂亚·森（Amartya Sen） 235

阿帕杜莱（Arjun Appadurai） 21, 222

埃斯特瓦（Esteva） 11

阿图罗·埃斯科瓦尔（Arturo Escobar） 10, 13, 19, 22, 23, 24, 148, 179, 217

奥黛丽·理查斯（Audrey Richards） 16

B

巴利（Nigel Barley） 28, 29

白芍 45, 46, 47, 54, 59, 65, 68, 71, 72, 73, 74, 76, 77, 85, 167, 220

贝利（F. G. Bailey） 18

贝特森（Gregory Bateson） 30

标准化 39, 40, 64, 148, 157, 162, 168, 172, 177, 178, 179, 203, 204, 216, 228, 232

博弈 24, 27, 40, 145, 216, 218, 219, 229, 231, 233

布迪厄（Bourdieu） 202

C

曹正汉 87, 99

产业集群 27, 39, 65, 66, 115, 145, 148, 172, 182, 219, 226, 227, 228, 232, 233

场所 50, 87, 97, 102, 130, 144, 156, 162, 164

城市化 13, 14, 61, 69, 114, 115, 144, 232

传统 3, 7, 14, 15, 16, 18, 19, 20, 23, 26, 29, 37, 38, 39, 40, 42, 49, 61, 64, 77, 88, 89, 107, 111, 148, 156, 163, 165, 166, 167, 169, 173, 176, 177, 178, 179, 182, 185, 186, 187, 189, 192, 193, 216, 223, 225, 227, 229, 231, 232, 233,

235

D

大行 4, 5, 6, 8, 9, 31, 33, 35, 36, 38, 39, 76, 86, 87, 88, 90, 92, 95, 96, 97, 98, 99, 100, 101, 103, 104, 106, 107, 111, 114, 116, 117, 118, 119, 120, 121, 123, 124, 127, 128, 131, 132, 133, 135, 136, 137, 138, 140, 141, 142, 143, 144, 154, 155, 158, 160, 161, 163, 164, 165, 166, 167, 173, 205, 208, 209, 211, 221, 223, 224, 225, 227, 232, 233

大推动 15, 17
大转型 110, 229
道地药材 51, 62, 204
党建国家 213, 226
德塞图（Michel De Certeau） 144
地方感 43, 47
地方再造 3, 4, 222
第三世界 13, 14, 18, 22, 179
第四点计划 12

F

发展 1, 2, 6, 7, 8, 9, 10, 11, 12, 13, 14, 15, 16, 17, 18, 19, 20, 21, 22, 23, 24, 25, 26, 27, 28, 35, 36, 37, 38, 39, 40, 41, 42, 43, 44, 47, 48, 49, 50, 53, 54, 56, 59, 62, 63, 64, 65, 66, 67, 68, 77, 78, 85, 86, 87, 88, 95, 96, 99, 100, 106, 107, 109, 110, 111, 112, 113, 114, 115, 116, 117, 121, 123, 124, 132, 143, 144, 145, 147, 148, 156, 158, 161, 162, 163, 165, 166, 167, 168, 170, 172, 177, 178, 179, 181, 182, 186, 187, 188, 189, 190, 191, 192, 193, 204, 206, 209, 211, 212, 213, 215, 216, 217, 218, 219, 220, 221, 222, 223, 224, 226, 227, 232, 233, 234, 235

发展人类学 1, 23, 24, 25, 26, 41, 67, 109, 147, 181, 215
发展中国家 15, 16, 18
发展主义 22, 25, 235
范可 14, 29, 193, 223, 233
非典 31, 39, 64, 148, 157, 158, 159, 160, 161, 163, 166, 168, 171, 190, 203,

212，227

费瑟斯通（Featherstone, M.） 193，202

费孝通 89，30

分税制 99，106，107，144，222，227

弗格森（Ferguson） 21，22，217

福柯（Michel Foucault）

弗里德曼（John T. Friedman） 26

G

盖尔纳（Gellner, E.） 219

改革开放 9，26，38，40，43，46，50，61，68，72，75，76，77，78，79，86，88，99，106，110，111，186，187，189，192，193，213，216，219，230

格尔兹（Geertz） 17，33

戈弗雷·威尔逊（G. Wilson） 16

戈夫曼（Erving Goffman） 31

搁伙计 38，78，79，81，82，83，84，85，90，150，209，222

格拉克曼（Max Gluckman） 16

共时性 25，27

公私合营 54，60，61，168，220

构造形态 25，217，218

规划发展 9，26，38，124，191，213，216，220，222，233，234

国家发展运动 77，88，220

H

郝瑞（Stevan Harrell） 229

含量 156，172，173，174，175，176，177，178，179，225，232

合法性 21，107，133，141，148，178，179，221，232，233

赫勒（Heller） 26

黑格尔（Hegel） 42

后结构主义 22，23，26

话语 10，13，14，21，22，23，24，25，26，35，39，40，69，86，114，124，148，156，165，172，178，179，182，186，193，208，216，217，222

淮北 47，48

淮河流域 42，47，48

霍本（Hoben） 19

J

计划经济 60，68，73，78，

220，221

集散市场 2，3，8，9，27，28，31，32，38，42，49，63，95，100，106，107，116，144，155，157，160，162，164，165，166，203，204，222，233

记忆 2，46，52，55，60，92

家庭 23，37，77，88，89，94，107，110，127，209，210，211，213，229，230，231，233

交织的社会逻辑 24，25，26，28，40，216，217，218

解构 21，22，23，25，29

进步 10，11，12，13，14，15，17，21，22，23，177，179，197，235

进化论 15

金权城市 144

涓滴效应 78

K

卡尔·波兰尼（Karl Polanyi） 110，229

卡西勒（Ernst Cassirer） 11

科尔内（Janos Kornai） 86

科学 20，65，79，106，116，144，148，157，168，172，173，178，186，205，207

科学发展观 10，14

空间 2，8，20，33，38，39，40，42，50，64，66，78，87，96，99，100，103，104，106，107，109，110，120，133，134，136，142，143，144，148，179，182，186，194，196，205，207，219，222，223，224，226，227，232，233

孔迈隆（Myron Cohen） 89，231

L

拉大货 35，90，91，96，98，102，135，150，151，152，163，171，203，204，219，228

拉康（Jacques Lacan） 178

拉里安（Larrain） 12

兰帕德（E. E. Lampard） 114

雷尔夫（Relph） 43

栗山茂久（Shigehisa Kuriyama） 184

历时性 25，27

理性 11，12，，13，14，28，156，178，179，226

李亦园 33

列斐伏尔（Lefebvre） 26

林耀华 89

刘绍华 35，36，78，219，221，234
罗斯托（W. W. Rostow） 15，17
绿色革命 18

M

马奎特（Maquet J. J.） 14
马林诺斯基（Bronislaw Malinowski） 37
米格代尔（Joel S. Migdal） 77
民粹主义 24，25，26，217
默多克（Murdock） 89
摩尔根（Luis Henry Morgan） 15

N

内群体 31，34
捻军 56，57
凝视 39，178，179，186
诺曼·朗（Long） 24

P

潘天舒 15，18，21
炮制 54，74，94，97，149，150，151，152，156，168，172，176
培顿·杨（H. Peyton Young） 92
佩鲁（Francois Perroux） 22

Q

启蒙运动 11，178
欠发展 12，14
嵌入 25，218
切片子 6，34，35，90，91，97，102，149，150，151，152，153，154，155，169，171，205，219

R

日常生活 24，25，26，29，34，35，184，192，231

S

瑟皮拉（Schapera） 16
上行 4，29，38，88，92，93，96，103，132，138，154
沈原 60，110，145
市场经济 17，61，77，99，110，144，224
世界体系 20，21
双轮驱动 69，114，116，222

T

他者 28，29，177，193
泰戈尔 235，236
统购 68，71，73

投机倒把 73，75，219，220
托马斯·海贝勒（Thomas Heberer） 221

W

文化自觉 179
沃尔夫（E. Wolf） 21
沃勒斯坦（Immanuel Maurice Wallerstein） 20，235
无深度文化 193
巫文化 2
吴晓波 68，73，79

X

西敏司（Sidney Mintz） 21
席瓦（Shiva） 18
小行 9，35，82，85，91，119，120，121，122，123，125，126，127，132，136，137，139，142，144，157，160，163，190，192，194，196，197，199，202，205，207，208，209，211，223
小土地出租 70
现代化 10，14，15，17，19，20，66，86，93，116，118，162，163，164，165，170，172，177，186，204，207，213，219，221，222，228，235

香辛料 128，129，130，131，132，134
新发展观 22
新兴国家 10，15，77
新自由主义 78，86，133，221
行动者 24，25，29，40，144，216，217，218，219，222，223，232，233
虚 183，184，185，186

Y

雅各布斯（Jane Jacobs） 32
药典 62，128，130，156，172，173，175，176
药都 4，7，27，39，49，50，53，61，62，63，64，66，114，115，116，140，161，163，170，172，182，187，188，191，222，226，232
样品行 5，8，98，99，101，102，103，151
养生 32，39，63，64，66，179，181，182，185，186，187，188，189，190，191，192，193，194，198，199，200，202，203，205，206，207，208，213，222，226，232
饮片 6，39，54，63，64，65，66，69，81，90，129，145，

148, 149, 150, 151, 154, 156, 157, 162, 163, 165, 166, 167, 168, 169, 171, 172, 177, 178, 179, 182, 208, 212, 216, 219, 225, 226, 227, 228, 229, 232, 233

饮片厂 9, 35, 65, 165, 168, 169, 170, 171, 172, 179, 191, 205, 209, 211, 212, 227, 228, 229, 233

预算软约束 86

Z

再地方化 193
在地生物学 184
张珣 184
政治锦标赛 213, 226
治理 25, 95, 106, 107, 133, 164, 190, 191, 213, 226, 228, 233

知识 5, 12, 17, 23, 24, 25, 28, 148, 178, 185, 216, 217, 236

治未病 39, 40, 182, 185, 194, 208, 213

周飞舟 220, 223, 224, 227
周黎安 27, 87, 99, 226
周雪光 86, 213, 226, 227
朱晓阳 28, 77, 88, 220
专业市场 8, 26, 27, 38, 96, 100, 106, 114, 126, 129, 161, 162, 164, 165, 167

自己人 8, 30, 31, 32, 33, 34, 35, 36

自由 12, 14, 59, 61, 71, 78, 86, 106, 120, 133, 220, 221, 235, 236

走药 32, 35, 91, 125, 127, 131, 155, 163, 170, 171, 173, 205, 212, 219, 227, 228

图表索引

图 1-1	巫溪旧城改造工程	3
图 1-2	J 市大行（中药材交易大厅）卫星视图	5
表 2-1	J 市会馆一览表	55
图 3-1	药商们在交易中心外的某家旅馆内进行交易	103
图 4-1	"Z 城"小行店铺的第一轮销售价格	122
图 4-2	"Z 城"小行店铺的销售现场	139
图 5-1	药商们在手工切制饮片	149
图 5-2	打磺示意图	153
图 5-3	等活的手工切片者	154
图 5-4	药商们在药市开市仪式上进行宣誓	166
图 7-1	饮片厂在药材集散中的作用	229
图 7-2	J 市药市崛起中的互动关系	234

后　　记

在告别 J 市的这几年里，我经常情不自禁地问自己这样一个问题：如果再回 J 市田野，我会关注什么？什么是我的研究方向？这可能就是田野经历的魅力所在吧？你像是一个"自由的囚徒，被困在有无数去向的路口"，每个去向都充满着精彩与无限可能！

本书是依据我的博士毕业论文写成的，J 市就是我的田野点。本书付梓之时首先要特别感谢的，就是我敬爱的导师——南京大学社会学院人类学所的范可教授！在我被困在有无数去向的路口上时，在我觉得每条路都值得一走却又担心走不下去时，是导师的指引帮助我选定了方向并顺利地走完了这段田野路程。教授门下多英才，我忝列其中。回顾往昔，既荣幸、又惶恐。入学时，我尚未找到自己学术上的兴奋点，更没有形成一个明确的研究追求，我很快便把确立研究方向这一任务"甩"给了导师，期望导师替我做主。然而事实证明，导师拒绝指定我的研究主题，让我自己寻找、自己发现的开放式管理方式不仅是正确的，还使我受益良多。因为没有死板的教条约束，我在田野里追随着兴趣的改变，扑蝴蝶般地自由地更换着主题。虽然我为此变来变去，浪费了不少时间，但我从未品尝在一条被指定的道路上，越走越发现走不下去的痛苦。

开始汇总田野材料后，我一有想法就发摘要给导师，从来都是一时兴起，从未真正深思熟虑，然而导师每次都会认真修改。导师到底帮我改了几个想法，这个答案连我自己都搞不清。我动笔写作论文后，导师上至逻辑思路，下到英文姓氏、符号标点，事无巨细地进行修改。除了带给导师无尽的辛苦和疲惫，我迟滞的理解能力、举一反一的思维方式还曾一度让他感到沮丧。但是面对我这样的愚

后 记

徒，导师从未应付我、放手不管我，令我自生自灭！他一次次地启发我、安慰我、鼓励我！能遇到这样的导师真是我人生中之幸事！我特别期望能将本书打磨到导师满意的标准，以此回报他辛勤的付出、仁义的坚持以及对本书初稿的细致修改！但我太过才疏学浅，只能把期冀放在以后。

我还要感谢南京大学社会学院的朱力教授！是朱力老师的"欢迎报考"，开启了我进军南大的愿望；是朱力老师的鼓励，让我鼓起勇气在2009年败北后又在2010年"卷土重来"；更是得益于朱力老师的帮助，我进到了范可教授的门下。朱力老师赠我书籍，给了我不少研究资料，能有朱力老师相助，我深感荣幸！

我也要感谢南京大学社会学院的周晓虹、风笑天、成伯清、翟学伟、张玉林等诸位老师！我尤其记得周晓虹老师在开学第一课上就强调的社会学者的使命感，这让我深受震撼！我也始终在以周老师的"毕业论文的研究结论能否以一句话概括"的标准要求着自己，虽然我尚未达到老师的要求。

我更要感谢南京大学人类学所的各位老师！几近五年的时光里，我和他们互动得最多。我是那么地留恋他们渊博的学识、平易近人的风格！我要感谢杨德睿老师，他的田野方法课我怎么听都听不够；我更要感谢杨老师在我田野方面的帮助！他不但是我从巫溪转战J市的促成者，还是我进入J市的牵线者。我要感谢杨渝东老师，小杨老师不仅给我推荐了大量书籍，像军师一样每当我返回大本营后就帮我出谋划策，还以顽强的毅力坚持通读了我粗糙的论文初稿。他的建议总会给我拨云见日的感觉。我要感谢邵京老师，邵京老师的课堂信息量巨大，我很抱歉我时常完不成他布置的阅读任务；我更感谢邵京老师从我去巫溪时起就给我的鼓励，我犹记他说人类学者要像猪鼻子那样把问题"拱"出来。我要感谢褚建芳老师，我特别感激他在南大举办的南大-京都大学研究生论坛上给我的认可和鼓励，我当时颇感受宠若惊。我要感谢谢燕清老师，虽然和谢老师的

华中药市的崛起 ——一个发展人类学的个案研究

接触不多,但我记得他曾亲自带着我们一干人等去参加净土宗分享会的田野实践。

此外,我要感谢我田野时,正在美国佛罗里达大学攻读博士学位的崔忠洲师兄。他带我进入J市,无私地为我的田野铺路。有他和他的地头蛇朋友们罩着,有"你就是被逮进了派出所,我也有本事把你捞出来"的承诺(詹哥语),初入J市的我作为一个女性,哪都敢去、谁都敢找,少了很多恐惧。我很怀念我们早上出门去、各做各的田野,晚上回来后分享交流的场景。他还为我的几篇小文章提出了详细的批改意见。

我要感谢河海大学公共管理学院社会学系的胡亮副教授。胡亮副教授为人谦和、学识渊博,拷贝给了我不少信息资料,给我推荐了大量的相关书籍。我在初识他的饭桌上,就已经开始在餐巾纸上记录他教导的各种学习经验了。从相识到现在,胡亮副教授不仅有求必应,常花费不少时间地在QQ上解答我的各种困惑,为我写作思路的打开提供建议;还抽空通读了我的论文初稿,给我提出了很多切实可行的完善建议。

我要感谢我的硕士导师赵继伦教授!若非老师为我搭起踏入社会学领域的桥梁、教授我社会学的理论和方法,我很难成功地迈入南大社会学院。而从我入南大求学开始,老师一直都在关切着我的学习情况,不止一次地问起过。我尤为难忘当我从巫溪踩点返回南京后,恰逢老师来南京开会,他不仅抽空和我讨论巫溪,还为当时正做再入巫溪准备的我捋顺了调查思路。

我要感谢人类学所各位师兄弟姐妹们的帮助!是他们陪伴我完成了对人类学由迷茫到喜爱的转向。我非常荣幸能加入南大人类学的大家庭!和大家一起去上课学习、听讲座的经历是我现在倍感幸福的回忆。自我着手进行论文写作以来,师兄王华经常在我耳边絮叨要抓紧,他是我最强有力的督促者;和我同届的胡艳华则是我写作最为艰难时的鼓励者,她努力地帮我爬出我自设的僵局;师姐司

后　记

开玲不仅常问起我的进度，把自己挂在 QQ 上以解答我的疑问，还帮我数遍地修改论文摘要；师兄李晓斐则给我提供了不少可以思考的角度。我特别要感谢我的师弟李胜。我刚入门来时，他给我讲解人类学；我去田野后，他帮我分析田野材料；我动笔写作后，他开始阅读我制造的文字，甚至具体到每节的写作存在什么问题，他都会一一指出。我甚至形成了一种惯性，写了什么都想给他看下、讨论下，就连参考文献整理完后的瞬间，我都有在 QQ 上离线给他，等他进行批判的冲动。

我要感谢詹老爷子、詹哥、苏老三、张老板、阿林等我在 J 市的朋友们！很遗憾，我无法把他们的名字列在这里，但他们的名字不仅在我的手机里，更在我的心里。我还记得因为听杨德瑞老师说，崔师兄给我介绍的都是 J 市的"地头蛇"，我是怀着一种怎样忐忑的心情去结识他们的。然而，我发现"地头蛇"们不仅和蔼可亲，而且在十分真诚地对待我。他们不仅会不厌其烦地解答我的各种琐碎的疑问、阻止我跟他们觉得不靠谱的人访谈、为我提供保护，还十分信任我、当我是朋友，这让我无限感激。我特别怀念和他们的家人们一起，在 J 市夏夜的晚风中小酌的情景。我还很感谢 J 市档案局张局长的巨大帮助，他是我田野期间接触到的最亲民的官员。他不仅不会像某些官员那样把我拒之门外，也没有让我进门后即刻将我扫地出门。我每次到访档案局时，张局长总会花上半个多小时给我介绍 J 市的相关情况，他还借我书籍、准许我查阅他们的文件资料。我尤其要感谢在 J 市某政府部门工作的一位朋友，他不仅是我的报告人，还于百忙中通读了我的论文。虽然我未能解答令他困惑的有关何谓 J 市药市的合理发展走向问题，但他还是对我的论文写作给予了肯定，并就一些问题提出了十分中肯的建议。能得到 J 市人的认可，这给了我莫大的鼓励！我还要感谢给我提供住处的老板娘一家，他们不仅给我留了一间十分舒适、整洁、明亮的房间，价格也极其低廉；还像对待自己的家人和朋友那样，常邀我下楼来一起吃

华中药市的崛起 ——一个发展人类学的个案研究

饭。最重要的是,他们为我提供了十足的安全保证。这就是为什么虽然恰如苏老三所言,他们的店里赌博、嫖娼是常事,我却始终不肯搬出去另找同等价位房子的原因。

我要感谢我工作的哈尔滨商业大学法学院的诸位领导和同事!我是一个"有组织"的人,但是为了不牵扯我的精力,支持我以最快速度完成毕业论文的写作,我的领导们不仅批准我以集中授课的方式完成我的教学工作,还准许我不参加例会等活动,我由此过上了闲云野鹤般的生活。我的同事们则极其务实地落实了领导们的照顾政策,他们在我脱产学习期间替我上课,当我回归后不安排我监考,帮我把单位的福利送到家里。可以说,他们做了除替我领工资以外所有能帮我做的事。

在导师范可教授的鼓励下,我还参加了几次论坛,收获颇丰。我这里尤其要感谢张玉林教授,他使我在南京和日本各参加了一次"南大-京都大学的社会学、人类学研究生论坛",中日双方与会的老师、学者们给我的建议都极其珍贵!我要感谢在香港参加人类学论坛时,香港中文大学王丹宁老师的建议,她的"第二经济"建议拓宽了我的视野。我要感谢复旦大学的潘天舒教授。在我参加"长三角人类学新锐论坛"时,潘教授的点评与认可让我深受鼓舞。我要感谢华盛顿大学郝瑞教授对我论文的关切,我没想到能有幸在南京一睹这位学界大佬的风范,更没想到教授在回国后,还于百忙中发邮件给我,为我日后的研究指引了一条极其有趣的方向。我要感谢香港理工大学中欧对话中心主任于硕老师。人类学研究当有为社会担当之意识与情怀,然本书之写作无力于药市发展困境的破解,这距离"益众生,利百姓,促进正义,减少不平等,推动人类学知识共享"的担当人类学使命还相去甚远。学生定铭记于心。

我还要特别感谢知识产权出版社的李学军老师!李老师不仅为本书题目的修订提出了十分专业、中肯的建议,面对我的拖延,李老师还给了我极大的包容与体谅!没有李老师的支持,我不可能顺利完成本书的编辑。

最后，我要深深地感谢我的家人！我求学的过程离不开我全体家人的鼎力支持。他们让我自由得无牵无挂。我的很多灵感也是来自和他们，尤其是和我父亲、我先生的交流。

每个人都希望自己的作品完美，我也一样。但是我深深地知道本书还无法做到这一点。尤其我要说明的一个问题是，因为能力有限，我对本书应用的理论视角很可能存在某种程度的误读。我会在日后进一步修正我对沙丹思想的理解，也恳请读者们能给予批评斧正。

我愿意将这本欠完美的作品献给所有我爱的人！

傅 琦